U0939069

書

管理者 GOVERNOR

如何有效激励与高效管理

长 虹◎编著

时事出版社

图书在版编目（CIP）数据

管理者如何有效激励与高效管理 / 长虹编著. -- 北京：时事出版社，2016.7

ISBN 978-7-80232-974-4

Ⅰ. ①管… Ⅱ. ①长… Ⅲ. ①企业管理-人事管理-激励 Ⅳ. ①F272.92

中国版本图书馆 CIP 数据核字(2016)第 056146 号

出版发行：时事出版社

地　　址：北京市海淀区万寿寺甲 2 号

邮　　编：100081

发行热线：(010)88547590　88547591

读者服务部：(010)88547595

传　　真：(010)88547592

电子邮箱：shishichubanshe@sina.com

网　　址：www.shishishe.com

印　　刷：北京建泰印刷有限公司

开本：787×1092　1/16　印张：22　字数：336 千字

2016 年 7 月第 1 版　2016 年 7 月第 1 次印刷

定价：35.00 元

前言 Preface

激励是人生成长的重要推动力，也是职场发展中不可或缺的管理艺术，如何采用有效的激励方法和策略，对于一位优秀的管理者而言是至关重要的。一名优秀的管理者只有掌握有效激励和高效管理的艺术，才能够让广大员工和自己的下属自觉高效地完成工作任务，实现工作目标，创造出更大的职业价值。

毕竟，人人都有争强好胜的心理，尤其是在竞争日益激烈的职场中，竞争和发展是一组永恒辩证的主题。有发展就要有竞争，要实现最大的价值，就要以强有力的手段调动员工的积极性，激发员工的主动性。实际上，每个员工都希望在职场中获得更好的发展，同时每个管理者都希望广大员工能够创造最大的价值。而要实现管理者与广大员工的共赢，就需要管理者掌握一套科学高效的激励方法和管理艺术。

同时，管理也是管人管心，是一件与人打交道的事情。在新时代的企业发展中，成功的管理者都是善于与人打交道的人，他们深谙与人相处之道，懂得如何激励人、驾驭人、培养人和成就人，能够通过一系列的制度和团队建设，在与广大员工的相处过程中依据各种科学高效的方法和手段实现管理与员工发展的共赢。

也正是因为这样，对于一位优秀的企业管理者来说，他们最注重的往往不是什么高深莫测的管理学理论，而是在实际工作中对广大员工的管理驾驭能力、激励激发能力。这是成功管理者的制胜法宝，掌握这一方法和策略，就能够保证企业发展的畅通无阻，就能够加强企业的团队竞争力，使得企业在日益激烈的职场竞争中立于不败之地。

因此，在管理工作中，管理者掌握有效的激励方法和管理艺术才是决定管理成败的关键。现今很多企业之所以深陷困境，其危机多半来自管理不善，可见企业的竞争实质上就是管理水准的竞争。在管理工作中最大的忌讳是不讲方法、墨守成规，那样管理者将永远也找不到正确的路。

本书就是一本针对广大管理者有效激励和高效管理的实用指南。本书以朴实且极具趣味性的故事为切入点，针对企业管理中容易疏漏的地方进行填补，对企业管理进行深入的剖析、分解，具有独到的智慧，切中企业管理的精要。而且，本书所阐述的激励方法简便有效，实用具体。翻阅本书，管理者定能对员工激励和管理有一个科学全面的认识，从而提高自身高效管理的技能，进而成为一名优秀卓越的管理者。

目 录
Contents

第一章 赞美激励，好下属往往是夸出来的

最简单的方法是夸奖和赞美他 …………………………………… 002
表扬下属要讲究方式 …………………………………………… 003
表扬下属必须把握一个度 ……………………………………… 005
下属的点滴进步要及时表扬 …………………………………… 007
赞美比批评更有奇效 …………………………………………… 008
赞美要讲究技巧和方法 ………………………………………… 009
赞扬应随时挂在嘴上 …………………………………………… 011
要懂得给员工戴“高帽”………………………………………… 013

第二章 目标激励，以目标提升工作动力

以目标点燃员工的热情 ………………………………………… 016
让员工看到自己的工作成果 …………………………………… 018
订立恰当适宜的目标 …………………………………………… 021
把你的期望告诉员工 …………………………………………… 023
引导员工自己制定目标 ………………………………………… 025
给员工建立一个美好的远景 …………………………………… 027

第三章 培训激励，提升员工的整体素质

重视对员工的培训 …… 032
员工培训的不同类型 …… 033
以优秀企业的培训实践为榜样 …… 035
注重发挥新人的潜能 …… 039
管理不要有过多的顾虑 …… 040
优先采取内部晋升的方式 …… 043

第四章 沟通激励，有效沟通是激励的基础

沟通是一种无形的激励 …… 046
沟通是员工激励的源泉 …… 050
要同员工心与心地沟通 …… 051
与员工有效沟通的行为法则 …… 052
有效的沟通让工作更顺畅 …… 055
提高自身的沟通水平 …… 057

第五章 授权激励，全力调动员工的积极性

要放些权给下属 …… 060
放手让下属决定一些事情 …… 062
善于授权让管理更轻松 …… 063
授权还要挑选恰当的对象 …… 065
授权的范围要有限制 …… 067
基本的授权方式和技巧 …… 070

懂得合理安排工作及授权 …………………………………… 074
解决问题必须抓大放小 …………………………………… 075
避免对员工搞“平均主义” ………………………………… 077
敢于授权并善于授权 ……………………………………… 078
授权也要做到收放自如 …………………………………… 080
授权要做到信任下属 ……………………………………… 084
授权也要严格控制越权 …………………………………… 086

第六章 竞争激励，竞争是有效的激励手段

巧妙地激发团队斗志 ……………………………………… 090
员工之间要保持竞争状态 ………………………………… 092
鼓励有能力的员工内部“跳槽” …………………………… 094
建立合理的人才选拔机制 ………………………………… 096
积极引进良性竞争 ………………………………………… 098
适当地激发并引导竞争 …………………………………… 100
处理好团队的冲突和矛盾 ………………………………… 101
善于奖励领先淘汰后进 …………………………………… 103

第七章 物质激励，优厚的待遇不容忽视

尽量满足下属的待遇要求 ………………………………… 108
懂得为下属谋求必要的福利 ……………………………… 109
必要时不惜重金以“薪”换心 …………………………… 111
合理恰当地给予奖励 ……………………………………… 113
实行下属持股计划 ………………………………………… 116
奖励也要讲究时效性 ……………………………………… 118

奖励的是成果不是汗水 …… 120
要适当给点“额外奖励” …… 121

第八章　榜样激励，以榜样激励员工的发展

榜样是最好的示范 …… 124
要给员工做出表率 …… 125
领导有激情员工才有激情 …… 126
提高工作效率的策略 …… 128
克服困难带头行动 …… 130

第九章　需求激励，深入了解下属的需求

要让员工感到被重视 …… 132
要及时地给予肯定 …… 134
充分尊重员工的自我选择 …… 136
让员工拥有成就感 …… 138
用荣誉激发员工的动力 …… 140
要不断认可你的下属 …… 142
要懂得尊重理解下属 …… 143
懂得切实地关心尊重员工 …… 145
多用鼓励性的语言 …… 147
决策时要让员工参与 …… 149
善于让下属勇挑重担 …… 151
帮助人才“个人发展” …… 153
营造愉悦轻松的工作氛围 …… 155
增强员工对企业的归属感 …… 157

扬长避短是用人的基本策略 …… 160

第十章 情感激励，实施恰当的情感诱导

要懂得关心体贴员工 …… 164
多用“温暖”法则 …… 165
让他们感到愿意为你做事 …… 167
多参与下属之间的活动 …… 169
与员工多接触多交流 …… 171
真情实意深入人心 …… 172
时刻真情关怀下属 …… 174
注重员工的切身利益 …… 176
给予下属真诚的安慰和鼓励 …… 178
以宽容的胸襟善待下属 …… 179
做到“微笑式管理” …… 182
奖励成功也奖励失败 …… 185

第十一章 管理就是将不同的心同化的过程

让下属心悦诚服地接受管理 …… 188
最重要的就是凝聚人心 …… 192
和下属建立良好的关系 …… 195
维护他人的自尊心 …… 197
争取成为下属的“知己” …… 199
努力让员工感到快乐 …… 200
尽可能清楚下属的愿望和需求 …… 203
满足下属的欲望与需要 …… 205

要让下属感受到幸福 …… 208
充分发掘下属的自觉性 …… 210

第十二章　高效管理离不开制度与纪律

制度是管理的保障 …… 214
规章制度是条红线 …… 217
制度要令行禁止 …… 219
正确处理员工缺勤 …… 222
正确处理员工迟到 …… 224
正确处理员工违纪 …… 226
纪律是一切行为的保障 …… 228
有纪律才能有所成就 …… 229

第十三章　高效管理要懂得恩威并举

用威信让下属服从管理 …… 232
对下属要恩威并重 …… 235
一半黑脸，一半笑脸 …… 236
对下属发火要适度适时 …… 238
要敢于批评与处罚 …… 239
处理好下属之间的矛盾 …… 241
妥善处理犯错的下属 …… 244
如何当好新任管理者 …… 246
妥善管理有背景的下属 …… 248
如何应对松散的员工 …… 251
防止嫉妒者产生不良情绪 …… 253

如何应对爱奉承的下属 …… 254
如何应对态度傲慢的下属 …… 256
如何应对斤斤计较的下属 …… 259
如何应对叛逆型的下属 …… 260

第十四章　高效管理要注重人才培养

清楚培养下属的必要性 …… 264
注重对人才的培养 …… 266
给人才“奖出路” …… 269
培训是管理者的强效武器 …… 270
培养是为了挖掘下属潜能 …… 273
针对需要培养人才 …… 275
人才比资产更重要 …… 277
事业要靠人才来发展 …… 279
培训和开发是一种管理手段 …… 281
尽量让下属快乐工作 …… 283
避免进入培训的误区 …… 286
注重对员工的入职培训 …… 289
要给下属成长的空间 …… 294
培养员工的责任心 …… 296

第十五章　高效管理要懂得人尽其才

让人才展开最有效的合作 …… 300
把好的机会和位置留给有能力的人 …… 303
把员工放在最合适的岗位上 …… 305

让合适的人做合适的事 …… 307
尽量避免人才的浪费 …… 310
对员工进行合理搭配 …… 312
建立一个互补型的团队 …… 314

第十六章　高效管理要提升组织凝聚力

优秀的团队成就无敌 …… 318
有效地开展团队激励 …… 320
铸就团队精神 …… 323
注重运用团队的力量 …… 325
懂得赢得团队成员的合作 …… 327
要学会尊重团队成员 …… 330
如何当好团队的领导者 …… 332
对团队保持高度的自信 …… 335

第一章

赞美激励，好下属往往是夸出来的

赞美激励是员工成长和发展的沃土，一般来说，好下属往往是夸出来的。真诚的赞美，一句良言，一个微笑，往往能让人感到亲切。如果说兴趣是最好的老师，那么赞美则是最大的激励。因此，好员工不是管出来的，而是夸出来的。

最简单的方法是夸奖和赞美他

获得赞美是人最根本的心理需求。身为管理者，要珍惜你的下属，看重他的成就，让他感觉到你欣赏他。而要做到这一点，最简单直接的方法就是：夸奖和赞美他。

某公司经理时常到各工作场所巡视，一旦发现工作出色，或者在动脑筋设计新方案的员工，就在全体员工集会时当众加以赞扬。

数年后，该公司的一位退休人员说："几年前，我曾为公司设计出一种新产品，得到了经理的奖赏。当经理在会上提到这件事时，我很吃惊，也很感动，觉得死而无憾。多年来，我默默为公司所做的努力，终于以这种形式被经理承认，我感到非常满足。而且，在退休欢送会上，经理又再度提起这件事，我禁不住流下眼泪。"

通过这个小小的事例可以看出，员工在得到认可后是何等的愉快，何等的激动。员工的努力工作如果能经常被赞赏的话，那么员工的心理就在很大程度上得到了满足。

对于员工，不论他们的想法多么少，他们的建议多么微不足道，领导只要发现，就应给予适当的鼓励并且称赞他们。

每个人都希望自己的工作能被肯定，谁也不愿意自己辛辛苦苦地干了半天，却得不到领导的一点肯定。假如一个员工老是得不到肯定的话，那么他今后肯定会失去对工作的兴趣，失去对工作的主动性。领导如果了解员工的这一心态，就应及时给员工必要的鼓励，以达到激励士气、鼓舞人心的效果。

同样，当下属呈上的是最好的工作成果而你却视而不见时，很容易让下属

失望，觉得何必这么辛苦工作，何必要求自己做这么多、做得这么完美。长此以往，工作品质就会因此而渐渐下降，工作表现必定也会变差。毫无疑问，任何人都是需要激励、需要被别人承认的，因此当下属费尽心思干完一件事后，你至少应对他说句："太棒了，干得不错。"

通常情况下，领导对员工的要求大致如下：工作是否达到了目标，对事业有无贡献，是否进步了，有没有造成损失。有些领导硬将这几点放在一块作为评价的标准，未能同时达到的就不加以奖励，但事实上同时达到这些标准的员工几乎没有。因此，作为领导应从鼓励员工的愿望出发，只要员工能达到其中的任何一项要求，就应当给予表扬奖励。

★★★★★★★★★★★★★★★★★★★★★★★★★★★★

管理一点通

人都有一种渴望被认可的心理。每一个员工都希望别人对自己的成功表示赞扬，以达到心理满足。作为领导要充分认识到这一点，及时对员工予以激励，让员工知道自己得到了承认，受到了尊重，从而获得自我满足感。这种方法不仅不用花费较大的心血和资金，还简单易行，起到的效果也比较理想。

表扬下属要讲究方式

想一想你曾经得到过的分量最重的表扬是什么？让这一记忆在你的脑海中重放一下。这一赞扬是否让你更加积极？更有工作效率？是否改变了你看待工作的方式？

优秀的管理者一定要懂得如何激励员工，激发他们的工作热情。要想让员工竭尽全力地为公司服务，物质奖励是一种好办法，高额薪金、年终分红会让员工斗志昂扬，但收服人心，善于表扬下属，常会收到更好的效果。

表扬的方式很多，主要有以下几种：

1. 当众表扬

这是最经常、最有效的表扬形式。由于它是当着众人的面进行的，并且对被表扬者的优点、成绩做出明确的说明、表述和评价，因而激励作用就更大些。它不仅是对被表扬者的肯定和鼓励，也是对其他人的教育和号召。

当众表扬的具体形式有：在日常工作例会上进行表扬；作为工作总结内容的一部分，在阶段性或专题性总结工作时进行表扬；专门召开表彰会议，对一些带有方向性的先进事迹和优异成绩进行表扬。最后这种形式具有极大的严肃性，是将被表扬者作为一定时期内的标兵和榜样宣示于众的，有时这种表扬还要记载在一个人的历史档案上，因而它能极大地增强被表扬者的光荣感和自豪感，从而激发其更大、更持久的积极性。

2. 间接表扬

即在当事人不在场时，背后进行表扬。这种方式的表扬，不管是在什么会议或个别场合进行的，都能传达到被表扬者本人，起到表扬的作用。它会使被表扬者感到上司对他的表扬是真诚的，不是“当面说好话”，所以常常起到某些当面表扬起不到的积极作用。

3. 个别表扬

领导者在同下属见面时，对其进步、优点和成绩当面称赞几句，便能起到一定的鼓励作用。下属就会感到上司是了解自己的工作的，自己的努力没有白费，从而保持以致发挥更大的积极性。

个别表扬在具体形式上，对不同的下属应有所不同。如对年轻人，在语气上可稍带夸奖的意味；对有威望的长者，在语气上则应带有敬重的意味；对反应敏捷的人，只要三言两语甚至稍有暗示，他就能感觉到了；而对于疑心大的人，则应该把话说清楚，以免产生误解。

个别表扬这种方式具有很大的灵活性，可以随时随地进行，表扬的面也很

宽。但它在使被表扬者增强荣誉感和对其他人的激励作用上，则不如当众表扬有力。

★★★★★★★★★★★★★★★★★★★★★★★★★★★

管理一点通

企业激励员工可以靠赞美来实现，因为赞扬员工可以达到如下效果：增强他们的信心和自尊，激发其源于内心的动力和热情……如果管理者善于发现下属身上的闪光点，并加以赞扬，就能有效地激励下属为你工作，而下属的努力工作会让你收获更多成功的果实。

表扬下属必须把握一个度

我们说人都是有情感的动物，既是动物就需要条件反射的刺激，伴随员工认知程度的提高，这种“刺激”也将变得越来越高级。

作为管理者，对员工进行表扬、赞美是保证团队积极工作所必须的，但夸奖赞美员工并非轻而易举之事，必须把握一个度。因为高帽子尽管好，可尺寸也得合适才行，给别人戴过重的高帽是不明智的。赞扬带来荣誉感，荣誉感产生满足感，但当被夸奖被恭维的人发现你言过其实时，便会感到自己受到了愚弄和讽刺。

为了防患于未然，合理把握赞美的“度”就成为管理者必须重视的问题，对此需注意以下几点：

1. 实事求是

古语说：“誉人不溢美。”对被表扬者的优点和成绩，应恰如其分地如实反应，既不缩小，也不夸大，有几分成绩就说几分成绩，是什么样子就说什么样子，不能“事实不够笔上凑”，添枝加叶，任意修饰，人为美化，肆意拔高。不实事求是的表扬，于被表扬者无益，会使其感到内疚、被动；于其他人则会不服气，议论纷纷；于领导者本人则损害其威信。

实事求是地表扬下属，还要求在确定表扬对象时公平合理。表扬谁不表扬谁，应完全根据下属的实际表现，而不应受到领导者个人好恶与亲疏远近的影响。有的领导者为了立自己喜爱的人为“典型”，把别人的长处、事迹也记在这个人身上，这种“把粉全往一个人脸上擦”的做法，必然“高兴了一个人，冷落了一群人”，不仅典型立不住，而且会引起群众的不满，影响内部团结，被表扬者也会感到孤立。

2. 宁缺毋滥

领导者充分运用表扬手段，发现下属有了什么良好行为就及时表扬，使其能再接再厉，做出更大的成绩，也使大家感到鼓励，受到促进。如果时过境迁，人们印象已经淡漠，此时再提出表扬，效果就会差些。

表扬要反复经常地进行，当上一次表扬的作用快要消失时，就应进行下一次表扬，以使表扬的作用长期保持下去，经久不衰地激励着人们的行动。但表扬又不能太滥，不能天天表扬，处处表扬，不能在没有什么值得表扬的行为时硬找点什么来表扬，不能搞“瓜菜代”。因为表扬太滥，会使人们丧失新鲜感、严肃感，被表扬者不会增加多少光荣感，其他人也不会太在意，减弱其应有的激励作用。

管理一点通

表扬应该如实客观，恰如其分，不能任意夸大情节，评价失实，随意拔高。对那些确实值得表扬的下属应该给予恰如其分的表扬，只有这样，才能起到鼓励下属前进的作用。如果领导者表扬时随意夸大事实，把七分成绩说成十分，把下属的简单想法拔高到完美化的境界，只会产生消极作用。

下属的点滴进步要及时表扬

一个人的成长、成功，离不开鼓励。鼓励能够给下属锻炼及证明自己能力的机会。在下属每天的工作、生活中，一个温暖的言行，一束期待的目光，一句激励的表扬，都可能会激发他们的上进心，唤起他们的工作激情，进而改变他们对工作的态度、对人生的态度。

成功的管理者能够察觉下属的点滴进步，并会适时地给予赞扬与鼓励。当一个下属初次走上一个工作岗位时，会对环境感到陌生，如果在做出一点小成绩时就能得到领导的表扬，那么他的信心一下就树立起来了。在这方面有个叫卡雷的人做得不错。

担任企业资源开发公司总经理的麦克斯·卡雷在1981年创立以亚特兰大为中心的销售和市场服务公司时曾经历过步履维艰的困窘。当时，他的手下只有一个临时雇员。按他的话说："大的成功离我们太遥远，我们几乎感受不到任何激励。"他做出了一个决定：每次获得一个小成功时都要自己庆贺一番。

卡雷出去买了一个警报器，还配了扩音器，这样就能发出救护车般的声音。如果他在电话中宣传自己的产品时能绕过培训部主管，直接与那家公司的总经理通话，就要鸣笛庆贺一次；如果收到一大笔订货，警笛也会鸣响。

如今，卡雷的公司已拥有100多万美元的资产和11名雇员。每个星期，警笛声都要在公司内回荡10次。每当知道有好消息时，大家都要出来听听同事对刚刚取得的成功吹嘘一番，这也为大家提供了互相交流的机会。

卡雷说："我们的雇员经验还不够丰富，无法取得巨大的成功，所以这种庆贺也是一种很大的鼓励。"正是依靠这些小进步来不时地表扬鼓励，卡雷的公司才取得了惊人的成绩。

假如你看到体重达 8600 公斤的大鲸鱼跃出水面 6.6 米，并为你表演各种动作，我想你一定会发出惊叹，将其视为奇迹。而确实有这么一只创造奇迹的鲸鱼，它的训练师向外界披露了训练的奥秘。开始时他们先把绳子放在水面下，使鲸鱼不得不从绳子上方通过。鲸鱼每次经过绳子上方就会得到奖励，它们会吃到鱼，会有人拍拍它并和它玩，训练师以此对这只鲸鱼表示鼓励。当鲸鱼从绳子上方通过的次数逐渐多于从下方经过的次数时，训练师就会把绳子提高，只不过提高的速度必须很慢，不至于让鲸鱼因过多的失败而沮丧。

由此可见，这只鲸鱼之所以能够飞跃过这一可载入吉尼斯世界纪录的高度，所依靠的仅仅是不断激励的力量。

赞美比批评更有奇效

每个人都有可能犯错误，有时批评不会有什么效果，赞美却有奇效。卡耐基曾说："给他一个超乎事实的美名，就像灰姑娘故事里的仙棒，点在他身上，会使他从头至尾焕然一新。"可见，赞美是一种有效且不可思议的力量。

假如一个好员工由于某种原因变成一个不思进取的家伙，你解雇他是完全没有用的，责骂他也只会遭受他的怨恨，这时你不妨赞美他一下。

亨利是一家汽车经销商服务部的经理，他的公司有一个工人工作状态每况

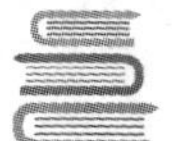

愈下，但亨利没有对他吼叫或者解雇他，而是把他叫到办公室面对面地交谈。

他说："比尔，你是一个很棒的技工，你在这条线上工作好几年了，你修的车子也让顾客很满意，其实有好多人赞美你的工夫深。可是最近，你完成一件工作的时间加长了，而且质量也比不上以前的水准。你以前真是个杰出的技工，可是我想你一定知道，我对你现在的情况不太满意，也许我们可以一起来改正这个问题。"

比尔回答说他并不知道他没有尽好职责，并且向上司保证，他所接的工作并未超出他的专长之外，他一定会努力改进。

相信比尔肯定会改正的，因为假如你尊重一个人，一般是容易引导的，特别是当你是因为他具有某种才干而尊重他、赞美他的时候。

管理者的赞美就是对下属的肯定，你的赞美已经证明你能原谅他的缺点，他为了达到你赞美的样子，肯定会改正缺点。

鼓励、赞扬能让下属做得更好。这种激励员工的方式，比批评更加有效。

★★★★★★★★★★★★★★★★★★★★★★★★★★★★

管理一点通

赞美是不着痕迹却又能有效地影响他人之道。假如你是一位想在管理方法上超越自我的管理者，想改变其他人的态度和举止，那么就给他一点你的真诚赞美，用你的赞美让他改过自新或者保持优秀。

赞美要讲究技巧和方法

人人都希望被肯定，都渴望得到别人的夸奖和赞美。能否获得称赞，以及获得称赞的程度，便成了衡量一个人自身价值的体现。告诉员工"你真棒"是最好的激励方式之一，员工会觉得这比金钱奖赏更为可贵。虽然只有这短短三个字，却会在其精神上产生神奇的效应，使其心情愉快，神经兴奋。不过，虽然赞美具有巨大的激励作用，但赞美也并非是一件轻而易举的事情，不恰当的赞美可能会适得其反，不仅不能激励员工，反而会引起员工的反感，极大地挫伤他们的积极性。因此，赞美也需讲究技巧和方法：

1. 切忌褒一贬多

如果对某个员工的长处极度赞誉，而对其他不具备此种长处的人倍加贬损，那将会严重地损伤众人的自尊心。这样表扬员工不但收不到预期效果，相反却会造成管理者、被表扬的员工以及未被表扬的员工之间不应有的疏离。

2. 切忌不适当的高估

管理者肯定和称赞员工的语言当然不可太过含蓄，要具备应有的热度，但是如果不适当地高估了员工的成绩，人为地赋予成绩本身不曾有的意义、价值，乃至流于庸俗的捧场，那么这样的肯定和称赞就会产生负效应：

一是会让受肯定和称赞的员工产生盲目的自我膨胀心理，误以为自己的做法真的具有那样高的意义和价值，从而坠入“一览众山小”的迷雾中，丧失了励精图治的开拓意识。

二是会造成其他员工的逆反心理。人们崇敬的是真正的楷模，而不是人为拔高了的典型。对于名实不符的样板，人们会由不服气到猜忌，再由猜忌到厌弃，这样不但起不到应有的示范作用，反而会离散员工之间的团结协作关系。

三是容易滋长员工不务实、图虚名、觅“终南捷径”的不健康风气。当员工们看到小有成就也可得到极高的称赞、奖励，便会动摇脚踏实地孜孜以求的信念，这样就难免产生浮夸、造假、沽名钓誉、邀功求赏现象。本来作为一种激励手段的表扬就会异化成员工们心目中的目的，其本来的意义、作用就将被扭曲，乃至丧失殆尽。

3. 不要表扬中庸

几乎每个公司中都有这样一类人：做事从来都没有什么出色的表现，但他很可靠，因为工作负担不重，所以他总能帮上大家一点忙。虽然他从来没有什

么新颖的想法，但至少你吩咐给他办的事，他完成得还可以。他从来不向你表示异议，也不会要求用不同的方式做事。对这样的员工不值得给予表扬。

★★★★★★★★★★★★★★★★★★★★★★★★★★★★

管理一点通

对员进行适当的赞美和鼓励，能起到很好的效果。但是，不适当的赞美可能会适得其反，不仅不能激励员工，反而会引起员工的反感，极大地挫伤他们的积极性。因此，在赞美员工的时候一定要讲究方法和技巧。

赞扬应随时挂在嘴上

对于员工的出色表现，管理者不要吝啬你的赞美之词。人的本性，是渴望被人欣赏的，每个人真正想从工作中获得的，就是肯定和奖励，所以，世上最重要的管理原则就是“能得到奖励就做得好”。

欣赏是对一个人最重要的奖励，每个人都希望得到别人的欣赏，可是如今有多少管理者把“欣赏别人”当成是他们的工作之一呢？这其实应该是他们的一大职责。

当今时代对员工的要求比以前多，协助他们的资源和支持却比以前少：预算很紧，薪水减少；经理人太忙，距部属太远，未注意到部属做了超量的工作，更别提感谢部属了。在这种情况下，更需要管理者及时给予表扬、赞赏。

赞扬应当随时挂在嘴上，如果下属工作干得不错，就不断地表扬，而不是只表扬一次就完事大吉。

你若是能够多给员工嘉许，他们会以千万种方法回报。如果你是管理者，对于下属的突出表现不仅要用眼睛去发现，更要用心去发现，并用嘴把它说出来，让你的员工用他们的耳朵接收到你对他们的称赞，并从心里接受，然后用行动来体现。

值得管理者注意的一点是，表扬要及时。一旦发现你的员工表现出色，要立即予以表扬，不要等到年末总结时再做，而是要让员工及时知道他的哪些做法是被鼓励的，让员工能在被激励中更加鼓起干劲。优秀管理者通常都有一双善于发现的眼睛，他们往往可以一周内就发现员工至少一项工作出色之处，并予以表扬。在这样经年累月的表扬下，员工的表现会愈发出色，整个团队会愈发体现出高绩效。

表扬什么？未必一定要是惊天动地的事，只要是可鼓励的行为，哪怕是很小的，一样要表扬，因为这很小的表扬却可以大大地激励员工的积极性；不要因为员工还有很多其他问题，就不去表扬他的某个正向行为，事实上这个正向行为可能正是扭转他其他问题的难得的启动点。

表扬要适当。如果管理者觉得自己已进行了表扬，但员工却感受不到，那表扬同样就失去了效用。因而表扬的形式可以是多种多样的，而不应是固定的模式，关键是让员工感受到激励。当然还要注意，表扬应因人而异，每个人受激励的“开关”不同，要找到其合适的“开关”。

还要注意的一点是，管理者毕竟只有一双眼睛，所以表扬不应该只局限于管理者自己提出，而应鼓励团队成员间的互相欣赏和互相表扬，这样就会形成正向的环境氛围。

管理一点通

表扬是思想工作中常用的方法，下属有了成绩，领导就应及时加以肯定和赞扬，促使其再接再厉并不断进步。表扬是一种积极的鼓励、促进和引导。一个善用表扬的领导，总是善于挖掘表扬的潜力以努力提升表扬的效果。

要懂得给员工戴“高帽”

你希望员工达到怎样的标准和高度，就要假定一个这样的标准，以此来赞扬他。员工在这顶“高帽”的激励下，会努力向那个标准努力的。

琴德夫人雇了一个女仆，并告诉她下星期一上工。之后，琴德夫人打电话给那女仆以前的女主人，得知她一切都不好。当女仆来上工的时候，琴德夫人说：“赖莉，我那天打电话给你以前做事的那家太太，她说你诚实可靠，会做菜，会照顾孩子，但她说你不整洁，从不将屋子收拾干净。现在我想她是在说谎，你穿得很整洁，人人可以看得出，我打赌你收拾屋子一定同你的人一样整洁干净。我相信你也一定会同我相处得很好。”

她们后来真的相处得很好。赖莉要顾全名誉，并且她真的顾全了。她把屋子收拾得纤尘不染，她情愿多花一小时打扫，而不愿使琴德夫人对她的希望落空。

雷布兰克在她的《我同马克林的生活》一书中曾叙述过一个卑微的比利时女仆的惊人变化：

一个女仆由一家邻近的旅馆中给我送饭，我称她为“洗碗的玛莉”，因为她开始的职业是一个厨师的助手。她好像是一个鬼怪，斜眼、弯腿，是一个肉体及精神都可怜的人。有一天，当她用她的红手托着一盘面送给我时，我爽直地对她说：“玛莉，你不知道你身上有什么宝藏。”

惯于约束情绪的玛莉等了几分钟，不敢冒险表示一点态度，恐怕惹祸。她将盘子放在桌上，叹了口气，巧妙地说：“夫人，我以前从来不会相信的。”她没有怀疑，没有发问，只是回到厨房，反复我所说的话，信心非常之大。从那天起，虽然没有人给她相当的体恤，但最奇怪的变化，却发生于卑微的玛莉本身。她相信她身上有一种看不见的东西，她开始非常小心地留意她的面部及身体，并将她的平凡之处遮掩起来，使她枯干的青春好像开起花来了。

两个月以后，当我要离开的时候，玛莉宣布她将要同厨师的侄子结婚。“我将要做太太了。”她说着并向我致谢。一句话改变了她整个的人生。

管理一点通

管理必须要有制度，但仅有制度不是好的管理。让员工自动自发地努力工作，这样的管理才是最好的。当你布置任务时，你希望员工达到怎样的标准和高度，就要假定一个这样的标准，以此来赞扬他。员工乐于接受这种迂回的方法，并会朝着这个标准努力。

第二章

目标激励，以目标提升工作动力

目标是对员工最好、最大的激励。给员工一个值得为之努力的宏伟目标，比任何物质激励都来得实在，也比任何精神激励都来得坚挺。目标激励就是通过目标的设置来激发人的动机，引导人的行为，使被管理者的个人目标与组织目标紧密地联系在一起，以激发被管理者的积极性、主动性和创造性。

目标激励是激励员工的最好方式，这几乎是所有企业家的共识。任何一位员工都有自己所期望的目标，管理者如何运用这种目标动力去激发员工的积极性，这不仅是一种激励手段，更是一种管理艺术。

以目标点燃员工的热情

有这样一则故事：有两个石匠正在将花岗岩切割成方块，一个参观者问他们在做什么，第一个石匠嘟囔着："我正在把这该死的石头切成方块！"而另一个石匠却对工作十分感兴趣，自豪地回答："我加入了建造大教堂的队伍！"故事虽短小但意味深长，正说明了一个人对工作任务的理解会影响到其行为动机。

让员工明确目标，确保员工朝着达成目标的方向使力是管理者的使命，你不能要求所有员工都能自动自发。把工作的目标告诉员工，让员工知道自己从事的工作是公司整体目标中的不可缺少的一部分，这样，会增强员工的自豪感和责任感，进而激发出其工作热情和工作能力。

马斯洛有一句名言："当你很清楚地告诉员工目标和规则的时候，对员工来说就只剩技术问题。"有了目标和规则，员工管理就会水到渠成；如果员工不清楚目标和规则，再多的管理动作，只会增加员工的心理负担，令员工感到一头雾水。

就好比打车，我们会首先告诉司机要去的目的地，有经验的司机会给出方案供选择，比如 A 方案路程远一些但路况比较好，B 方案近一点但可能会堵，这时你只要回复他你需要赶时间，或宁可绕点路别堵在路上，剩下的事情就不用再操心了，司机会为你规划最佳路线，将你送达目的地。这就是目标、规则明确的最好诠释。

高明的管理者，就是善于给员工定目标、指方向的人，有了目标和方向，接下来只要相信团队力量、群体智慧即可。在企业里，没有目标的工作或者目标不明确的工作，做起来总是令人懒懒散散，提不起劲。为了激发干劲，首先

必须让下属了解企业经营的方针与宗旨，对这两项不了解就不知道工作目标，说不定还会做出与企业方针相反的事。

1. 让员工明确企业的目标并为之奋斗

一个高效的企业必须要求每一个员工都能知道、明确企业的发展目标，即企业的发展远景。如果员工不是以企业的发展目标而工作，不以企业发展目标为思考前提，那么工作的方向与企业的发展方向是有偏差的，这就会造成企业效率低下。

2. 个人目标与企业目标必须是一致的

个人的目标必须与企业的目标是一致的，一个小企业要求如此，一个大企业更要求如此。现实当中员工的个人目标多数与企业的目标是不一致的，甚至多数的员工其生活、工作是没有个人目标的，一个优秀的企业必须帮助员工树立与企业目标相一致的个人目标，只有这样，才能凝聚企业员工，使每一个员工每一天的工作都是有目的、目的性强的。在有目的基础下，目的性强的工作态度下、员工才能产生高效的工作效率。

3. 部门间协调互助

一个高效的企业，不仅要求员工明确企业发展目标，个人目标与企业目标形成一致，还要求部门间协调互助，解决问题。多数企业存在的问题是分部门如同分家，你是你，我是我，不管是矩形公司架构、还是金字塔形架构，多数企业都存在着部门间的“行动壁垒”，也就是部门间是没有协调互助的，结果部门内有问题，要么自己解决，要么将问题扔给上一层级解决，而忽视了部门间的协调。对于大企业而言，资源不能共享、部门分家，其内部必然存在很多问题。

4. 养成链条式工作思路

企业不仅仅要让员工时刻认识到企业的目标是什么，还要让员工在工作方法上养成一贯性工作思路，即链条式工作思路、方法。前者是行动方向，后者是行动方法。链条式的工作思路与方法是实现部门高效运转的有效方法。

为了贯彻企业方针、宗旨，必须统一全体工作人员的思想。工作人员思想统一后，应告知他们企业的目标，并指出达成目标的努力方向。例如，告知他们企业有 3 年或 5 年的长期计划，然后告诉他们每年的计划如何，在这一年中各部门应有哪些具体任务等。

★ ★

管理一点通

一般来说，没有目的性的行为无成果可言，而有目的性的行为才可取得最大、最满意的成果。目标是一种外在的对象，它既可以是物质的，也可以是精神的或理想的对象。目标是一种刺激，是满足人的需要的外在物，是希望通过努力而达到的成就和结果。合适的目标能够诱发人的动机，规定行为的方向。心理学上把目标称为诱因，由诱因诱发动机，再由动机到达成目标的过程称为激励过程。目标作为诱因，对人们的积极性起着强烈的激励作用。目标是行动的方向，对企业来说，可行、准确的目标可以引导员工进行高效的工作。

让员工看到自己的工作成果

很多管理者在疑惑：为什么自己不断地给员工增加工资，他们还是对工作提不起兴趣，效率极低，甚至还跳槽到别的公司，是员工懒惰还是工作本身出了什么问题？

当然不是，而是你忽略了员工努力工作的最真实动机，即想要看到最直接的工作成果，了解自己每天为之忙碌的意义所在。

让员工看到他自己工作的成果，能够让员工强烈地感觉到工作的意义。有位心理学家曾经做过一个实验，目的就是为了证实工作成果对人工作效率的影响。他雇了一名伐木工人，先让他用一把锋利的斧头砍树，结果那个伐木工做

得又快又好。后来，又让他用斧头背来砍一根木头，心理学家告诉伐木工人，干活的时间照旧，但报酬加倍，他唯一的任务就是用斧头背砍圆木。干了半天之后，伐木工人扔掉斧头，说："我要看到木片飞出来。"

其实，谁不希望看到"飞出的木片"呢？

"飞出的木片"即下属工作的成果，是每位下属证实自我价值的直接体现，亦可理解为每项工作的外在有效价值，是劳动最直接的成果。所以，看到"飞出的木片"，正是每位下属工作的意义所在。任何看不到"木片"的工作，只能是机械地重复，它意味着对工作成果和工作价值的埋没和湮灭。而机械的重复与成果的埋没具有100%、甚至200%的负面作用和巨大杀伤力，它可将一个人的工作积极性和原动力降至零，抑或最终使其"无所为而不为"。

让员工及时看到"飞出来的木片"，能够即时调动员工的工作积极性，让原本枯燥无意义的工作变得有吸引力。有个建筑公司的老板就深谙此道，他领导的工程总是最快最好地完工，同样的工人为什么在他手里就有那么高的工作效率呢？大家百思不得其解。

后来问了那些经常和他一起工作的下属才得知，原来他每次开工的时候都会将所有工人召集起来，然后把设计得很精美的建筑效果图展示给大家，当工人们啧啧称奇的时候，他就开始发表演说："从今天起，我们要做的工作就是用每一块普通的砖瓦堆积出这个漂亮的建筑物。虽然工作很辛苦，但是非常有价值，因为最不起眼的建筑材料可以通过大家的努力变成美丽的房子……"

这么一通话以后，大家工作热情陡然高涨，虽然每天的工作都很辛苦，都像在做机械的重复，但是每当工人们抬起头，看到工地上贴着的建筑设计图，好像真的看到一栋崭新的建筑屹立眼前，就觉得自己的工作真是非常有意义，于是擦擦汗继续努力。这样，这个老板带的工程总是能又快又好地完成，而且工人们还乐意跟着他干，觉得既愉快又充满动力。

这就是这个老板的高明之处：让员工看到工作的成果，与企业一起分享成功。

现实中，当员工看不到工作成果时，他就无法从自己的工作中获得成就感，也就无法做出有效的修正，进而无法朝着目标有效地努力。面对迷茫的"前方”，他就会想当然地去猜，觉得自己的工作毫无意义。因此，领导者如果想让员工感知到工作的意义，就必须用“工作成果”从精神上满足他们，使他们在精神上有所收获。

上海一家盲人工厂，专门生产各种螺丝钉。这项工作十分标准化、专业化，程序控制化，这对于盲人来说是比较适宜的，但无疑也是单调的。但当他们了解到，自己生产的螺丝钉已被安装在飞机上、轮船上、各种机床上，这些产品远销世界许多国家和地区时，他们的内心感到了安慰和骄傲，深深感到了自己劳动的价值。

实实在在的工作成果，是员工自我价值的体现。让下属看到自己的成果，他们就能体验到深层的自我满足，获得由衷的自豪感。这种精神上的满足可极大地调动起员工的工作热情，使其尽心尽力，主动致力于公司业绩的提高。

所以，当员工执行一项任务时，领导有必要让员工看到自己的劳动成果，及时与员工分享成功。这种成功不只是给员工带来经济上的利益，也会激发员工的潜力，鼓励员工持续追求进步的动力。

管理一点通

让员工看到自己工作的成果，能够让员工强烈地感受到工作的意义，进而使他们在精神上有所收获，有所满足。

应及时将团队的工作成果分享给大家。如团队的设计方案通过了，交付的项目正常上线了，得到了客户的高度认可等，这些都是团队的工作成果，及时地分享给大家，开个简单的小庆祝会，能很大程度上提高士气。

应及时对员工的成果进行肯定和表扬。人人都希望获得掌声和赞美，简单的一句赞美会带给人无比的温馨和振奋，能让员工更加享受工作成果。

订立恰当适宜的目标

确定明确的目标，然后使出浑身解数想方设法达到这一目标，是一件乐趣无穷的事。这个道理在工作上也同样适用。竞赛令人充满乐趣的另一个源泉在于目标清楚，比如“今天下围棋时，我要让他三个子，再来胜他”，比如“今天打麻将时，要把上次输的全部捞回来”。如此等等，都可以算是一种目标。

明确目标，时刻意识到目标，这样就会对过程感兴趣。当然，目标是越明确越好，虽不能过高却也不能过于保守，比如打保龄球，事先确定一个得分目标与心中本来就有数是不能混为一谈的。因为这里存在着一种对自己能否圆满达到目标的能力的考验，有很强的刺激作用，在这种心理状态下，即使工作很多很难也会充满乐趣。

在制定部门目标的同时，也要制定出每个人在本年度的目标，这对提高员工的士气很有帮助。在制定部门目标时，最好尽可能多吸收下属一起参与。具体的程序可以是这样的：先让下属个人确立一个自己本年度想要达到的目标，然后再提出小组的年度目标，大家一起商议，最后再由领导说出自己的意见，互相补充，逐步完善。

把本年度自己负责的工作标准化，或者决定要取得什么样的业绩，或者某项制度的拟定工作到几月份完成。诸如此类的内容，都应该视为是一种目标。当然，最好是使用数字制定目标。但是，我们也不能因为自己的工作成效难以用数字表示，就作为不制定目标的借口和理由。

在制定个人目标时，一方面需要注意个人目标切忌过多，要尽可能把所有工作压缩成一个目标，目标过多是难以实现的；另一方面还需注意目标水平不宜过高，亦不能过低。目标过低，会使人感到不费吹灰之力就可达到，就失去了设立目标的意义；目标高得让人不敢奢望，也只能是一句空话。关键是要让人感到稍有难度，又要在肯下工夫的前提下可以实现。最后需要注意的是，如果为达到个人目标而产生了有损团体目标的消极作用，就有必要让个人的目标服从于团体的目标。总而言之，只有在大家目标明确，并勇于向目标挑战时，整个组织才能够焕发出活力与生机。

★★★★★★★★★★★★★★★★★★★★★★★★★★★★★

管理一点通

鲍勃·汤森在《步步高升》一书中说：“领导人的重要作用之一，是使机构全体同仁全神贯注于既定的目标。”因此，为下属界定其任务与目标可以说是经理的一项重要工作，只有具备了明确的目标，部门成员才能找到努力的方向。然而很多新晋经理却意识不到这一点，其下属也没有明确具体的目标，只能盲目前行。

明确目标的作用在于，员工的思想中一旦有了它，就会把自己的行动与目标不断加以对照，从而能随时清楚地知道自己的行进速度以及与目标之间的距离。由此其行动的动机就会得到维持和加强，进而就会自觉地去跨越一切障碍，直指目标。

不少新上任的管理者从来都不告诉下属前进的方向，他们认为只要自己知道目标和方向，让员工跟在后面走就行了。他们却没有考虑到，员工不是机器，也不只是在做机械动作，而是有血有肉、有精神也有追求的活生生的人，他们也需要目标的牵引。

有“心”的管理者会让每个下属都有明确的目标，知道用目标激励员工不断前行。

把你的期望告诉员工

爱若和布若差不多同时受雇于一家公司，开始时两人都一样从最底层干起，可不久爱若受到老板青睐，一再被提升。布若干活儿也一直勤勤恳恳，任劳任怨，却像是被人遗忘了一样，一直处于最底层。于是他忍无可忍，找到老板质问。

老板了解这个小伙子工作肯吃苦，也很卖力，但似乎缺少些什么，又不好明说，于是他想了一个主意，说：“布若，你马上到集市上去看看今天有什么卖的。”布若很快从集市回来说：“集市上只有一个农民在卖土豆。”老板问：“有多少袋?”布若又跑了趟集市回来说：“10袋。”“价格多少?”老板又问。布若只好再跑一趟，老板望着气喘吁吁的布若说：“请你先坐下休息一会儿。”说完叫人把爱若找来说：“爱若，你马上到集市上去看看今天有什么卖的。”

爱若很快从集市上回来汇报说：“只有一个农民在卖土豆，有10袋，价格适中，质量也很好，这个农民说一会儿还将有几筐西红柿上市。据我看价格还公道，咱们这里可能需要，所以我不仅带回了几个土豆和西红柿样品，而且把那个农民也带来了，他现在正在外面等你回话呢!”老板看了一眼满脸羞愧的布若，说：“请他进来。”

爱若和布若最大的区别在于对工作的主动性上。布若对待工作勤勤恳恳，任劳任怨，但是拘泥于老板下达的任务；而爱若不但出色地完成了老板交给的任务，还超额完成了，让老板不用事必躬亲就可以了解到自己想知道的情况。

老板通过特别的方式让员工明白：有些事情是不用老板说，员工就应该知道如何去做的。

但是企业中的每一个员工并不都像爱若那样，会揣测老板的心思，如果老板一开始就告诉布若自己的期望，那么布若也可以很出色地完成任务。

从这个故事中我们可以看出，提高员工的工作效率，首要的原则就是告诉他们明确的工作目标，以及相应的要求，这样就可以防止出现浪费宝贵的资源而做些无用功的情况。如果不告诉员工你的期望是什么，而是希望他们自己去揣测理解，那么你就错了。因为，就算是再聪明的员工也不可能知道你全部的期望，除非你告诉他。通常，明确的目标可以引导你的部门向健康而有序的方向发展。如果一个团队没有明确目标，那么团队就会失去合力；如果一个员工失去明确目标，他就会失去前进的方向。

一些管理者认为目标太具体没有必要，他们或许真的认为员工能够知道自己应该做什么，但这样的可能性是比较小的。你的员工会像捉迷藏似的去琢磨你的想法，然后他们的工作会变得五花八门。

在管理层中缺乏明确的、让大家都理解的工作目标很容易造成团队管理的混乱。团队的目标明确需要员工认真思考，这个思考的过程可以使其工作思路清晰、连贯。同时，把工作目标公之于众，可以大大增强每个员工的责任感，也会促进工作的完成。因此，如果你想让你的团队达到一个什么样的目标，那就立即把你的想法告诉员工，然后大家向这个方向共同努力！

1944 年 12 月 18 日晚，尤阿尔上尉率领第 501 伞兵部队降落在比利时的巴斯道涅。就在两天前，德国人发动了阿登战役，这是德国在二战期间发动的最后一次大规模进攻。历史告诉我们，这已经是德国法西斯最后的挣扎了。

与尤阿尔所率部队一同抵达这里的，只有一支不到千人的部队。上级既未能告诉他们敌人的位置，也没有告诉他们友军的位置。一切情况都是漆黑一片。

但是，尤阿尔有自己的看法，并将这个看法传递给手下的士兵：“我们将进攻德国人！”这既是一个目标——“我们要进攻德国人”，也是一个期望——“我们要打败德国人。”

他们就是这样干的，他们阻止了德国第 27 军团的进犯。这个行动迫使希特勒修改阿登作战计划，并在一定程度上改变了二战的进程。

作为一名管理者，如果你没能明确你的期望或没能与员工达成一致，必定会产生不好的反映，员工们会没主意、立场不坚定、行事糊涂。相反，如果明确期望，下属很快就会明白你期望他们怎样做而会朝着这个方向努力，这才是期望管理的目的所在。比如，你可以说："我们完全可以照这样做下去，把这个网页做成样板，在公司参加的秋季全省网络设计展示会举办之前再赢得几个客户，作为我们部门的工作成果参展，推动整个公司在南部地区的市场开拓工作。"这种期望如同落地无声的细雨，滋润着下属的心田，无疑会变成下属自觉努力的目标，比硬性指令更加有效。

★★★★★★★★★★★★★★★★★★★★★★★★★★★

管理一点通

今天，很多人正面临"期望落差"：许多主管不直接把自己的期望告诉部属，却期待部属自己能够去体会，但大多数情况下，部属可以看出你的情绪，可以看懂你的指令，却不可能知道你在想什么。

员工的行为和举止都会因管理者的期待而改变。德鲁克认为，上司对下属有着广泛的影响。下属会因管理者的批评而气馁，同时也会因上司的激励而充满激情。如果你想让你的团队达到一个什么样的目标，那就在每一次交代任务时把你对目标和进度的要求说清楚。

引导员工自己制定目标

管理者对下属的领导，不是简单地依靠行政命令强迫他们去工作，而需运用激励理论，引导员工自己制定工作目标，自主进行自我控制，自觉采取措施去实现目标。

目标管理可通过诱导启发员工自觉地去工作，其最大特征是通过激发员工的生产潜能，提高员工的效率来促进企业总体目标的实现。

为什么确立目标是取得成功的关键因素？怎样的目标是明智的目标？如何通过帮助员工确立正确的目标，鼓励员工迈向成功？这里有三点值得借鉴：

第一，为员工树立一个要去争取达到的目标。一个确定的目标能迅速地改变一个人的人生态度。也许有些人的人生目的就是为了赚钱，那你得向他说明怎样做才能达到赚钱的目的；也许有些人的兴趣在于晋升，那你就要告诉他必须具备什么样的能力时才能考虑那个问题。如果你能帮助一个人树立起他的奋斗目标，然后再尽可能帮助他达到那个目标，你就不必再去督促他为你努力工作了，他会变成一个主动自觉工作的人。

第二，给员工树立一个可以达到的目标。不要给一个人树立一个太难达到的目标，也不要为他树立一个太远的目标，而应树立一个可以达到的目标。不论目标是什么，都要把它分成几个步骤去做，这样更有利于达到远大的目标。

第三，对于达到了目标的人，必须给予他一个或几个可以满足其基本要求和愿望的奖赏。例如，你可以对他说："如果你把工作做得更好一些，我认为你会得到奖励的。"这句话本身不足以使他为你把工作做得更好，因为他还不清楚你所奖励的是什么。这时，你就要讲出给什么具体的好处作为奖励。例如，能够给他提高薪资，能够提高他的社会地位，能够使他的同事更加尊敬他等。这样，你使奖励变得更具有刺激性和有价值，就会使他尽最大的努力去达到你为他树立的目标。

管理一点通

美国惠普公司汇集着大量高素质且训练有素的科技人才，他们是企业发展竞争的主要源泉，被公司认为是最宝贵的财富。惠普能吸引、留住并激励这些高级人才，不仅靠丰厚的物质待遇，更重要的是靠向这些员工提供良好的提高、成长和发展的机会。其中帮助员工制定令

他们满意而具体的职业发展目标是一个重要因素。

企业帮助员工制定职业发展目标，就是让员工个人的职业发展目标与企业的战略发展目标相统一，营造企业归属感，培养员工忠诚度，充分调动每个员工的积极性，激励员工为企业的共同事业贡献力量。

给员工建立一个美好的远景

远景目标是企业永远为之奋斗并希望达到的图景，它是一种意愿的表达，是企业哲学中最核心的内容。它就像灯塔一样，始终为企业指明前进的方向，是企业的灵魂。对于一个企业来说，建立一个美好的远景，可以鼓动人心，激发员工改变自身命运及企业命运的强烈愿望，从而产生巨大的激励效应。

我们都知道，永远做饮料世界的第一是可口可乐公司的远景目标，也是每一个可口可乐员工共有的梦想和愿望。正是由于这一梦想，所以在他们身上，你可以强烈地感受到作为可口可乐员工的自豪感，以及要做得比百事可乐更好的强烈欲望和勇气。团队远景规划描绘的是团队未来发展的蓝图，即团队前进的方向、团队的定位及将要占领的市场位置及计划发展的业务能力，是团队最终希望实现的美好前景。

企业的领导者应该是一个智慧的画家，知道如何掌控员工的期待，并把这种期待转变成一个个具体的目标，描绘出一幅心灵的远景图。

大多数人并不清楚自己的期待是什么。在这种情况之下，能够清楚地把大家的期待具体地表现出来并予以具体化，就能激发下属的工作热情。

在进攻意大利之前，拿破仑还不忘鼓舞全军的士气："我将带领大家到世界上最肥美的平原去，那儿有名誉、光荣、珍宝在等着大家。"

拿破仑很准确地抓住士兵们的期待，并将之具体地展现在他们的面前，以美丽的梦想来鼓舞他们。

如果是以强权或权威来压制一个人，这个人做起事来就会失去真正的动机。相反，抓住人们的期待并予以具体化，人们就会为了实现这个具体化的期待而努力，这就是赋予动机。

具体化期待能够赋予动机的理由，就在于它是个能够实现的目标。例如，盖房子的时候，如果没有建筑师的具体规划就无法完成。建筑师把自己的想法具体地表现在蓝图上，就可以依照蓝图完成建筑。

善于带领团队的人，能够为大家所期待的未来远景着上鲜明的色彩。而且这远景经过他的润色修饰后，就不再微不足道，而变成了一个远大的理想和目标。

鼓励下属做好眼前工作，与其许下保证，不如展示出让部下心动的远景。下属跟着这样的领导，必然会因抱有梦想而激发高昂的斗志，就算是再难实现的目标也能够得以实现。

怎样使员工永远充满希望呢?

具有吸引力而又切实可行的企业目标是让员工永远充满希望的强磁场。确立目标是企业管理的重要工作。企业管理的重要职责和主要任务之一，就是不断地适时提出企业发展目标，凝聚人气，让员工永远充满希望，使公司顺利发展。从心理学的角度而言，每个人都有一种潜在的向往，希望事业有成，希望成功。在实现理想的过程中，他们在心里需要有一个有力的支持者。当企业的目标与其自身目标向同一方向发展的时候，员工的心理需求就会得到满足，充满希望，饱含热情。

企业无论是何种境况，都要让员工对未来充满希望，给他们以美好的梦想。所以，明确一个最适合企业发展的目标是调动员工积极性的有效手段，员工越了解公司目标，归属感越强，公司越有向心力。有目标才有动力。目标确立之

后，针对这个目标，有知识的人贡献知识，有技能的人贡献技能，大家心往一处想，劲往一处使，才能成就企业的持续发展。

★★★★★★★★★★★★★★★★★★★★★★★★★★★★

管理一点通

人都是活在希望之中的，人生没有了希望，就会消沉、颓废、失望，甚至失去生活的勇气。希望是一种激励，是一种动力，是一种热情，是一种满足。希望是人生的钟摆，须臾不得停止。企业管理的重要任务之一，就是运用各种管理方法和管理手段，让员工永远充满希望，充分调动员工的主动性、积极性和创造性，这是企业发展用之不竭的动力。

第三章

培训激励，提升员工的整体素质

员工是企业发展的基石，企业的基业长青离不开全体员工的共同努力。企业要可持续发展必须培育自己的核心竞争力，而核心竞争力的本质就是承载在企业员工身上的核心知识和技能。员工培训是企业所有投资中风险最小、收益最大的战略性投资，也是员工实现个人与企业协同发展的有效途径。培训激励是调动员工发挥积极性行之有效的途径，是提升员工自我竞争力的手段，是丰富其自身内涵的必要过程。

重视对员工的培训

员工培训，是组织人力资源管理与开发的重要组成部分和关键职能，是组织人力资源资产增值的重要途径，也是组织效益提高的重要途径，是培育和形成共同价值观、增强凝聚力的关键性工作，因此从战略高度重视员工培训，对企业人力资源的开发与利用具有十分重要的意义。那么什么才是真正的企业培训呢？企业中的培训是根据某些员工或某一岗位的工作需要，通过结合书面讲解或其他沟通方式，对员工进行教育，以达到更新其知识、技能、理念，提高其综合素质，以期影响其行为，提升企业的竞争力，促进团队更快、更健康地发展的行为活动。

对现代企业来说，培训意义十分重大，许多企业也将培训作为对人力资源的一种投资。既然作为投资，当然就会考虑“投资回报率”，我们经常在一些管理类报刊及书籍中看到诸如此类的提法：“由于对员工培训的重视，生产率提高了60%”、“培训的投入，使员工流失率降低了65%”等。可见，企业重视员工培训其好处多多，主要表现在以下几个方面：

1. 增强企业竞争力

一位管理学家曾经说过：“员工培训是企业风险最小、收益最大的战略性投资。”人力资源的开发和培训已经成为企业增强自身竞争力的重要途径。

2. 有效激励员工

金钱对于有技术、知识型员工的激励是暂时的，一段时间可以，长时间则难以持续，他们更看重的是通过工作得到更好的发展和提高。重视员工培训是

提高员工素质，建立人才储备的良好手段。加强对员工的培训，可以提高员工的专业技能与综合素质，极大地开发员工的潜能，调动员工工作的积极性，不断提高员工的工作效率和工作质量。

3. 灌输企业文化，建立学习型组织的基础

企业对员工不断地灌输企业价值观，培养共同做事的行为规范，能够使员工自觉地按照惯例工作，形成良好、融洽的工作氛围，增强工作满意度和成就感，为企业建立学习型组织，确保业务的有效开展打下基础。

近年来，人们都在谈论知识经济的挑战，实际上知识经济最核心的问题是人的素质问题，也就是人力资源的形成、使用和开发问题。说到底，企业培训也是一种双赢投资，一方面员工的工作自觉性、积极性和创造力将得到不断提高，从而增加企业产出的价值，使企业获得更大的利益；另一方面，员工整体素质得到提升，获得的是一份终生保值的财富。

★★★★★★★★★★★★★★★★★★★★★★★★★★★★

管理一点通

培训是一种双赢投资，即培训不仅通过员工自觉性、积极性、创造性的提高来增加企业产出的效率和价值而使企业受益，且能够增强员工本人的素质和能力，使员工受益。可以说，培训是对员工最好的奖励。

员工培训的不同类型

不同的培训对象和培训内容，需要不同的培训方式，从而形成了不同的培训类型。实际工作中，培训的类型多种多样，并随时间的发展而不断丰富。其中，从培训内容出发进行培训类型划分，在实际工作中特别重要。

1. 培训内容的一般分类

员工培训的内容主要是，通过各种引导或影响，从知识、技能、态度等方面改进职工的行为方式，以达到期望的行为标准。

一个公司的员工培训工作，应包括三方面的内容。

知识培训。通过这方面培训，应该使员工具备完成本职工作所必需的知识，包括基本知识和专业知识；还应让员工了解公司的基本情况，如公司的发展战略、目标、经营状况、规章制度等，使员工能较好地参与公司活动。

技能培训。通过这方面培训，应该使员工掌握完成本职工作所必备的技能，包括一般技能和特殊技能，如业务操作技能、人际关系技能等，并培养开发员工这方面的潜力。

态度培训。员工的工作态度对员工士气及公司影响甚大。通过这方面的培训，应该树立起公司与员工之间的相互信任，培养员工的团队精神和应具备的价值观，增强其作为公司一员的归属感和荣誉感。

2. 培训内容的具体分类

知识、技能、态度，是员工培训工作的三大内容。每一个方面的内容又可以进行具体划分。其中关于技能内容的划分，对培训工作具有直接的指导作用。

最高层管理人员技能培训。培训内容主要是领导艺术培训，包括如何指导下属就职，如何完成特殊委派等；同时，也培养最高层的管理技能，如转变管理体制和制定战略决策的方法等。

经理技能培训。培训内容包括决策计划技能和交流协作技能，时间管理，项目管理，辅导员工，制定工作目标和指导下属等。

主管技能培训。培训内容包括基本人际交流技能，执行政策，辅导员工，时间管理等。

职业技能培训。培训内容包括各科专业技术培训，处理紧急情况的技能培

训，计算机技能等专项技能(如财务、采购、工程）培训等。

行销技能培训。现代企业注重营销工作，因而营销技能培训受到普遍重视，其内容包括培训销售人员，介绍新产品，提高销售营销经理的规划能力和市场调查能力等。

安全和健康培训。目的是在降低劳动保护成本的同时，确保工作场所的安全和人员健康，其内容越来越多地涉及如何处理工作压力和建立健康的工作生活方式。

新员工上岗技能培训。是为确保新员工有一个良好开端而进行的工作技能培训。设计的内容可以小到工作场所和操作方式的基本介绍，大到介绍公司文化的方方面面。

★★★★★★★★★★★★★★★★★★★★★★★★★★★★

管理一点通

要想在激烈的市场竞争中脱颖而出，取得好业绩，需要培养一支勤奋敬业、有专业知识技能的员工队伍，这就需要进行必要的培训。员工在不同时期、不同岗位应有不同的培训内容。培训应该从企业的实际出发，综合考虑行业特性、经营管理业务、员工的个人发展方向等方面来确定不同时期的培训项目和内容。

以优秀企业的培训实践为榜样

彼得·圣吉说过：“一个企业未来唯一可以持久的优势，就是拥有比竞争对手学习得更快的能力。”如今，越来越多的企业已经意识到培训在企业业绩增长中发挥的作用。

佳都国际（集团）有限公司是中国大陆发展最迅速、最具活力的 IT 企业之一。自 1992 年建立以来，已在中国大陆设立了 10 家分公司，并在香港、美国设立了分支机构。在这十几年中，人才的开发、利用及管理对佳都国际的发展起着至关重要的作用。佳都国际尤其强调对员工的培训，在人力资源管理中，佳都把培训放在首位。

1. 无处不在的“培训”

佳都国际每个部门的职责明确，即使这样，组织庞大的员工队伍的培训也不是件容易的事，并不是所有的培训都由培训经理来完成，佳都国际首先把专业培训分到各个部门。

比如：销售人员有自己的销售任务，产品经理要想帮助销售人员完成销售任务、达到销售目标就要对其成员进行销售技能的传授，这个过程就是个培训的过程，所以这个部门经理就是培训师。而培训经理主要负责员工的入门培训、企业文化的传播等大的方面，同时对整个培训进行统筹、协调、实施、跟进、评估。因此，佳都国际要求每个管理者都要成为培训师，从这个意义来讲，佳都国际的培训无处不在。

2. 完备的“外训”系统

佳都国际已经建立了一套完善的外训系统，主要表现在两个方面。

首先，佳都国际会定时请一些高级培训师来授课，比如对员工的企业忠诚度、职业操守、领导艺术等的培训。这种请进来的方式效果显著，尤其对企业难以解决的一些内部矛盾很有帮助，因为企业管理者在很多时候都是“当局者迷”。

其次，公司会根据员工的需要送员工到外面的培训机构去进行专门的培训，比如去进行短期的课程培训或是到大学接受再教育等，这种切合员工需求的培训是最受员工欢迎的。

3. 培训的艺术

员工最好的培训师就是其直接上司。国外有一分钟的管理艺术之说，它包

括一分钟目标、一分钟批评、一分钟表扬，这其实比任何一种培训都重要。举个简单的例子，员工完成了一项方案，他的上司如能及时给予表扬，员工就不仅知道了这件事该这样做，而且下次会做得更有热情；如果方案不完善，上司的提醒会使他改进，从而改变错误的行为方式，这种方法在培训中是最直接有效的。

4. 培训的价值

企业是否成功是以百年来测算的，世界前500强企业都超过了一百年。俗话说“十年树木，百年树人”，那么以人为本的企业不也得用百年来建立吗？由此，一个企业如果想做“百年老店”，对员工的培养是绝对不能忽视的。

从管理者的角度来讲，一个管理者是否成功，要看他的存在是否能使企业一如既往地朝良性方向发展下去。朝好的方向发展靠什么呢？就是靠对企业员工的培养和训练。就是基于这样的认识，佳都国际才如此重视对员工的培训。

IBM是信息产业中具有代表性的企业，人们称它为“教育产业”。这是一个自员工进公司到离开都要经常反复进行教育的公司。其教育方法也不同于一般公司那种马马虎虎的教育，而是彻底地将公司的方针灌输到员工的心里，以期培育成完美的IBM人，这点正是与其他公司的不同之处。

公司认为，通过对员工的反复教育，不仅可以提高IBM员工的能力，也可以使员工具备作为一般市民的修养。如果IBM的员工被评价为优秀市民，这也是对公司的高度评价，其结果也与公司事业的发展相联系。

因而，在IBM，对临近退休的员工也要进行教育进修。不过，在这种情况下，进行的教育主要是一般修养方面的教育，而不是人事管理或营业方面的教育。说得更准确一些，是为了提高作为IBM的员工或作为曾在IBM工作过的员工所必须具备的教养和知识而举办的学习。

若在一般的公司，就会认为“退了休的人，就没事了”，恐怕不会再考虑退休后的事，而IBM则希望得到“该人不愧曾是IBM的人，各方面都很干练”

的评价。

IBM的退休人员确实在不断增加。这些从IBM退休的人们分别去各地度晚年，在步入人生第二阶段的时候，不知不觉间就会宣传对IBM的信赖和表现出其所具有的智能，也就是说，把长期无偿宣传IBM的种子撒在全国各地。IBM公司就是能看到这么远。

IBM教育的特征在于，不仅是现职人员，甚至连已经离开公司的人也作为对象。员工在进公司的同时，首先必须接受新员工教育。新员工教育涉及IBM各工种的大致情况，大约要进行3个月。从第一年到第三年之间，要实行一种称之为入厂教育的再教育，为造就IBM人而逐步地“加工”。5年后，还要接受骨干员工教育。

这样虽然经过了充分训练，但是在此期间，还要随时参加很多讨论会、学习会、讲演会等，所以如果认为在入厂教育后就“不会再有进修了”，那就大错特错了。

管理一点通

企业应结合自身情况，既吸收先进灵活的培训管理思想和模式，又注重员工与公司完美结合的文化理念。要充分发掘员工的潜能，培养团队精神，打造一支可持续学习和成长的队伍，探索出一条适合提升企业竞争力的培训之路。

注重发挥新人的潜能

有许多领导对于自己的旧部下，由于共事多年，彼此十分熟悉，既知道其工作能力，又了解其性格、特点，因此领导起来比较顺手，而对于新进的人员，由于不熟悉、不了解，容易产生“不如老部下”的感觉。事实上，新进人员，尤其是年轻人，大都有“初生牛犊不怕虎”的干劲，他们大都有在新的环境中、新的岗位上大干一场的愿望。领导如果能够利用这一点，充分发挥新人的潜力，其前景是十分可观的。

对于新人，要善于互相交流感情。领导者要善于以诚挚的感情和信任态度打动他们的心，使其产生敬重激励之情，进而激发出强烈的责任感和事业心。虽然新人资历浅，工作经验不足，但是当他们工作时，就会显示出年轻人的优势和特色，自有一套工作方法。因此，要与年轻人沟通意见，就不要摆出一副高高在上的姿态，更不要给他们脸色看。

拿破仑一生南征北战，从一个普通的尉官直至占领欧洲大部分领土、非洲部分领土的统帅，无不得力于他手下一大批青年将领。

拿破仑曾经说过：“任用年轻的将军，就等于拥有一支年轻的军队。”大胆使用青年将领，军队就是一支狮军。而所有这些年轻的将领，都必须具有“勇气过人”、“机智天才”、“遵循兵法规律与自然法则”等条件。

拿破仑手下的元帅，除贝蒂埃元帅外，绝大多数都是年轻人。请看下列如此年轻而威武的阵营：

达乌，28 岁，远征埃及的骑兵指挥官；

马尔蒙，26岁任意大利法军炮兵司令，27岁任军长和炮兵总监，32岁任达尔马齐亚总督；

苏尔特，25岁任准将，30岁晋升少将；

奥什，25岁任准将，29岁任集团军司令；

乌迪诺，34岁任步兵总监；

……

拿破仑前期战功卓著，主要归功于他拥有众多年轻的将才。他彻底摒弃了门第观念，重视在军队实际作战指挥中擢升将领，由此军队所向披靡。拿破仑总结说："一个优秀的将军，必须有比他更能作战的年轻将领做下属。"

任用年轻的将军，就等于拥有一支年轻的军队。领导者尤其要敢于大胆提拔任用年轻人。

★★★★★★★★★★★★★★★★★★★★★★★★★★★

管理一点通

要想充分发挥新人的积极性、主动性，管理者就要善于与新人交流感情，以诚挚的感情和信任态度打动他们的心，使其产生敬重激励之情，进而激发出强烈的责任感和事业心，提高工作效率，增加团队的生机和活力。

管理不要有过多的顾虑

虽然管理者培养自己下属的必要性已经很明了，但在实际执行中，很多管理者还有不少顾虑。作为管理者，应该具有以下正确的认识：

1. 培养下属是“水涨船高”而不是“水落石出”

很多管理者都知道应该培养下属，但有的人会担心：下属培养起来后，是否会取代自己的领导地位？很多管理者正是出于这样的顾虑，停滞了对于下属培养的步伐。实际上，培养自己的下属是一件“水涨船高”的事情，下属的能力强，工作效率高，领导也可以有时间学习新的技能，这其实是一种双赢的结果。

（1）很少有领导因出色地培养下属而被解聘。如果你的领导认为因培养了下属已经可以接替自己的工作，自己就没有什么价值了，那么这种短视的领导也不值得共事。这样做等于给别人树立了一个很坏的样板，别的人肯定再也不敢培养自己的下属了，这对于整个企业来说绝对是一种错误。

（2）下属的绩效直接影响领导者的绩效。领导者如果不想独自承担所有的重任，那么就得培养人才。领导者将所有的事情一起揽过来做是不可能的。作为领导者，要懂得抓大放小，知道什么是20%的问题和20%的目标。领导者的成功其实就在于如何最大限度地利用下属这个资源，利用越充分，领导者的绩效也越大，因此下属的绩效直接影响到领导者的绩效。

（3）领导者获得更多时间学习新技能，下属变得更自信与感激。如果每个下属都能按时完成自己的工作，都愿意完成领导者的工作中的一部分，那么领导者就会变得相对比较轻松，就可以腾出更多时间来学习新东西，学习下一个职位所应该具备的知识技能。这是领导个人向前发展的开始，而下属也会因此变得更有自信，更为感激。所以，不管从哪个角度讲，培养下属，对领导者和下属来说，都是一件共赢的事情。

2. 不要忘记，管理者自己也曾得到过别人的培养

《根》的作者是美国的黑人作家哈利，他曾经在办公室挂了一幅画，画的内容：下面是几个栅栏，有个木桩子戳在那儿，木桩子上面有一只小乌龟。问题是乌龟怎么爬到木桩子上去的。作者说这幅画上的小乌龟就是比喻他自己，他今天之所以有这么高的成就，能够在这小木桩子上待着，那是因为当年有很多

的人曾经帮助和支持的缘故。他以这幅画来提醒自己：有了一定成功和地位的时候，也应该以同样的心态来对待年轻人，辅助他们成长是自己的责任，也是对于曾经支持过自己的人最好的回报。

领导者应该培养下属的另外一个原因：领导者也曾经得到过他人的培养而得以成长。正是因为当初的领导给予了足够的信任和提拔，今天的领导者才有现在的成就。从这个意义上说，领导者要以同样的感恩心态来对待自己的下属，鼓励所有的领导者多培养自己的下属。

★★★★★★★★★★★★★★★★★★★★★★★★★★★★

管理一点通

在培训时，时常发现一些管理人员在培训下属的认知上存在误区，认为培训员工是人力资源部门或培训管理员的事，只要把下属派出去接受培训就好，至于后期监督、跟进和指导的重要性都抛在一边，或者没有认识到培养下属是自己的责任，每天忙忙碌碌地却不知为何而忙。因此，企业对管理人员进行培训时，务必要让每个管理者都清楚自己的责任，意识到培养下属是自己的天职，从而有计划、有针对性地指导和训练下属。另一方面，只有员工的能力和素质提升了，部门的业绩也才能得到提升，而团队有了良好的业绩，管理者自身就是最大的受益者。

对员工而言，职场生活占据了非常重要的位置。除了少数自己创业做老板的人以外，大多数人都要依托在一个组织里寻求自己的发展，企业和管理者如果不能给员工提供成长的通道和发展的空间，优秀的员工必然会流失。

优先采取内部晋升的方式

很多管理者在企业某些职位发生空缺时会首先想到外部招聘，而忽略了企业内部的人力资源。这种情况很容易造成企业内部业绩好但没有得到晋升机会的员工心理不平衡和不满，导致其工作积极性下降。

晋升是职业发展中对员工最有效的激励方式。依据马斯洛的需要层次理论，物质需要是人类较低层次的需要，而自我实现才是人的最高层次的需要。职业发展属于满足人的自我实现需要的范畴，因而会产生更大的激励作用。

美国玫琳·凯化妆品公司主张从本公司内部提拔干部，如果公司内部有合格的人选，一般不聘请外人来公司任职。其具体做法是：当一个部门的领导层出现空缺时，该部门的经理向公司人事部门正式提出担任这一职务必须具备的条件，人事部门即在每栋办公楼的布告栏上公布这一消息，公司里的每一个人都可以申请担任这个职务，无论申请者现在干什么工作都没关系。如果有人不喜欢自己现有的工作，认为新职务是个晋升的机会，并认为自己是合格的人选，就可以提出申请。人事部门将与每一名希望得到这个职务的雇员面谈，从中择优录取。如果认为申请者都不理想，他们才聘请外人补缺。在多数情况下，补缺的是公司内部的人。

这种做法对员工们会产生很大的积极作用。因为这种晋升的机会创造了一个良好的风气，会激励员工从长远角度考虑自己同公司的关系。并可向刚加入公司的人表明，他们不会永远待在最底层，也使那些在基层工作的人看到希望，看到通过自己的努力得到晋升和发展的机会。

无论是仓库里的包装工人、会计部门的职员，还是从事文字处理工作的人员，如果他不喜欢现有的工作，都可以在公司内找到其他工作。如果他愿意提高技术，增强对公司运转情况的了解，公司也可以给他提供多种其他工作。

这种做法可以使人员外流减少到最低限度，公司认为训练一名精通业务的雇员要花几个月的时间，如果失去他损失就太大了。并且，这种做法还会产生连锁反应。如经理层出现一个空缺后，可能会有十几个人申请补缺。一旦公司选中某人补缺后，又会有另外十几个人要求得到补缺者原来的职务。等到这个空缺有人填补后，也许在更低位置上的某人又顶了上来。这样，不同级别的人都会觉得自己有很多发展机会，工作起来自然干劲十足。

事实证明，这种做法能有效地振作员工的工作热情。另外，建立向“专制挑战”的制度，想调换部门的员工可以直接向人事部经理提出申请，审核确定之后即可走马上任。实践证明，这些员工由于是自动请调，工作积极性得以发挥，热情得到充分肯定，企业也受益匪浅。

★★★★★★★★★★★★★★★★★★★★★★★★★★★★

管理一点通

外部招聘和内部晋升作为两种选拔人才的方式，并没有优劣之分，重要的是企业所需要的、最适合岗位的人才是在公司内部还是外部。一般而言，在候选人条件相差不多的情况下，优先选用内部员工，不但会使内部晋升者更容易进入工作状态，而且会让组织现有成员燃起发展的希望，大大激发其工作积极性。

第四章

沟通激励，有效沟通是激励的基础

良好、有效的沟通就像润滑剂，可使公司部门与部门之间、员工与员工之间、管理者与被管理者之间的配合更加默契，将公司可能出现的问题消灭在萌芽状态；还可以创造良好的工作氛围和人际关系，使每个人工作起来更加愉快、更加高效。

对于企业来说，企业管理工作能否达到满意的效果关键在于企业内部的沟通。作为管理者，掌握必要的沟通技巧能够为企业创造良好的工作氛围，有效的沟通能够使上下级之间迅速准确地了解必要的信息，激励所有工作人员同心协力地为企业的经营目标而努力。

沟通是一种无形的激励

早在 20 年前，迪斯尼公司就开始实行公司范围内的员工协调会议，每月举行一次，公司管理人员和员工一起开诚布公地讨论彼此关心的问题，甚至是很尖锐的问题，而且必须由高层管理者马上做出解答。

员工协调会议是标准的双向意见沟通系统，虽然有些复杂，但是却可以在短时间内增进高层管理者与员工的沟通，解决一些棘手问题，提高高层管理者的威信，并可以大大提高管理的透明度和员工的满意度。

不少跨国公司都非常重视企业内部上下级之间的沟通。在摩托罗拉公司，每个季度第一个月的 1 日至 21 日，中层领导都要与自己的下属进行一次关于职业发展的对话，回答“你在过去 3 个月里受到尊重了吗”之类的 6 个问题。这种对话是一对一和随时随地进行的。摩托罗拉的管理者们还为每一个下层的被管理者们预备出了 11 条“敞开天窗说亮话”式表达意见和发泄抑怨的途径，其中包括总经理信箱、内刊、局域网、热线电话等。

日本丰田公司为了增进员工之间的交流，成立了各种形式的兴趣小组，员工可以根据自己的兴趣选择参加不同的团体聚会。通过参加这些聚会，既开展了社交活动，又有互相交流的机会。为了这种聚会，公司建造了体育馆、集会大厅、会议室、小房间等场所供自由使用。

公司对聚会活动不插手，也不限制。员工用个人的会费成立这种团体，领导人是互选的，并且采取轮换制，所以每个人都有当一次领导人来“发挥能力”的机会。这些聚会都有一个共同点，就是把这些聚会作为会员之间相互沟通、

自我启发、有效利用业余时间及不同职务的会员进行交流的场所。

每当谈到激励，很多人就会想到“薪水”和“奖金”，这些固然重要，但是作为管理者，还必须掌握其他的激励方法，特别是那些无“薪”的激励，则更能体现出管理者的领导能力和团队管理水平。那么，在团队管理中，怎样实现无“薪”激励呢？下面几点可供参考：

1. 每周一次的团队内部沟通

让员工知道团队这一周的销售情况、重要交易、经营业绩和重大事项，可以使员工及时了解团队的情况，尤其是那些振奋人心的合同、业绩、事件能够很大程度上鼓励和刺激员工，激发大家的荣誉感和归属感。建议可以用团队领导者的名义进行通知，如果是大型团队，可以通过局域网或 E-mail 的形式；如果是小型团队，则可以在每周的例会上进行传达。

2. 每周一次的上下级沟通

每周一次的沟通不仅可以及时发现工作中的问题，而且可以增进双方的感情和关系。沟通并非“独角戏”，而是“交际舞”，需要双方密切配合。一方面，要求领导能够循循善诱，让员工打开心扉，畅谈工作中和思想上的问题和建议；另一方面，也要求员工能够开诚布公，畅所欲言。有些领导不善于沟通或者不屑于沟通，其实有效和及时的沟通不仅能解决许多工作中现存的和潜在的问题，更能激发员工的工作热情，形成和谐的团队。

3. 沟通无限，创造与员工交流的机会

对于团队内部而言，通畅的信息流动渠道也是促进沟通的积极因素之一。在获取信息的有效方式上有多种选择，工作报告、项目总结、团队活动、专门的布告栏等都能促进信息流通。信息从一个人传递到另一个人，从一个部门传递到另一个部门，其主旨是为了要求每个人知道彼此在进行的工作。在信息传递过程中，要特别注意向相关边缘工作人员的信息传达，通过彼此的沟通，达到真正的理解。

大部分公司都开展了局域网的建设，先进的网络资源为团队间的沟通提供了更为便利优越的条件。试想一下，你有一个好的想法，组织专门的讨论会可

能会非常繁琐，要找到相关人员，还要确定一个大家都有空的时间，但如果你换一种信息交流的方式，在公司 BBS 上发布一个帖子，让大家对你的想法进行公开的讨论，可能会取得更好的效果。

如果你对上司有小小的建议或是想申诉一下自己的委屈，那么 E—mail 的快捷与隐秘可以帮助你更好地达到自己的目的，起码可以给上司留个面子。当然，如果你是团队领导者，对于员工工作的不到位，用 E-mail 进行提醒也会起到很好的效果，不信就试试看。

每个员工都有参与意识，即使对非本职工作的团队事务，也都有自己的意见或想法，提供一个机会，让大家去互相了解，对于团队的内部建设会起到事半功倍的效果。这样会每个人都会觉得自己是团队的主人，从而大大激发归属感和自豪感。

在团队的日常工作中，大大小小的会议可以说是无处不在，大多数会议都是就某项工作进行的，而专门解决团队沟通问题的会议往往被大家所忽视。管理者应该就工作中存在的问题安排旨在解决团队沟通问题的会议，这样的会议可以定期举行，半年、一个月或者两个星期一次，可以自由选择；空间上也不必像工作会议那样正式，可以选择室外或俱乐部进行，但应该强调的是，这样的会议绝对是必不可少的。

对于团队上下级的交流，国内许多团队都设立了所谓的专门“接待日”，但仅仅是固定时间的比如一周一次的接待日是远远不够的。我们建议领导们应随时允许员工敲开你的门，进行非业务的交流。有的领导觉得这样会浪费很多时间，其实不然。每个员工在进入到领导办公室之前都已考虑再三，选择这样的解决渠道其实是最简捷有效的，因为这些问题都是其他渠道解决不了的。直接的绿色通道避免了不必要的繁琐，而且表现出领导真诚的一面，而这种真诚得到的回报也是同样的真诚。真诚的交流，对团队是无价的。

如果员工不太习惯走进领导的办公室或对此产生畏惧，那么领导只有走进他们中间，走到员工工作的地方，并在员工工作的时候与之沟通。这样可以打破那种过于正式的氛围，让团队成员与你交谈感觉更舒适。

对员工提出的问题应立即做出必要的反应。记住，你的表现越认真，积极的影响就越突出。惠普公司的“巡游式”管理方法正是满足了这种需要，才变得极为有效。

一个聪明的领导，应该懂得如何创造与员工交流的机会，而不只是被动地等待。一起吃饭是一个好主意，尤其在中国的传统文化中，饭桌上的交流可能是最推心置腹的。当然，即使是一起吃饭，形式也可以多样，与团队还是个人；工作餐还是正式的晚餐；在公司内还是在公司外，都可以根据情况的不同进行选择。

有的团队每隔一段时间就举行一次全体人员的早餐会，以自助的形式举行，几个人围在一起，没有级别的束缚，显得其乐融融。相比较来讲，工作午餐是简便的，晚餐则要正式一些。

联想的领军人物杨元庆的工作午餐就很有特色，与员工共进午餐，拉近了彼此的距离。除了吃饭以外，还有许多其他活动形式，根据团队的不同情况，交流机会也不同，但只要愿意寻找，总能找出适合团队的方式。

★★★★★★★★★★★★★★★★★★★★★★★★★★★

管理一点通

成功的管理者都具有卓越的沟通能力。所谓成功的管理者，除了自身所具有的优秀素质外，其所作所为都来源于自身所拥有的愿意与所有员工不断“沟通”的管理哲学。他们十分了解沟通的重要性，无论是在社交活动还是家庭中或是工作岗位上，都能经常尽情地发挥自身所特有的与人“沟通”的艺术和能力，巧妙地赢得别人的喜爱、尊敬、信任和合作。

沟通是员工激励的源泉

某种意义上讲，沟通已成为现在员工激励的重要源泉。

重视每一次沟通所产生的激励作用，管理者会发现对员工的最大帮助就是心存感激。“士为知己者死”，管理者的“理解、认同”必将换来员工的“涌泉相报”。

沃尔玛公司总部设在美国阿肯色州本顿维尔市，公司的行政管理人员每周花费大部分时间飞往各地的商店，通报公司所有业务情况，让所有员工共同掌握沃尔玛公司的业务指标。在任何一个沃尔玛商店里，都定时公布该店的利润、进货、销售和减价的情况，并且不只是向经理及其助理们公布，也向每个员工、计时工和兼职雇员公布各种信息，鼓励他们争取更好的业绩。

沟通的管理意义是显而易见的。如同激励员工的每一个因素都必须与沟通结合起来一样，企业发展的整个过程也必须依靠沟通。

管理者要尽可能地与员工们进行交流，使员工能够及时了解管理者的所思所想，领会上级意图，明确责权赏罚，避免推卸责任，彻底放弃“混日子”的想法。而且，员工们知道得越多，理解就越深，对企业也就越关心。一旦他们开始关心，就会爆发出数倍于平时的热情和积极性，形成势不可挡的力量，任何困难也不能阻挡他们，这正是沟通的精髓所在。

管理一点通

管理者如果能把管理的过程视为沟通的过程，视为相互间不断回旋的过程，把训斥和命令转为留心与倾听，在相互的接触中找机

会增进了解，养成换位思考的习惯，就可激发和调动员工积极的心态，达成顺畅沟通的平台，换来“以心换心”、“以诚换诚”的良好沟通效果。

要同员工心与心地沟通

有些企业领导人错误地认为决策是领导做的，部下只需要执行上级的决策就行了，不需要相互沟通。其实沟通是双向的，领导要使决策合理和有效就必须广泛搜集信息、分析信息，然后才能做出科学的判断。

如果管理者不信任自己的员工，不进行必要的沟通，不让他们知道公司的进展，员工就会感觉自己被当做“外人”，轻则会打击员工的士气，造成工作效率低下；重则会使企业管理者与员工之间产生互不信任的敌意，出现严重隔阂，无法达成共识，有时候甚至会因误解领导的意图而消极抵抗。因为决策是领导的事，与员工无关。

在实际工作中，影响对下沟通的主要因素就是领导没“心”，缺少热忱。一些企业领导人也注意跟员工的沟通，但是由于没有交心，隔靴搔痒，沟通的效果也就大打折扣。上级对下沟通，关键是要一个“诚”字，用心去沟通。

沃尔玛公司的股东大会是全美最大的股东大会，每次大会公司都尽可能让更多的商店经理和员工参加，让他们看到公司全貌，做到心中有数。萨姆·沃尔顿在每次股东大会结束后，都和妻子邀请出席会议的所有员工约 2500 人到自己的家里举办野餐会，在野餐会上与众多员工聊天，大家一起畅所欲言，讨论公司的现在和未来。为保持整个组织信息渠道的通畅，他还注重全面收集各工作团队成员的想法和意见，通常还带领所有人参加“沃尔玛公司联欢会”等。

萨姆·沃尔顿认为，让员工们了解公司业务进展情况，与员工共享信息，是让员工最大限度地干好其本职工作的重要途径，是与员工沟通和联络感情的核心。而沃尔玛也正是通过共享信息和分担责任，满足了员工的沟通与交流需求，达到了公司的目的：使员工产生责任感和参与感，意识到自己的工作在公司的重要性，感觉自己得到了公司的尊重和信任，从而更加积极主动地争取更好的成绩。

管理一点通

在实际工作中，影响对下沟通的主要因素就是领导缺少热忱。一些企业领导人虽然也注意跟员工的沟通，但是由于没有交心，隔靴搔痒，沟通的效果也就大打折扣。

与员工有效沟通的行为法则

对于管理者来说，与员工进行有效沟通是至关重要的，因为管理者要做出决策就必须从下属那里得到相关的信息，而信息只能通过与下属之间的沟通才能获得；同时，决策要得到实施，又要与员工进行沟通。再好的想法，再有创见的建议，再完善的计划，离开了与员工的沟通都是无法实现的“空中楼阁”。

良好的沟通能力与人际关系的培养，并非全是与生俱来的。在经营“人”的事业中，管理者需要不断地学习沟通技巧，因此就要珍惜和把握任何一次学习的机会。

以下提供一些有效沟通的行为法则：

1. 自信的态度

一般事业成功的人士不会随波逐流或唯唯诺诺，他们有自己的想法与作风，但却很少对别人吼叫、谩骂，甚至连争辩都极为罕见。因为他们对自己了解得相当清楚，并且肯定自己，他们的共同点是自信，而有自信的人常常是最会沟通的人。

2. 体谅他人的行为

这其中包含“体谅对方”与“表达自我”两方面。所谓体谅是指设身处地地为别人着想，并且体会对方的感受与需要。在经营“人”的事业过程中，当我们想对他人表示体谅与关心，唯有自己设身处地地为对方着想。由于自己的了解与尊重，对方也会相对体谅你的立场与好意，因而做出积极而合适的回应。

3. 适当提示对方

产生矛盾与误会的原因，如果出自于对方的健忘，我们的提示正可使对方信守承诺；反之若是对方有意食言，提示就代表我们并未忘记，并且希望对方信守诺言。

4. 直接告诉对方

一位知名的谈判专家分享其成功的谈判经验时说道：“我在各个国际商谈场合中，时常会以‘我觉得’(说出自己的感受)、‘我希望’(说出自己的要求或期望）为开端，结果常会令人极为满意。”其实，这种行为就是直言不讳地告诉对方自己的要求与感受，若能有效地直接告诉自己所想要表达的对象，将会有效地帮助双方建立良好的人际网络。但要切记“三不谈”原则：时间不恰当不谈；气氛不恰当不谈；对象不恰当不谈。

5. 善用询问与倾听

询问与倾听的行为，是用来控制自己，让自己不要为了维护威力而侵犯他人。尤其是在对方行为退缩、默不作声或欲言又止的时候，可用询问的方式引出对方真正的想法，了解对方的立场以及对方的需求、愿望、意见与感受，并且运用积极倾听的方式，来诱导对方发表意见，进而对自己产生好感。一位优秀的沟通好手，绝对善于询问以及积极倾听他人的意见与感受。

6. 使用不同的语言

在同一个组织中，不同的员工往往有不同的年龄、教育和文化背景，这就可能使他们对相同的话产生不同理解。与他人说话时必须依据实际情况。例如一个经理人和一个半文盲员工交谈，他必须用对方熟悉的语言，否则结果可想而知。

谈话时试图向对方解释自己常用的专门用语并无益处，因为这些用语已超出了他们的感知能力。接受者的认知取决于其教育背景、过去的经历以及他的情绪。如果沟通者没有意识到这些问题的话，他的沟通将会是无效的。另外，晦涩的语句就意味着杂乱的思路，所以，需要修正的不是语句，而是语句背后想要表达的看法。

7. 及时反馈

沟通的最大障碍在于员工误解或者对管理者的意图理解得不准确。为了减少这种问题的发生，管理者可以让员工对管理者的意图及时做出反馈。比如，当你向员工布置了一项任务之后，你可以接着向员工询问："你明白我的意思了吗?"同时要求员工把任务复述一遍。如果复述的内容与管理者的意图相一致，说明沟通是有效的。

8. 避免情绪化

在接受信息的时候，接收者的情绪会影响到其对信息的理解。情绪能使人们无法进行客观的理性的思维活动，而代之以情绪化的判断。管理者在与员工进行沟通时，应该尽量保持理性和克制，如果情绪出现失控，则应当暂停进一步沟通，直至恢复平静。

9. 对员工表示尊重

老总与员工是雇佣与被雇佣的关系，公司还是以最终利益的实现为主。但这并不表示老总实行强权，重视员工也并不代表一味的宽容，要做到令行禁止、赏罚有度，才是平衡老总与员工之间的关系、实现企业良好运营的方式手段。

为了提升个人的竞争力，获得成功，就必须不断地运用有效的沟

通方式和技巧，随时有效地与“人”接触沟通，只有这样，才有可能使你的事业获得成功。

有效的沟通让工作更顺畅

大多数领导都认为，充分调动下属的积极性和协调下属的行为十分关键，这不依赖于权力，而是依赖于有效的沟通。有效的沟通主要通过谈话和文字的形式，传达公司的核心价值观。有效的沟通是管理者应有“手腕”之一。

良好的沟通是领导与下属联络感情的有效途径。沟通得好与坏，直接影响着员工的使命感和积极性，进而直接影响着企业的经济效益。所以，创建沟通顺畅的组织，是一种合理的管理途径，是和谐管理的充分体现。

在沟通顺畅的组织里，管理者为员工提供了献计献策的机会，以此激发员工许许多多不寻常的创见和有价值的建议，也使得自己的决策更科学，目标更切合实际，更易于被员工接受并执行。即使是在管理者和员工意见不一致或者产生矛盾的情况下，沟通顺畅的组织也有积极的解决措施，而不是暗中对抗，造成企业的内部消耗，浪费企业资源。

沟通可以帮助企业管理者更好地把握员工的思想动态，也让员工对于管理者的决策有更清楚的认识。当管理者对员工坦诚透明时，会赢得员工的信任和支持，而两者相互间的信任是企业和谐发展的基本条件。

上海有一家成立于 1958 年的老工厂，正是凭借着顺畅的沟通走出了建厂以来的最大困境。在企业最困难的时期，管理者实施了厂务公开，干部与职工一起拿 393 元的最低工资，创造出同甘共苦的创业氛围，凝聚了职工们的心。自该管理措施出台以来，这家工厂再也没有出现过各部门互相扯皮或员工因为不满意而消极怠工的情况。

当企业走出困境、效益逐年上升之后，管理者仍旧坚持了公开透明的管理方式，保持着与职工们的顺畅沟通，通过职代会实施干部与职工工资同比率上升5%的方案。同时，经过民主商议决定，每年把利润的1%作为“共享费”，补偿给为企业做出贡献的下岗、待岗、提前退休等人员。这样的做法使得管理者和职工的关系十分融洽，也使企业获得了健康发展。

上海合资企业富士施乐公司也采取每年一度的员工满意度调查方式，来达到管理者和员工之间通畅沟通的目的。他们通过问卷调查听取员工意见，包括对管理层的决策、执行、沟通，管理层对下属的交流与反馈、尊重与信任、公平与合作，以及对员工激励、培训、发展、薪酬、团队合作等方面。调查结果出来之后，管理层进行根源分析，提出改进措施并组织实施，借此实现提高员工参与积极性的目的。

当员工和管理者之间沟通顺畅的时候，员工的工作情况就可以及时反映到管理者那里，这必将在企业内部形成亲密、融洽、协调的关系，避免了紧张、怨愤等情绪，从而使工作效率倍增。保持经常的意见交流和顺畅的相互交往的企业将是一个十分有凝聚力的企业，也必然是一个战无不胜的企业。

★★★★★★★★★★★★★★★★★★★★★★★★★★★★

当员工和管理者之间沟通顺畅的时候，员工的工作情况就可以及时反映到管理者那里，这必将在企业内部形成亲密、融洽、协调的关系，避免了紧张、怨愤等情绪，从而使工作效率倍增。

提高自身的沟通水平

据统计，企业管理者70%的时间用于沟通上，开会、谈判、谈话、作报告等是最常见的沟通方式。另外企业中70%的问题是由于沟通障碍引起的，无论是工作效率低，还是执行能力差，领导能力不高，归根结底都与沟通不畅有关。因此，提高管理者的沟通水平显得特别重要。那么，如何使沟通更顺畅呢？

1. 首先让管理者意识到沟通的重要性

沟通是管理的高境界，许多企业管理问题多是由于沟通不畅引起的。良好的沟通可以使人际关系和谐，顺利完成工作任务，达成绩效目标。沟通不良则会导致生产力、品质与服务不佳，使得成本增加。因此，管理者务必增强对沟通重要性的认识，并运用于实践中。

2. 公司内建立良性的沟通机制

沟通的实现有赖于良好的机制，包括正式渠道、非正式渠道。员工不会做你期望他去做的事，企业应当通过奖罚和考核引导其去做事，因此引入沟通机制很重要。应纳入制度化、轨道化，使信息更快、更顺畅，达到高效高能的目的。

3. 从“头”开始抓沟通

企业的老总、老板是企业的领军人物，决定企业的发展方向，必须以良好的心态来做沟通，来制定沟通机制。公司文化即老板文化，他直接决定是否能建立良性机制，构建一个开放的沟通机制。管理者应以身作则在公司内部构建起“开放的、分享的”企业文化。

4. 以良好的心态与员工沟通

与员工沟通必须把自己放在与员工同等的位置上，开诚布公，推心置腹，设身处地，否则当大家位置不同时就会产生心理障碍，致使沟通不成功。沟通应抱有“五心”，即尊重的心、合作的心、服务的心、赏识的心、分享的心。只有具有这“五心”，才能使沟通效果更佳。因此，管理者应该学会尊重员工，赏识员工，与员工在工作中不断地分享知识，分享经验，分享目标，分享一切值得分享的东西。

管理一点通

管理者只要与员工保持良好的沟通，让员工参与进来，自下而上，而不是自上而下，在企业内部形成沟通的机制，就可实现真正的管理，从而达到目标一致，群策群力，众志成城。一个上下级之间具有良好沟通的企业，一定是具有凝聚力和亲和力的企业，这个企业也一定是高速发展的、极富活力和创造力的企业。

第五章

授权激励，全力调动员工的积极性

管理者应当敢于将权力授予下属。管理者最重要的工作是定战略、定制度、定团队，其他的工作应交予下属，只有这样，才能充分调动下属的积极性。管理者不敢授权或者不愿授权给下属，下属的积极性就会受到打击，久而久之团队的积极性与战斗力就会大幅度下降，绩效下滑将是自然而然的事情。

要放些权给下属

领导的工作是管理，不是专制，也就是说，上司不是监工，因为监工即是专权的化身。把自己当作监工，往往大权独揽，把所有的下属都看成是为自己服务的，这样的上司永远成不了好管理者，或者说，监工式的管理可能一时有用，但不可能时时生效。

放些权力给下属，容易使双方形成平等、融洽的人际关系，从而创造一种良好的工作氛围。

从表面形式上看，授权与用人是上级对下级的一种权力运用，但是不能简单地如此理解，因为授权与用人不是权力专制的表现，而是权力调控的表现。

尽管知道某下属的能力较强，可以授权他做更多事情，但是不能从已经接手进行工作的下属手中，把事情移交到前者身上。除非主管认为后者已无能力将事情办好，但是要有充分的证据显示方能服人，以免吃力不讨好，影响两者的工作情绪。

公司计划、开会以至进行一项工作，主管当然有责任和权力去参与。然而，过分的干扰会造成下属的依赖心，无法发挥个人积极性。

主管给予下属过多的辅导，不能使下属独立处理整体工作，对下属及主管本身均会造成长远的损害。在下属方面，没有适当的磨炼，会埋没了潜质和才华；在主管方面，工作量太大，精神和体力均感疲乏；况且凭一个人的能力，没有发挥集思广益的好处，终会比其他同行落后。

不管什么时候，指派授权了某些下属后，就应放心让其去处理。可以在适当的时候，询问下属一些问题，例如问他是否要协助、工作进展如何、是否遇到困难等，防止他偏离目标，但不等于干扰其工作。

主管主观的判断会影响下属的工作情绪，使其不敢大胆去做。因此，主管应站在客观的立场看待下属的工作。把“我认为这样不好”的说法，改为“你认为这样会较好吗？为什么?”下属听了较易接受，更有利于工作的开展。

对一个企业管理者而言，彻底改变监工身份，并不是简单地说说那么简单已，这种观念的转变要靠自己的实际工作来体现，真正做到由专权到放权的角色转换。切忌误以为专权就是大权，放权就是失权；相反，放权能够赢得下属的信赖，会使下属更加尊重你的权力，而专权只能迫使下属表面顺从，却赢不了人心。

现代企业管理主张“把监工赶出权力层”，是对专权与放权关系的精辟概括。每一位有志于企业管理的管理者，都应当切记这种说法。

★ ★

管理一点通

管理者要通过授权充分发挥员工的主观能动性，调动员工的积极性和创造性，提高工作效率。当然，管理者指派员工去做某项工作之后也不能不管不问，在适当的时候询问员工一些问题，可以防止其偏离目标。

放手让下属决定一些事情

领导者应将工作交给什么人，让什么人做什么事情，是一件不易决定的事情。企业的前景就是领导者的前景，若是用人不当，就会为自己带来巨大的损失。大材小用固然可惜，小材大用，则会对企业前景不利，万一用错了人，更加会为企业带来难以弥补的损失。因此，在用人方面，身为领导者，不得不谨慎小心。

领导者需要尽量控制企业局面，同时，也应该适当授权给下属，放手让下属去决定一些事情。只有这样，才能够保证领导者不在期间企业能够正常运转，而这也是检测员工能力的一个标准，敢于放手让下属自主行事，让员工独立承担一些责任，这也是为员工提供一个发展自身潜力的平台。

但现实中，有些管理者总是大事小事一把抓，事必躬亲，即使让下属自己做一些小事，也总是不放心，处处过问。这只能说明领导对下属极不信任，不敢放手让下属自己做事。这样不仅限制了下属的活力，自己也孤掌难鸣，事倍功半，不会取得好的成绩。

把一些重要的事情交给下属去做，体现他们的能力和重要性，这一举动恰恰表明你对下属的信任，其他任何方式都不如这种领导方式来得直接、有效。而且领导人也能有精力和时间去处理更重要的事，何乐而不为呢?

一个好的领导要努力做到信任下属，与下属推心置腹，千万不能只把这句话放在口头上，而应放到行动中。要把这句话牢记于心，并时时处处体现于行动之中，这才是一个领导的英明之举。否则，口头上对下属如何信任，而实际

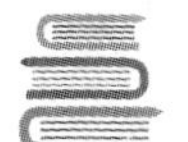

上却对他们百般猜疑，那样只能是孤掌难鸣，影响企业的发展。

作为一个有责任心的领导，用人一定要有一贯性，即使在下属出现失误时，也要敢于用人不疑，放手让他们自己干。

有的领导者在下属出错时，表面一套，背后一套，明着去同情下属、帮助下属，表现出他如何仁义、大度，暗地里却怀疑、出卖下属，这种领导虽能欺骗一时，但最终会被下属识破，“搬起石头砸自己的脚”。朋友之间相处，讲究“患难朋友才是真正的朋友”，领导与下属相处，也应遵循这样的原则。赞美下属的忠诚，当其处于逆境时尤其要敢于信任，伸出援救之手。只有这样，才能体现出领导者的高明之处。

★★★★★★★★★★★★★★★★★★★★★★★★★★★★

管理一点通

授权不仅仅是封官任命，管理者在向下属分派工作时，也要授予他们权力，否则就不算授权，所以要帮被授权者清除心理障碍，让他们觉得自己是在“独挑大梁”，肩负着一项重要的职责。要点之一是，让所有相关人士知道被授权者的权责；另一个要点是，一旦授权之后，就不再加以干涉。

善于授权让管理更轻松

企业领导者的一项重要任务是用好人，而用好人的关键是合理地授权。

诸葛亮大概是中国历史上最聪明的人，但在用人问题上却做得很不聪明。前面曾提到他用人方面出现的很多失误，而他最大的不聪明则是不懂得合理授权，最后积劳成疾，累死在阵前。

在蜀国前中期，刘备集团可谓是人才云集，孔明其实大可不必“事无巨细、事必躬亲”。

在行军打仗方面，他有魏延和李严可用，两人均有多年作战的经验，又有计谋，这时他本该在成都辅刘禅主政务，让两人主军务，但他均不用之，后来甚至废李严为民，七擒孟获、六出祁山，这在军务上费尽一生心血。

为了解决运粮事宜，他耗费了大量精力，最后虽搞出了“木牛流马”，但也搞垮了自己。士兵中有些松懈，确需整顿军纪，这本应授权众将管理部属，可孔明却是罚棍二十以上者皆亲自处理，忙得没日没夜。

不善授权，终将累及自我，连司马懿都断言：“亮将死矣”。果不其然，孔明终于累死在五丈原，时年仅 54 岁。

韩非子说“下君尽己之能，中君尽人之力，上君尽人之智”。好的领导者是善于对下属进行合理授权的。

不愿授权和不会授权的领导，将给自己积聚愈来愈多的工作决策事务，使自己在日常琐碎的工作细节中越陷越深，甚至成为碌碌无为的“事务主义”者。由于个人的时间和精力有限，这种领导最后不得不“分给别人一点”。但到此地步，有些事已一拖再拖，另一些事可能根本无暇顾及，而许多需要领导处理的大事却搁在一边。另外，下级的积极性也受到压抑，工作失去了兴趣和主动性。

作为管理者，要学会合理授权给下属。通过合理授权，使自己重在管理，而非从事具体事务；重在战略，而非战术；重在统帅，而非用兵。通过“分身之术”，有利于管理者议大事、抓大事，居高临下，把握全局。

管理一点通

善于授权是对人力资源的合理配置和利用，它一方面可以使领导者摆脱能够由下属完成的日常工作，专心处理重大决策问题；另一方面也有助于培养下属的工作能力，提高下属的工作积极性。

授权还要挑选恰当的对象

现代企业，选人用人已经成为一个企业成功与否的关键。授权工作就其目的来讲，一是寻找合适的人选去完成特定的工作；二是通过授权，培养企业后备人才。这两个方面目的的实现其实都与企业的人才战略有重大关系，都可能从根本上影响企业的核心竞争力。因此，在授权工作中，选人用人需要有合理的人才评价标准，需要内外并举。也就是说，标准既要能反映出个人的综合素质，又要能体现工作岗位的特殊要求。在合理的标准基础上，选人用人还应遵循一定的程序，只有将这一过程程序化，才能保证标准被顺利执行，体现对人才的尊重。

1. 标准要合理并能全面反映个人能力

人才的首要要求当然是能力，但能力究竟包括哪些方面的内容，却是众说纷纭，莫衷一是。而对于管理者来讲，要选拔的人才可能层次不同，对能力的要求也不尽一致，更增添了衡量能力的困难。大体而言，衡量一个人的工作能力，必须注意以下几个方面：

（1）学习能力。学习能力不仅指学习书本知识的能力，还包括对新事物的认识能力。管理层次越高或技术要求越高，对学习能力的要求也越高。而衡量人的学习能力，可以通过考察其对新事物的认知速度、深度和准确度来实现。

（2）个人经验。个人经验是过去的经历在一个人身上凝聚的知识和判断能力。个人经验因人而异，与工作期限和岗位有关系，但并不决定于工作时间的长短和岗位性质。考察一个人的工作经验，可以通过了解其所学的知识、工作经历等，更重要的是让其实际面对相关工作，通过了解其投入工作所需的时间及所获得的效果来实现。

（3）个人环境适应能力。现代社会对于分工协作的要求越来越高，社会变化及工作压力越来越大，这无疑对个人的环境适应能力提出了更高的要求。有很多企业都有这样的经历：找了一个学历高、工作能力强、工作经验丰富的新员工，以为找到了优秀人才，但该员工到企业之后往往因为与领导配合不佳，与同事关系不和，对组织环境难以适应，无法正常投入工作，致使企业和员工双方都苦恼不已。

一个过分自闭、自负而又缺乏自知之明的人，往往其环境适应能力较差。当然，对这种人应区别对待，很多时候他们确实有优异的能力，不应一概排斥，要学会引导并善加利用。

上述三项能力是基本的个人能力，对于每个管理者来说，在选人用人时都应详加了解。此外，不同的岗位和角色有不同的能力要求，这也是不容忽视的，应根据实际加以衡量。

2. 标准应能反映个人的行为习惯和工作作风

过去，管理学家很少关注个人的行为习惯和工作作风对工作的影响，认为这相对于以规则和纪律为主轴运转的组织而言，是可以忽视的因素。但在讲究创新、追求个性化的现代社会，工作中的创新与独特不是凭空而来的，它来源于生活的土壤，植根于日常的行为习惯和作风，因此个人行为习惯和作风也不应忽视。

如果翻开科技史来看，那些有重大发现或发明的科学家们在生活习惯和工作作风上无不体现出特立独行、标新立异的风格；而成功的管理者也总是有着异于常人的行为习惯。这些特殊的习惯和作风能为组织带来不一样的气氛，能启发许多人拓展自己的思维空间，从而可以为创新提供良好的环境。

3. 通过标准考察被选人才的思维方式

思维方式不是现实的能力，却比现实的能力更具有长远意义，因为它能决定一个人是否有长远的发展前途。任何管理者，都不能指望一个思想古板

的下属能有多么出色的表现。一个追求卓越的组织，如果只有墨守成规的人才，那么这个组织必将陷入平庸。所以管理者在选用人才时，应该对候选人的思维方式进行考察，这可以通过提问一系列主观问题或安排一些特殊工作来实现。

评审者、评审时间、评审过程以及最终决定方式都应有明确的规则，必须体现民主与公正的原则，不能因个人好恶导致选人过程形式化、表面化、简单化。

★★★★★★★★★★★★★★★★★★★★★★★★★★★★

管理一点通

选择一个正确的授权对象是授权的关键一步，领导者应该将权力授予那些品德好、有能力的人。这就要求领导者在授权之前要对被授权对象进行细致的考察，包括被授权员工的特点、强项、弱势等都应该了如指掌。

授权的范围要有限制

领导者在授权时还必须注意，并不是所有的工作都可以授权，授权的范围是有一定限制的。管理者一定要明白，哪些权可以授，哪些权不可以授。

1. 可以授权的工作

标记出你要放弃和你必须自己做的工作之后，余下的工作内容就可考虑作为可能授权的对象了。但是该如何确定哪些工作可以授权呢？

对此，很少有放之四海而皆准的方法，因为每个企业经理所处的境况可能千差万别。然而，下面这些指导方针可帮助你在分析具体情况时做出决定。

（1）授权那些日常的和必须要做的事情。这些工作你已经做了一遍又一遍，并且是公司例行规定的必要工作。你对它们非常了解，你知道这些工作所存在的问题、所具有的特性以及具体操作的细节。它们也是你容易授权的工作。因为你如此熟悉它们，所以你可以很容易地解释清楚，然后把它们委托给他人去做。

（2）授权专业性强的事情。你会给家人做手术吗？不大可能，除非碰巧你是个医生。你会在法庭上做自己的辩护人吗？不大可能，除非碰巧你是个律师。这样你就要寻找这一领域最专业的人来做。在公司里也是同样的道理，你必须充分发挥员工的专长。如果你负责选择一个新的文字处理系统，你可以自己研究，也可以把初期的研究工作授权给公司的电脑程序员。如果公司有个数学能手，你可以让他负责仔细检查所有报告中数字方面的问题。要小心“超人综合症”，注意有些时候你需要将一些日常工作交给像律师、会计、税务经理等专业人士。要让你的需要与员工的技能相适应，利用他们的才华，而将你的时间用在其他更重要的事情上。

（3）授权职业爱好。有些工作没有给别人是因为它们对授权者来说太富有趣味性了。当然自己保留一两个也可以，但是至少要意识到它们的特征：简单，有趣但却有其他人比你更胜任这份工作。把自己最感兴趣的工作分配给其他人的做法可能看起来是荒谬的，然而正是这些工作让你流连忘返却不足以体现出你所付出的时间和精力的价值，因此可以适当授权给别人，让自己有更多的时间和精力从事更有价值的事情。

（4）授权发展机会。作为领导，你最首要的职责是让你的团队成员有发展的机会，达到这一目标的较好方法是将恰当的任务分配给恰当的人。你了解自己工作的职责，你也了解某些任务在帮助团队成员发展时的价值。经过有选择的授权，你能够给予特定的人发展的机会。

2. 不可以授权的工作

尽管大多数企业经理都错在授权不足，但也有个别的企业经理授权过多，而有些工作是完全不能授权的。以下是确定哪些工作不能授权的基本原则：

（1）不要授权人事或机密的事务。人事方面的决定（评估、晋升或者开除）一般来说很敏感，而且往往难以作决定。一旦有些人事工作需要保守秘密，那么这份工作和职责就应该是你自己的。

（2）不要授权关于制定政策的事务。在规定的、有限的范围内，你可以授权他人承担一些制定政策的任务，但绝不要授权他人关于实质性的政策制定工作。

（3）不要授权危机问题。危机有时会不可避免地发生。如果真的发生了，企业经理必须勇挑这个重担，找到解决方案。这不是你该授权的时刻。当处于危机的时候，要保证自己在现场起到领头的作用。

（4）不要授权直接向你负责的员工的培养问题。作为一名企业经理，你的一个主要职责就是培养直接向你负责的员工。更准确地说，你的职责是去创造条件，使你的员工在与你共事时能使自己得到发展。你的员工应该在他们的成长和发展过程中得到你的帮助。他们依赖于你的经验、你的判断。这不是你该授权的工作，尽管你可以从他人那里得到一些帮助，但这是你的职责。

（5）不要授权管理者分配给你亲自懂的事情。你的上司让你亲自做一件事情，可能会有其特殊的理由。如果你坚定地认为将它授权给你的一个员工去做是正确的话，应当先和你的上司商量一下，弄清楚他是要你做还是叫你给别人做。错误的理解可能会使你和上司之间的关系变得紧张，所以一定要先弄清楚他的要求。

记住，以上关于什么该授权、什么不该授权的建议只是基本原则，不是一成不变的定律。它们对你决定一项任务是否该授权应该有帮助，但是你必须根据自己的情况来做决定。根据这些基本原则，有些任务你应当授权，但有时个别的或特殊的情况可能会由自己去完成更恰当。例如，你可能有一项常规性任务非常适合授权，但是明天就得完成，你没有时间去培训别人，只能自己做。

总之，不必太过于小心翼翼，如果利弊似乎相当，那就大胆地授权，并监控其发展进程。如果你有些担心，就自己多参与一点，但是不要停止授权，不要让困难阻碍了你。相信随着经验增多，你会更有技巧。

管理者在授权时要界定好授权的范围，避免“该授权时不放，不该授权时却瞎放”的尴尬情况发生。只有如此，管理者的授权才能真正达到授权的目的和效果。

基本的授权方式和技巧

在美国众多的总统中，卡特是一个勤奋、善于自省的总统，但是他由于不懂授权之道，整天忙于处理繁杂琐事，而被历史称为一个平庸而无能的总统。在企业中，不乏卡特之类的领导者。有很多管理者习惯于对员工指手画脚，指示他们做这做那。‘听话’的员工们虽能按时按量地完成任务，但却不会自觉自愿地多做些什么。但授权给他们之后，情况就会大不相同，管理者常常惊讶于员工主动完成任务的积极性。有很多事情，管理层甚至都没有想到，但是员工不仅想到了，而且还默默地做完了，实现了。

作为一个企业或者团队的领导者，授权已成为工作中不可缺失的部分，但如何授权，授权的尺度该如何把握，却时时困扰着领导者。因此，管理者一定要掌握基本的授权方式和技巧。

1. 授权时要明确下属的责任

领导要明确地将权力与责任同时授予下属，这样既可以促使下属完成工

作，又可以堵塞有权不负责或滥用权力的漏洞。首先应交代权限的范围，目的是为了让下级正确行使自己的职权，更好地实现授权目的。领导带责授权时，要注意不授出最终权力和责任。作为领导当然要明确自己的职责范围，凡是属于涉及组织的全局性问题，比如管理全局的集中指挥权，总的经济预算审批，决定组织的目标、任务和发展方向等自己职权范围的事，决不可轻易授权。也就是松下幸之助所说的："大事和小事由我处理，不大不小的事可以安排让别人做。"

另外，如要把同一方面或系统的工作向两个或两个以上人员授权，务必要明确责任，让其中领受较高权力的那个人承担后果责任。这样可使下属各司其职，各守其位，各负其责，避免发生争功诿过和扯皮现象。

2. 授权要适当

领导对下属的授权既不能太轻，也不能太重。太轻，就无法充分调动下属积极性；太重，又会形成大权旁落的现象，局面难以收拾。下属的权力一旦超出了合理范围，制度法规就无法顺利贯彻执行。

领导要根据下属的承受能力授权。授权者应该向被授权者明确所授事项的目标、任务、职责和范围。所授的工作量不要超过被授权者的能力、体力所能承受的范围。授权如果没有明确的目标职责，被授权者在工作中就会找不着北，无所适从，整个组织就会失去战斗力，甚至出现混乱。有的权力尽管很轻，但也不能把许许多多权力一股脑儿全部下放，弄得下属顾此失彼，手足无措。适当授权，还要视组织大小、任务轻重、业务性质授权。单位大、任务重、工作距离远、专业性强的多授权；反之，则少授权。

3. 保留控制权

授权既要适当，又要可控。权力管理的核心之一正是控制。正确的授权，不是放任不管，而是保留某种控制权。通过这种控制权，把领导与下属有机地联系起来。缺乏可控性的授权是弃权。可控性表现在两个方面：一方面，领导有主动性、灵活性，授权的范围、时间由领导灵活掌握；另一方面，虽然授权应相对稳定，但也可根据实际需要随时调整，做到能放也能收，能扩大也能缩小。

美国通用电气公司在不同时期采用过不同的权力管理方式。1971 年，他们在原有的事业部内设立了“战略事业单位”。它是一个独立的组织部门，拥有较大的权力。在事业部内它可以挑选某些产品进行单独管理，可以制定有关产品、销售、设备和组织的战略计划。它既可以与集团组织平起平坐，又可以拥有相当于分部的权力。7 年后，公司又实行了“执行部制”，在原先事业部的基础上又加了一级管理，等于是向下收回了一些权力。通过不同的权力管理方式，公司最高领导层牢牢把握着控制权。

4. 坚持信任原则

授权前，领导应先全面了解和考察将被授权的下属，看其是否适合担负这一职权。考察的方式多种多样，如可以让他当助理或其他“代理职务”，试用一段时间，以便观察了解，然后再决定是否可以授权，避免出现授权后不合适的情况，造成不必要的损失。经考察认为可以信任者，则确认可以授权。一旦信任下属，就不要零零碎碎地授权，可以一次授予的权力，就一次授下去。

干部特别是知识分子，大多有较强的自信心和自尊心，希望获得成就感和荣誉感，有通过自己的努力去完成某项工作或某种事业的心情和愿望，领导者应充分信任他们，授权之后放手让他们在职权范围内独立地处理问题，使他们有职有权，创造性地做好工作。对于他们的工作除了进行必要的领导和检查以外，不要去指手画脚，随意干涉。

信任人、尊重人，可以给人以巨大的精神鼓舞，激发其事业心和责任感，而且只有上级信任下级，下级才会信任上级，并产生一种向心力，使领导和被领导者和谐一致地工作。相反，当一个人的自尊心受到伤害时，就会本能地产生一种离心力和强烈的情绪冲动，影响工作和同事关系。

授权与信任密切相关。一个领导者如果不相信下属，那么就很难授权于下属，即使授权了，也形同虚设。有的领导一方面授权于下属，一方面又不放心，一怕他不能胜任，二怕他会犯错误，对有才干的人还怕他不服管。具体表现为越俎代庖，包办下属的工作；越权指挥，给中层领导造成被动；不懂某方面的

专业知识，却干涉下属的具体业务，甚至听信谗言，公开怀疑下属等。凡此种种，都会挫伤下属的积极性，不利于下属进行创造性的工作。

5. 集中指挥权

授权的目的是为了让下属分担更多的责任。授权后，领导应尽力发挥自身的综合才能，协调各方面力量，保证各部分的发展更好地服从于全局目标。领导要把最大限度地向下属授权与保证指挥全局的权力统一起来，严禁把有关全局的最后决策权、管理全局的集中指挥权、主要部门的人事任免权和财务权随意下放，否则，领导就会对整个组织系统失去控制，导致另一种失责。高明的管理能做到“大权独揽，小权分散；当断则断，不离原则”。处理大权与小权、集权与分权的关系，可以显示出领导者授权水平的高低。

6. 定期考核

领导者在权力授出后，还要留心定期对下属进行考核，对下属的用权情况做出实事求是、恰如其分的评价，并与下属的各种利益紧密联系起来。考核不能急于求成，也不能求全责备。要看工作的质量，看是否扎扎实实，认真细致，是否有实效。考核既要看到近期的业绩，又要看远期的业绩；既要看整体，还要看局部。不能肯定近期得实惠、长远招灾祸的工作，这是短期的行为。工作有失误，只要不是下属故意为之，就要耐心帮助下属纠正改过，而不要一棍子打死。

★★★★★★★★★★★★★★★★★★★★★★★★★★★★

管理一点通

管理者要想做好领导工作，就必须给下属授权，然而一些管理者也授权了下属，却并未取得应有的效果，这是为什么？其实，管理者授权的关键是授权的方式和技巧。掌握了授权的方式和技巧，才能做到合理授权，进而带领员工实现目标。

懂得合理安排工作及授权

有些管理者喜欢在工作上大包大揽，希望每件事情都能经过自己的努力获得圆满成功，从而得到上司、同事和下属的认可。这种事事求全的愿望虽然是好的，但常常收不到好的效果。

首先，你的精力不允许你这样做。因为一个人的精力、时间、能力是有限的，就算你每天拼死拼活地去努力，部门内大大小小各个方面总会有照顾不到的地方。何况，如果你总是这样，天天如此，你的生理能力一旦达到极限，便会被累垮。

其次，巴掌再大也遮不住天。你的下面还有许许多多不同等级的员工，你把所有的事情都做了，那么，他们又去干什么呢?

而且，许多人会对你的这种做法滋生意见和不良情绪。他们会感到自己在部门内形同虚设，无所作为，毫无意义；他们对你的专断独裁会耿耿于怀，认为你是个权欲熏心、死抓着权力不放的人。迟早有一天，他们会弃你而去，因为在你手下，他们根本找不到施展才能的机会，而碌碌无为、无所事事是最让人受不了的。

更会有一些松垮成性的下属，会因为凡事都有你过问或代劳而养成懒惰、工作消极的毛病。更为重要的是，长期的懈怠会使他们疏于思考，遇到稍微困难的问题就无法解决。长此以往，会导致部门整体的活力和创造力降低，失去生机，极不利于部门的发展。

因此，管理者应学会合理授权，从每一层去调动下一级人员的潜力，安排

适合每个员工擅长的工作。这样，一级一级依此类推，每个员工都将获得相对满意的工作，谁都不会再发牢骚、闹情绪，整个部门上下都在努力地工作，这岂不是一种既省心又省力的方法吗?

少做一点得不偿失的事情，花一些力气摸摸情况，了解每个下级的特点，根据每个人的实际能力，安排适合他们的工作，调动他们的积极性，这样就能人尽其才，管理也就能达到事半功倍的效果。

★★★★★★★★★★★★★★★★★★★★★★★★★★★★

管理一点通

喜爱是最好的老师，也是动力的重要来源之一。如果喜爱，他就会主动去做，而且不会过多地计较得失。如果他喜爱并且擅长，那效果会更好。因为擅长，他很容易出成绩，这时管理者再给予及时的表扬和鼓励，他的动力会更足。没有人会主动去做自己不喜欢的事情。企业里常说，员工只会做老板检查的事情。这种说法是指员工因为管理者要检查所以才被动地去做，这和员工主动做自己喜欢并擅长的事有着本质的不同。作为管理者要在最大程度上让员工去做他喜欢并擅长的工作，这样员工才有动力，领导管理起来也相对轻松。

解决问题必须抓大放小

管理者面临的问题很多，如果不分轻重缓急，那一定会忙得晕头转向。所以，解决问题必须抓大放小，也就是要在各种各样的问题中，找到关键问题或突出问题，集中精力和资源去加以解决。

“抓大放小”解决问题一般有两种思路：第一，在一家企业（或一个项目、部门等)的多个问题中抓关键的问题；第二，对同一问题从多个方面或多个角度分析，抓关键的方面或角度。根据“抓主要矛盾和矛盾的主要方面”的原理，“抓大放小”也可称为“抓关键问题和问题的关键方面”。

抓大放小是着眼于全局的宏观战略。抓大和放小从逻辑关系上看，大离不开小，小积累成大，大事和小事是互相联系、不可分割的整体。抓大事、谋大计、揽全局是领导职责所系。作为领导要学会超脱，从繁忙的工作中解脱出来，真正抓好那些事关全局的大事，准确把握本单位的工作重点和发展方向，找准那些对全局影响最大、最具决定意义的关键环节，重点突破，重点解决。抓大离不开放小，把那些与大事关系不大的鸡毛蒜皮的小事，那些具体的论证、部署、落实工作放下，交由下属去做，以免干扰全局和方向。放小是抓大的必要条件，把“小的”放开，“大的”才有灵活的空间。

领导者抓大放小，大的才能带动小的，收到“牵一发而动全身”的功效。并且由于抓大放小，必然会出现上闲下忙的良好工作局面。《周易》上讲，“君闲臣忙则国必治”。美国前总统艾森豪威尔曾经在麦克阿瑟将军手下工作过，他讲到麦克阿瑟的工作方法时说：“他布置工作，从不唠唠叨叨，不强调坐班时间，而求工作效率，只要工作做完了，他就不再过问。他越是只抓大事，放小节，我就越是紧张。我整天忙得团团转，每天晚上 7 点或者 7 点 45 分才能离开办公室，因为只有这样，我的工作节奏才能跟上他的步伐。但是，如果我想休息一周，只需向他透露一点，他就会满口答应。”

针对每个人的才能赋予其应做的工作，自己则加以督导，这不也是一件很重要的工作吗？因此，领导者不必事无巨细地过问，该放手的就要放手。

管理一点通

抓大放小，就是抓住全局，抓住中心，抓住重点，抓住关键，在大事、大原则、大方向上做好安排；而对那些非全局、非中心、非重点、非关键的问题和事情，放心、放手、放权，由下属去想、去管、去干。

避免对员工搞“平均主义”

每个员工在自己的岗位上都有一个最佳状态时期，如果管理者对下属良莠不分，在任职时间上搞“平均主义”，必然埋没甚至摧残人才。如果该晋升的没有晋升，不该晋升的却晋升了，势必打击能干下属的工作热情。

小张在某设备工业公司材料部工作，因为精明能干，科长便分给他很多工作，而小张自己还有许多其他工作，诸如同其他部门协作、建立单位的管理系统等。小张工作积极、人品好，深受同事的好评，大家一致认为小张很有前途。

然而，10 年过去了，小张只当了一个材料部门有职无权的空头科长，且离开了生产指挥系统的第一线，没有正经的工作，也无部下。此时的小张，给人的是一副厌世的形象。为什么会出现这样让人意想不到的变化呢?

原来 10 年之间，小张的上司换了三任。最初的科长，因为小张精明能干且是个靠得住的人，丝毫没有让他调动的想法。第二任科长走马上任时，人事部门曾提出调动提升小张的建议。然而，新任科长不同意马上调走他，他答复人事部门，小张是工作主力，如果调走，势必要给自己的工作带来很大困难，由此而造成的工作损失他是不负责的。这样，哪任科长都不肯放他走，小张只好长期被迫做同样的工作，提升之事不了了之。

最初，小张似乎没有什么想不通的，干得还不错。然而，随着时间的推移，他逐渐变得主观、傲慢、固执，根本听不进别人的意见和见解，加之他对工作了如指掌，对部下的意见根本不肯听，独断专行，盛气凌人。结果，使得部下谁也不愿意在他身边长久干下去，纷纷要求调走。然而领导却认为，他虽然工作内行，堪称专家，却不适应担任更高一级的职务。正因为如此，小张比同期进入公司的人提升科长反而晚了一步，这又使他变得越来越固执，以致工作出了问题，最终被调离第一线的指挥系统。这个例子说明，对于能干的下属应适时提拔重用，否则就会埋没人才，不仅耽误下属的前程，也会使公司利益受损。

管理一点通

千万不能总让下属原地踏步，特别是对那些能干的下属，更应信任他们，适时提拔。身为领导，要经常加强对下属的考察，研究下属的工作情况。一方面，对已经锻炼成熟的干部，要让他们承担难度更大的工作，或及时提拔到上一级“台阶”上来，为他们提供新的发展空间；对一些特别优秀的职员，要采取“小步快跑”的破格提拔方式，使他们充分施展才干。另一方面，对经过一段时间的实践证明不适应现有“台阶”的干部，要及时调整到下一级“台阶”去“补课”。

敢于授权并善于授权

授权是管理者最重要的能力之一，授权不仅是一门科学，也是一种艺术，授权得当与否体现了一个企业领导者的管理才能。正如韩非子所说“下君尽己之能，中君尽人之力，上君尽人之智”。敢于授权并善于授权，既是一个管理者成熟的表现，又是一个管理者取得成就的基础和条件。

如果一个企业领导者能够运用好授权艺术，发挥授权的效用，不仅有利于与下属建立良好的信任关系，激发员工的工作积极性，提升团队的战斗力；而

且，正确的授权可以使企业领导者从繁杂的事务中解脱出来，博采众长，集思广益，使决策更加科学化，使集体的力量得到充分发挥，推动高效团队的形成。但是，授权不等于放任，必要时要能够时时监控。世界知名企业摩托罗拉公司的首席执行官高尔文，就曾因授权过度缺乏必要的监控而付出了沉重的代价。

1997年，高尔文接任世界知名企业摩托罗拉公司的CEO，他认为，要想让高级主管充分发挥能力，就不能束缚他们的手脚，而要给予他们充分的权力，对他们应该完全放手。

然而，从2000年开始，摩托罗拉的市场占有率、股票市值、公司获利能力直线下降。作为手机产业的龙头老大，市场占有率只有13%，劲敌诺基亚则占35%，股票市值过去一年来缩水72%。更令高尔文做梦也没想到的是，在他上任CEO后的2001年第一季度，摩托罗拉便创下15年来首次亏损的纪录。高尔文的授权出发点也许是好的，他对公司真正的状况疏于掌控才是公司出现问题的症结所在。

其实，正确的授权不是放任不管，也不是将权力绝对地无原则地下放，更不是弃权。正确的授权应该是相对的、有原则的，是在有效监控之下的授权。

1. 授权的前提是有效监控

“没有监控的权力必然滋生腐败”。对于授权者来说，在授权时既没有建立有效的监控机制，也没有采取相应的监控措施，就等于弃权，实际上是放任或助长被授权者滥用职权，至少给被授权者滥用职权提供了方便。在授权管理中，为了保证被授权者不至于滥用职权或偏离原定的目标取向，必须先建立起有效的监控机制，然后才能实施授权行为。

我们必须在思想上消除“监控就是对授权的否定”的错误认识。要知道，有效监控与授权管理中提倡的“用人不疑，疑人不用”并不矛盾。事实上，有效监控就是为了保证授权管理的顺利进行，即使授权者安心放心，又使被授权者专心尽心。

2. 授权必须与制度化和规范化相配套

只有在制度化和规范化的条件下，各职能部门和岗位的职、权、利分明，授权才可能是有章可循、有规可依，才可能减少授权中的盲目性和随意性，做到目标明确、职责分明，使授权者清楚其手中的权力和职责，哪些是可以转移出去的，那些是不可以转移出去的。

3. 授权要与考核和激励相结合

授权也需要考核和激励，以真正发挥授权的激励效应，使被授权者的人力资本得到最大限度的发掘和运用。考核本身就是对被授权者行为的一种有效监控方式之一。

4. 授权需要沟通

授权中的沟通，并不是希望被授权者得到授权后，在工作中仍然是“事事请示，件件汇报”，相反，沟通毕竟只是一个桥梁和纽带，目的是在沟通中明了自己的授权后，被授权者能够在授权范围内充分发挥自己的主观能动性，尽自己所能做好职权范围内的事情。

管理一点通

高明的授权法是既要下放一定的权力给部下，又不能给他们以不受重视的感觉；既要检查督促部属的工作，又不能使部属感到有名无权。若想成为一名优秀的领导人，就必须深谙此道。一手软，一手硬；一手放权，一手监督。只有这样，才能使授权达到应有的效果。

授权也要做到收放自如

授权后并非高枕无忧，对下属的授权要能做到收放自如，运筹帷幄。把握

控制权首先要对下属选得准，选人得当才能委托权力。其次是要把握调整权，当发现下属素质差、经常越权，或发现下属已背离工作目标、原则，给工作带来了损失时，虽难以立即免职，也要做到立即指出，严肃批评，并削弱其权力，调整其授权，做到能放权也能收权。再次是要严格控制权限范围，除特殊情况外，一般不准越权，不准“先斩后奏”，更不允许有“斩也不奏”的行为。

领导要十分注重把握监督环节。防止权力失控的关键在于监督。监督可防止“钻口袋”，被下属牵着鼻子走。权力授出后，领导的具体事务减少了，但指导、检查、督促的使命却相对增加了。领导要密切关注下属的工作动向、状况及信息，及时地发现问题解决问题，克服情况不明等官僚主义倾向，但不能到处“指手画脚”。下属也有责任和义务向领导汇报工作情况，不能把上级的监督、管理视为干预。因为“多一个人的智慧就多一分力量”，何况上级领导把握全局，经验丰富，而这些经验对下属的指导作用往往是举足轻重的。

领导授权不能失衡。就是说，在自己领导的组织系统内，对多个下属授权，权力要分布得合理，不能畸轻畸重。如果对某个下属授权较多，则必须考虑其威望及能力，是否为其他下属所接受。无根据的偏重授权，以个人感情搞亲疏性授权，是万万不可取的。此外，授权还要注意以下几个原则。

1. 要当众授权

应使被授权者有关的部门和个人清楚，领导授予了谁什么权、权力大小和权力范围等，从而避免在今后处理授权范围内的事时出现程序混乱及其他部门和个人“不买账”的现象。当众授权，还可以使被授权者感觉到领导对自己的重视，感觉到肩上的担子，从而在今后的工作中更加积极、更加主动、更有成效。

2. 授权要有根据

授权时要有根据，因此最好采取书面授权的方式。书面授权有备忘录、授权书、委托书等形式。采用书面授权，具有三大好处：一是当有人不服时，可以此为证；二是明确了其授权范围后，既可以限制下属做超越权限之事，又可避免下属的“反授权”行为；三是可以避免领导将授权之事置于脑后，又去处理那些熟悉但并不重要的事。

3. 授权后要保持一段时间的稳定，不要稍有偏差就将权收回

如果今天授了权，明天就立即变更，会产生三种不利影响：一是这样做，等于向众人宣布自己在授权上有失误，需要纠正；二是权力收回后，自己负责处理此事效果更差，更会产生副作用；三是容易使下属产生领导放权又不放心的感觉，觉得自己并不受信任，有一种被欺骗的感觉。更有甚者，会对领导怀恨在心，伺机报复，从而成为领导前进道路上的绊脚石。因此，在授权后一段时间，对下属可能犯错误应有心理准备，即使被授权者表现欠佳，也应通过适当的指导或创造有利条件让其以功补过，而不要马上收权。另外，领导在授权以后，要着重看下属的工作成效，不要斤斤计较其执行工作的手段，不要因为下属的工作方法与你的不一致就轻易动摇授权。

4. 避免有意或无意地收回授权

有意或无意地收回授权，这种现象并不少见。当你已明确授权某人做某事后，而在某一天，当你在走向办公室的路上碰见他时，漫不经心地问了一句：“你的计划向某某谈过了吗？”你会发现他像一个泄了气的皮球，仅仅因为你的那句话，就等于从他那里把一切授权都拿了回来。也许你是无意的，但客观的效果是，不管他愿不愿意，他都会照你说的去同某人讨论那个计划，那么真正的授权也就结束了。真正的授权应该明确，而任何暗示也都无异于公开的收回授权。

5. 授权有禁区

尽管从某种角度说，领导能够授出的权越多越好，但并不是说要将所有权都授出去而自己挂个空衔。如果这样，企业就没必要设立领导了。在授权问题上存在禁区，有的权多授为好，而有的权则少授甚至不授更好。一般来说，授权的禁区有：企业长远规划的批准权，重大人事安排权，企业技术改造和技术

进步的发展方向决定权，重要制度的决定权，机构设置、变更及撤销的决定权，对企业重大行动的关键环节执行情况的检查权，对涉及面广或较敏感情况的奖惩处置权，对其他事关全局性问题的决策权。上述这些权力，都需要由高层领导掌握，一旦将这些权力授予下属，领导便会变成有其职无其权的“傀儡”，领导也就有其名无其实了。

在一定原则下受到监控的授权才是收放自如的。如例会报告制度、审计制度、考核制度等都是有效的控制。授权和控制之间的放和收是辩证的，只有实现了有效的授权才可以保证放心地授权。

★★★★★★★★★★★★★★★★★★★★★★★★★★★★

管理一点通

权力就像握在手中的沙子，如果管理者紧抓不放，它必定会从你的指缝中流失，造成企业内部的权力下滑；但如果完全放纵它，它就会被风吹走，企业也将陷入一片混乱。

有位专家说：“授权就像放风筝，部属能力弱了就要收一收，部属能力强了就要放一放。”正确的授权应该是相对的、有原则的，是在有效的监督控制之下的授权。没有控制的授权不是真正的授权，而是“放权”；但是如果控制得太多、太严格，也不是真正意义上的授权，而是“分配任务”。因此，管理者既要下放一定的权力给授权对象，让其在职责范围内享有完全的决策自由，又要对授权工作进行必要的监督和控制，检查督促他们的工作，对被授权者在工作中出现的偏差和失误进行适时的纠正。

授权要做到信任下属

《福布斯》是全世界最著名的财经杂志。《福布斯》总裁布鲁斯·福布斯和马孔·福布斯在用人方面就能做到放手授权，他们很少对下属的工作指指点点，而是完全交给他们，让他们放手去干，关键是看其成果。

在这方面，雷·耶夫纳感触颇深。他刚到《福布斯》工作时，公司给了他很高的薪水，工作条件也十分优越。当时，雷·耶夫纳的任务就是对《福布斯》的附属机构进行调整，使该机构所出的周报《IAI》重振雄风。布鲁斯·福布斯给他的唯一指示是：一切由你全权处理，不过，事后要向我报告工作结果。

雷·耶夫纳每天早上到《福布斯》对面的餐厅喝咖啡，在那里和《福布斯》各部门主管轮流会谈，了解各部门的进展状况，决定哪些主管和布鲁斯·福布斯面谈。

“这是我第一次感到手中握有无限大权。”雷·耶夫纳如是说，精神抖擞的他对《IAI》采取的第一步行动是扩大版面，并且加大行间距离，以便于读者阅读。此外，他让手下有事直接向他汇报，不必像以前那样层层报告。6个月内《IAI》果然重振往日雄风，雷·耶夫纳从此声名鹊起。各界纷纷邀请他演讲，担任顾问，这一切与布鲁斯·福布斯的充分信任及充分授权是分不开的。

信任是授权、用权的关键。领导者授权有无成效，用权能否用好，很大程度取决于此。领导者不信任的授权，等于没授权。放碗不放筷，想放又不敢放，放后又干涉，放了又收，收了又放，犹犹豫豫，反反复复，这些态度都是不信任的表现。坚持信任原则，领导者就要摒弃包办主义，就要彻底放权，真正做

到“将在外，君命有所不从”，放手让人家去干。

对于这一点，古今中外的成功者、企业家，都非常懂得。秦始皇在称帝前就曾遇到过“用将”与“信将”的问题。那时候，他授权给一个名叫甘茂的将军去约魏伐韩。甘茂取得外交的成功后，派人回国对秦王说：最好不要让他带兵伐韩，原因是怕遭人坏话，导致秦王不信任他。秦王听后表示，愿立誓约，后来甘茂带兵去攻城，5个月没有攻下，果然有人告他。秦王欲要罢兵，甘茂提起誓约。秦王坚信不疑，派兵支援甘茂，最后取得了胜利。对这段历史，后人评论，大将立功于外并非偶然，如果授权却不信任，就什么也干不成。此话确实不假。日本著名企业家土光敏夫也曾经讲过这样的话：“目标与方针一旦确定下来，至于完成任务的方法，就应放手让他去决定”。

★★★★★★★★★★★★★★★★★★★★★★★★★★★★

管理一点通

充分信任型的授权，才是有效的管理之道。这种方式注重的是结果，而不是过程。获授权者可自行决定如何完成任务，并对结果负责。起初，也许会比较费时，但绝对值得。

充分信任型授权必须双方对以下事项有足够的默契与共识：

1. 预期的成果：管理与被管理的一方须对预期的结果与时限进行沟通，宁可多花时间讨论，确定彼此认知无误。讨论的重点在成果，不在手段。2. 应遵守的规范：授权有一定的限度，所以必须事先加以规范，但切忌太多，约束太多；然而也不可过度放任，以至违背了原则。对可能出现的难题与障碍，应事先告知对方，避免无谓的摸索。3. 可用的资源：双方确定可用的人力、物力、财务、技术或其他资源。4. 责任的归属：约定考评的标准及次数。5. 明确的奖惩：依据考评结果订定赏罚，包括金钱报酬、精神奖励与职务调整等。

授权也要严格控制越权

“不在其位，不谋其政。”领导者应如何防范下属的越权行为？面对“越权”，怎样的处理方式最有成效？为此，每一位领导者都应该审慎以待。对于领导而言，所谓权力的失控有两重含义：一是权力授出后，领导对下属没有约束力、控制权了；二是下属在拥有权力以后，不把领导放在眼里，不听命于领导，甚至出现了侵犯领导职权的现象——即越权。下属越权主要有以下现象：

1. 先斩后奏

把本不该自己决定的事决定了，然后再汇报，迫使领导就范，认为反正木已成舟。

2. 斩也不奏

封锁消息，自己说了算。

3. 片面反映情况

设好圈子，让领导钻，出了问题，责任由领导承担。这是一种巧妙的越权术，当然也是一种心术不正的越权术。

4. 向领导的上级禀报请示，或向多个领导请示，即多头请示

利用其他领导了解下层情况及获取信息的迟滞性，取得间接领导的支持，以“上方宝剑”迫使直接领导就范。

越权就是架空领导，那些本属领导职权范围的权责，下属设法以某种手段行使了，而下属又不具备领导的职务，因此他不能负责。所以，越权的危害是非常明显的。越权既损害了直接领导的威信，又容易使工作脱离既定轨道，产

生失误。

职权统一、不错位是企业管理的一大原则，下属的越权却与之背道而驰，常常表现为擅作主张、横加干涉或越俎代庖等，不仅是对管理者的一种不尊重，而且还可能会让管理者的权力被架空，从而引发管理不力，甚至混乱等。

如何防范下属的越权？应实行“两步走”战略。第一步在于领导者放权时要摆正摆平，增加透明度，避免因分配不公引发下属的不平衡心理。放权重在职、权、责的三位一体，并要制定出相应的实施细则，对号入座、不偏不倚、各司其职、各拥其权、各负其责。如果下属心存疑惑，领导需公开解疑，做到光明磊落，避免引起其他下属的猜忌、议论和指指点点，也避免某些下属因为心存不满而故意做出“越位”、“越权”等行为。

第二步在于放权后加强监管力度。重在分析和掌握下属的个性心理和动向，对其工作能力、工作绩效和工作态度等方面做出合理的评估，力求达到多方的协调，这也是规避越权的有效方式。

要区别对待下属的越权。尽管防范再三，下属可能还是会做出一些越权行为，对此管理者要个体分析、冷静处理，不应简单地批评和处罚，草率而定。

首先应分析，作为管理者的工作是否已真正到位，有没有因为某些疏忽而给予下属可乘之机。其次，应找准下属越权的动机所在，是利欲熏心、恣意妄为，还是出于公心、过失所在，应予区别对待。对前一种动机则不可饶恕，需杀一儆百，以加强管理的力度，维护管理者的权威；对后一种动机也不可既往不咎，而应酌情处理，根据越权造成的危害程度，让下属承担起相应的责任。

应当承认，如果下属确实是出于工作责任感和进取意识而做出了某些职权范围之外的举动，其精神可嘉，比起某些得过且过、明哲保身的处世哲学，显然有其可贵之处。对此，领导需予以理解，但也不必大加赞扬，毕竟其越权已成事实，且已构成某些不妥或危害。明智的做法在于用行动表明自己的立场，如果下属的才能确实已大大超出其职位的要求，确实需要一个更广阔的发展平台，领导者就需要采取公正态度，予以适当调整，以发挥下属的才干。这样既做到了公正公平，又整合了企业人力资源。作为下属，也会为领导者的无私、体贴和远见卓识所感动，更会领悟到以后的工作该怎样做才不负领导的良苦用心。

★★★★★★★★★★★★★★★★★★★★★★★★★★★★★

管理一点通

管理者首先要对自己的职责范围、权限有一个清楚的界定，明确自己的职责、权限，如资金使用权限、金额大小、产品销售价格的底线等。其次要严格控制自己的职权范围，例如可通过克服“四过”(对人对事要求过严、过高、过细、过急)、坚持“四少”（对微观工作少听、少问、少说、少做)、做到“四不”(对人对事不急、不躁、不气、不恼)、运用“四法”(座谈法、沟通法、谈心法、闲聊法)等方式提高自控能力。总之，管理者与上、下级之间有频繁的工作联系，要想成功地扮演好自己的角色，种好自己的“一亩三分地”，就必须防止越权行为的发生。

第六章

竞争激励，竞争是有效的激励手段

业绩永远是比出来的，只有通过不断竞争，人才会激发出全部的潜能，就像鲶鱼效应一样。竞争是有效的激励手段，它可以将人的荣誉感、上进心激发出来，因此引入竞争机制非常重要。人都有惰性，可是当处于竞争的状况时，当为了个人、团队的荣誉奋力一搏时，其全部的潜能都会迸发出来。

巧妙地激发团队斗志

曾经有一个牧羊人，他放牧的羊群经常会死掉一些羊，无论他采取怎样的措施，每年总要死去一些。为此，他请教一个朋友，朋友告诉他，不妨引进几只狼试试。他听从了朋友的建议，没有想到的是，羊的死亡率大大降低了。

为什么在羊群里放进几只狼，就可以有效阻止羊的死亡呢？原来，羊和狼是天敌，当狼进入羊群后，羊为了活命，就会拼命地奔跑，在跑的过程中，激发了自身的生命力、免疫力，从而增强了自身的活力，减少了自然死亡率。

调动团队成员内在动力的关键是“压力”。那么，作为一个团队管理者，如何才能巧妙地借用“压力”，从而有效地管理呢？如何才能避免下属“当一天和尚，撞一天钟”，如何才能有效激发下属的斗志，而避免成为“休克鱼”？

1. 必须避免团队成员成为“温水里的青蛙”

很多企业的营销团队管理者经常要面对这样一个事实，下属“老态龙钟”没有激情，团队处于“亚健康”状态。其实，如果管理者忽略了对下属的管理与激励，团队成员就很容易成为“温水里的青蛙”：悠哉地过着日子，得过且过，感觉不到外在的威胁。俗话说，“流水不腐，户枢不蠹”，任何一个团队，要想保持活力，就必须避免下属成为“温水里的青蛙”，在“一潭死水”下，他们会慢慢失去斗志，慢慢失去工作的驱动力，团队也会慢慢地失去战斗力。

因此，作为企业的高层管理者，就必须在团队“疲软”之前，适时引入一些“狼”进来，从而让一些“休眠”的员工“醒来”。比如，可以通过引入具有“狼性”的新员工进来，这些“空降兵”或者“外来人”就有可能会成为他们潜

在的威胁，从而让一部分人不至“沉迷”、“陶醉”太深。通过引入新人，为团队注入“新鲜血液”，从而保持团队持久的活力。

2. 团队必须导入竞争机制

一个调味品公司的总经理告诉笔者，他们公司对于车间工人曾经采取了类似吃大锅饭的固定工资制，结果大家都不愿意多干活，偶尔有时生意忙了，要求大家加班，大家都不愿意，甚至还有的以请假来逃避，为此，他苦恼不已。后来，他变换了薪酬考核方式，变固定工资制为计件工资制，充分体现多劳多得。结果，让人欣慰的一幕出现了，很多工人再也不用催着去上班了，他们加班加点，甚至利用休息时间工作，生产效率得到了很大的提高。

其实，这位总经理就是采取了引入竞争机制的原则，旨在让大家互相赶超，并让付出与收获成正比。因此，管理者要想不让下属成为“温水里的青蛙”，就一定要引入竞争机制，让大家在一个平台上体现能者多劳，能者多得，多劳多得。

3. 巧妙激励，激发活力

团队没有竞争，就没有活力。团队要想有活力，必须要巧妙激励。激励分为正激励和负激励，有经验的管理者，总是通过多用正激励，少用负激励的方式，来最大化地调动员工的积极性。通用汽车公司的前 CEO 韦尔奇，曾经总结出激发下属的“活力曲线”。他把员工分为“明星员工”，大约占到所有员工的 20%，对这些员工，采取的是“加薪、加心、加信”的正激励；活力员工，大约占到 70%，要求他们上进、上进、再上进；余下的 10%是落后员工，对他们是裁员、裁员、再裁员。

★★★★★★★★★★★★★★★★★★★★★★★★★★★★

管理一点通

每个人都渴望通过成绩来证明自己，竞争是激发员工潜能的最有效方式之一。业绩永远是比出来的，只有通过不断竞争，人才会激发其全部的潜能，就像鲶鱼效应一样。竞争是非常有效的激励手段。

员工之间要保持竞争状态

竞争激励的第一步是摸清员工的需求然后对症下药；竞争激励不是喊喊“以人为本”的口号就行，需要制度化；竞争激励要做成“自助套餐”形式，让员工有机会参与其设计。

美国西南航空的内部杂志经常以“我们的排名如何”这篇文章让公司员工知道他们的表现如何。在这里，员工可以看到运务处针对准时、行李处置、旅客投诉案等三项工作的每月例行报告和统计数字，并将当月和前一个月的评估结果做比较，制订出西南航空公司整体表现在业界中的排名。此外，还列出业界的平均数值，以利员工掌握趋势，同时比较公司和平均水准的差距。西南航空的员工对这些数据十分关注，因为他们知道公司的成就与自己的工作表现息息相关。当某一家同行的排名连续高于西南航空几个月时，公司内部会在短短几天内发布这个消息。之后，员工会加倍努力，努力赶上人家。

沙丁鱼被渔民从海中捕捞上来以后，不论采取什么方法，都很难保证其存活较长的时间，因此在市场上，活沙丁鱼的价格一直很高。欧洲北海有一个小渔村，这里的渔民从海里捕捞了沙丁鱼后，能让其活着被送到市场去卖。这一现象引起了其他地方渔民的注意。

经多方了解，人们终于知道了秘密。原来，当地的渔民在捕捞沙丁鱼时，事先在鱼舱里放入了几条沙丁鱼的天敌——鲶鱼。渔民把捕捞上来的沙丁鱼放进鱼舱后，沙丁鱼始终被鲶鱼追赶，处于疲于奔命的紧张状态，正是这种紧张状态使得沙丁鱼有了活力，从而得以长时间存活。

沙丁鱼和鲶鱼是生存与竞争的关系。沙丁鱼要想生存下来就必须快速地游

动，以逃过鲶鱼的捕杀。同样，鲶鱼为了生存必须快速地接近沙丁鱼，吃掉它。沙丁鱼虽然在这场竞争中疲于奔命得不到一刻的喘息，却因此而保持了肌体的活力，得以生存下来。

在商业社会也存在着鲶鱼效应。竞争是现代企业的一种常态，拒绝竞争也就拒绝了生存。如果没有其他企业的竞争，企业就会慢慢僵化，甚至死亡。一个团队也是这样，失去竞争，会使团队失去活力，个人的积极性难以调动起来，工作效率日益衰退，团队难以对外界的刺激做出正确的反应，严重的会导致整个团队的衰败。

日本松下公司每季度都要召开一次各部门经理参加的讨论会，以便了解彼此的经营成果。开会以前，把所有部门按照完成任务的情况从高到低分别划分为 A、B、C、D 四级。会上，A 级部门首先报告，然后依次是 B、C、D 部门。这种做法充分利用了人们争强好胜的心理，因为谁也不愿意排在最后。

激励约束机制需要一整套的配套制度来支持；每个企业的激励机制都不会完全一样，“世界上没有相同的两片树叶”，因为行业背景、发展阶段、发展战略、公司文化等都不一样。别人的美餐可能就是自己的毒药，所以一定要根据自身情况进行个性化设计，设计自己的激励约束机制。处于困难时期的企业不要以为激励机制的建立排不上日程，因为“分蛋糕的方法会影响蛋糕的大小”，激励就是“分蛋糕的方法”；经营状况好的企业也不要以为自己的激励就不需要创新了，情况在不断变化，激励也需要不断创新。

★★★★★★★★★★★★★★★★★★★★★★★★★★★★

管理一点通

一个团队中不能缺少团结，同样不能缺少竞争意识。没有竞争的团队就像没有波澜的死水一样，会逐渐丧失活力。即使是一个团队的成员，也要把团队的竞争意识放在合作意识之前，在竞争中求合作。

利用不同的群体，开展集体间的竞争，要在竞争中培养企业员工的团队精神，首先要巩固他们心中的集体观念。比如说尽量让员工参与集体管理，而在这一过程中应注意分工明确、互相监督，力求让集体中的所有员工都找到自己在集体中的位置。

在处理和平衡合作与竞争的关系时，一定要强调合作高于竞争。从总体上说，团队通向成功的途径是内部合作，而不是内部竞争。在团队内，胜利必须建立在“我们一起干”的意识基础上，而不是“我超过了同伙”的意识基础上。

不想被狼吃掉，就要学会与狼共舞，要与狼共舞，先要学会变成狼。

鼓励有能力的员工内部“跳槽”

衡量一份工作对一个员工是否恰当，关键要看他是否有兴趣、有热情。索尼董事长盛田昭夫从索尼公司的管理实践中清醒地认识到，如果员工能够选择自己喜欢做的事，就会精神振奋，更加投入到所从事的工作中去。

为了让员工选择自己喜欢做的工作，盛田昭夫下令创办了一份公司内部周刊，并在上面刊登每个单位或部门现有的空缺岗位，有意向的员工可以前去应聘。同时，公司约定，每两年一次设法调整部分职工的岗位或工作性质，使他们对工作保持新鲜感。公司希望借此对那些有闯劲、期望一试身手的员工提供及时的内部调整机会，使其重新找到适合自己的工作。

索尼原则上每隔两年就让员工调换一次工作，特别是对于那些精力旺盛、干劲十足的人才，不是让他们被动地等待，而是主动地给他们施展才能的机会。在索尼公司实行内部招聘制度以后，有能力的人才大多能找到自己较中意的岗位。

这种“内部跳槽”式的人才流动给人才创造了一种可持续发展的机遇。一

般情况下，在一个单位或部门内部，如果一个普通职员对自己正在从事的工作并不满意，认为本单位或本部门的另一项工作更加适合自己，一般就会产生想要改变一下的愿望。如果其愿望无法得到实现，就会感到失望，工作积极性便会受到明显的抑制，这对用人单位和职员本身都是一大损失。人才总是在寻找发展的机会，寻找更广阔的职业发展道路。一旦他们认为在公司中的道路已被封死了，自然会另寻出路。

一个单位如果真的要用人所长，就不要担心职员们对岗位挑三拣四。只要他们能干好，尽管让他们去竞争。竞争的人越多，相信也干得越好。对于那些没有本事竞争到适合自己的岗位，又干不好的剩余员工，不妨让其待岗或下岗，或者干脆考虑外聘。

索尼公司的内部跳槽制度就是这样，有能力的职员大都能找到自己比较满意的岗位，那些没有能力参与各种招聘的员工才会成为管理部门关注的对象。当每个人都朝着“把自己最想干的工作干好，把本部门最想用的人才用好”的目标努力时，企业人事管理的效益就能发挥到极致。

实际上，内部候选人已经认同了本组织的一切，包括组织的目标、文化，甚至缺陷，比外部候选人更不易辞职。

这样一来，员工们通常都有机会找到自己更满意的工作，而管理部门也可以根据员工们的调动情况，推测出具体管理部门存在的问题。凡是管理不善的主管，公司可以将他调离，从而减少了管理者与员工之间的冲突。

★★★★★★★★★★★★★★★★★★★★★★★★★★★★

管理一点通

“内部跳槽”就是允许自己的员工在单位内部流动，鼓励大家竞争上岗，提倡多岗位锻炼，经常性地进行合理的流动，这是给员工提供提高自己和更好地施展才华的机会。员工内部“跳槽”制度，具有相当好的效果，很多有创意和抱负的基层员工，能够及时获得公正的施展自身才能的机会，从而极大地加快企业的发展。

建立合理的人才选拔机制

企业需要人才，如何识才、选才便成了人才任用中的首要课题。从“世有伯乐，然后有千里马”到如今企业的公开招聘、竞争上岗，人才选拔机制正发生着深刻的变革，这要求领导干部不仅有一双识才的慧眼，更要注重建立起合理的人才选拔机制。

人才在成为人才之前可能是相当不起眼的，正如美玉隐于玉璞，珍珠藏匿蚌壳，不会挖掘便可能错失良才。因此，管理者要善于营造良好的育才环境，变“识马”为“赛马”，通过竞争激励机制、公平民主的用人机制，激发员工的主观能动性，实现激活员工的目的。

从 1990 年起，联想就开始大量提拔和任用年轻人，几乎每年都有数十名年轻人受到提拔和重用。联想对管理者提出的口号是：你不会授权，你将不会被授权；你不会提拔人，你将不被提拔，从制度上保证年轻人的脱颖而出。

今天，联想集团管理层的平均年龄只有 31.5 岁。联想电脑公司的总经理杨元庆、联想科技发展公司的总经理郭为、联想科技园区的总经理陈国栋……都是没有超过 35 岁的年轻人，他们各自掌握着几个亿甚至几十亿营业额的决策权。

联想公司为了启用年轻员工而采取的策略是“在赛马中识别好马”，它包含三个方面的内容：(1) 要有“赛场”，即为人才提供合适的岗位。(2) 要有“跑道”划分，不能乱哄哄挤作一团，必须引导员工有秩序地竞争。(3) 要制订比赛规则，即建立一套较为科学的绩效考核和奖励评估系统。

媒体评论说联想“爱折腾”。从1994年开始，联想公司每到新年度的3月到4月间都会进行组织机构、业务结构的调整。在这些调整中，管理模式、人员变动都极大。通过“折腾”，联想公司给员工提供尽可能多的竞争机会，在工作中崭露头角的年轻人得以脱颖而出，而那些故步自封，跟不上时代变化的人就会被淘汰。

要使竞争上岗真正获得成功并不容易，竞争上岗的很多关键环节需要进行科学策划、严密组织与慎重实施。具体有以下几个最关键的问题需要特别注意：

首先，方案要科学、公正、透明。竞争上岗方案必须进行科学的策划。从发起、报名、初选、竞争答辩到现场陈述的格式、评分的详细标准、评委的产生办法、优胜者产生办法、聘用条件，甚至如何出题、如何保密、现场抽题办法等，都需要提前制订方案，并向职工公布。只有方案本身是科学严密的，才能保证竞争结果的公正性。

其次，执行中要绝对避免“暗箱操作”。在竞争上岗中，最忌讳的就是“暗箱操作”。这是竞争上岗之前，企业主要管理者要达成共识的首要问题。如果管理者进行干涉，那么评委在评分时必然会出现分数与竞岗者表现不符的情况。职工的眼睛是最亮的，一旦问题暴露，竞争上岗就会变成滑稽表演，造成极为恶劣的影响。

在企业内部创造一个机会均等的选才环境，是激励员工的有效措施。要竞争，就要有一个机会均等的环境，没有均等的竞争，人才就难以脱颖而出。从这个意义上说，管理者下大力气创造一个机会均等的环境，是促进人才成长的关键。

再次，做好培训工作很必要。有两种消极的心理会在竞争上岗活动中带来一定的阻力。一是陪练心理——认为人选早已内定，报也只是陪衬而已；二是顾虑心理——虽然想竞争，但是因为怕被人误解为“有野心”，或“向管理者叫板”，而不敢报名。这两种心理阻力如果不能消除，再好的竞争上岗方案也无法取得效果。要消除阻力，前期发动与培训是关键。培训中除了理念培训、方案讲解等措施外，一些必要的辅助性措施也很有效。例如，管理者要强调竞争上岗的另一个重要目的在于发现人才。对竞争失败，但表现突出的人，公司会纳入人才库，将来进行重点培养。

创造良好的工作条件和环境，给每个人才提供施展才华的空间，并提供相应的支持和较理想的人际环境，这样，大部分员工就能实现人尽其才，并做到安居乐业。

★★★★★★★★★★★★★★★★★★★★★★★★★★★★

管理一点通

在企业内部创造一个机会均等的选才环境，是激励员工的有效措施。要竞争，就要有一个机会均等的环境，没有均等的竞争，人才就难以脱颖而出。从这个意义上说，竞争上岗的赛马机制为员工创造了一个机会均等的环境，这是促进人才成长的关键。

积极引进良性竞争

有这样一个画面：篓子里放着一群螃蟹，其中一只刚要向上爬，其他螃蟹便攀附在它身上，也要向上爬去，最终把它拉了下来。结果是：没有一只螃蟹从篓子里爬出来。

由于激烈竞争的压力，组织中难免产生“螃蟹分子”，他们敌视他人的杰出才能与优秀成绩，一旦自己被别人超越，便想尽一切办法、利用各种手段破坏他人的劳动果实。这种“舍得一身剐，也要把同事拉下马”的行为只会影响先进者的积极性，使得组织内部人心惶惶，员工之间戒备心变强，人人提高警惕

以免为暗箭所伤。

如果部门长时间都处于这样的气氛中，那么员工的大部分时间与精力都会耗费在处理人际关系上，就连领导也会被如潮涌来的相互揭发、抱怨给淹没，这样的部门你还能有什么指望呢？

管理者是企业的核心与希望，你一定要留心公司的气氛，积极引进良性竞争，采取措施防止恶性竞争的出现。可以参考以下几种技巧：(1) 创建正确完善的业绩评估机制。以实际业绩为根据来评价员工的能力，评判的标准要客观，少用主观臆断。(2) 创建公开的沟通交流体系。让大家多接触、多交流，并且诚实地表达自己心中的想法。(3) 不鼓励员工搞小动作，不理睬小报告。坚信兼听则明，偏信则暗。(4) 严惩为谋私利而用各种手段攻击同事、破坏正常工作秩序的员工。

公司就好比一台大机器，每个员工都是机器的一个组成部分。领导的职责就是激励这台大机器上的各个部分，即引导下属进行良性竞争，让大家心往一处想、劲往一处使。只有这样，公司这台大机器才能越转越好！

★★★★★★★★★★★★★★★★★★★★★★★★★★★★

管理一点通

管理者是一个部门的核心和模范，他的所作所为对于这一部门的风气形成起着至关重要的作用。管理者必须从制度和实践两方面入手，遏制员工的恶性竞争，积极引导员工进行良性竞争，让大家心往一处想，力往一处使，将部门的工作越做越好。

适当地激发并引导竞争

工作往往是重复的、单调的，甚至是枯燥的，容易让人产生疲劳和厌倦。当公司为不知如何激励员工而伤脑筋时，不妨回过头来，从根源做起，适当地激发并引导竞争，舍去治标的应急思想，从根本入手，逐步建立起特征鲜明的企业文化。

某公司售后服务部门的维修人员接连不断地辞职离去，人员稳定率极差。新任领导经过周密调查，了解到不少人之所以在这里干不长就离去，是因为维修工作实在太单调无聊了。维修人员完全处于被动地位，上班后便在休息室待命，工作回来后还是在休息室里闲着没事可做。而且维修工作也基本定型，基本上是一个类型的工作，单调得令人心烦。

针对这种情况，新任领导一上任就采取了相应措施。先把负责受理维修业务的女职员派到维修人员办公室，让她们在同一个房间系统地进行受理安排。然后又把维修人员分成 4 个小组，大致划分了负责区域。各个小组任务完成得如何，凭维修收入额来衡量，并当众公布，只要能提高营业额，修理什么都行。

这样一来，有些小组就坐不住了，开始主动到各分销点巡回揽活，营业额很快提升上来。其他小组一看，从中悟出了道理，也相继积极行动起来。还有一个小组开始干过去各小组都不愿意干的工作，收入额很快增加，后来，甚至把其他小组的生意都抢了过来。更有甚者，有的小组还把其他公司的产品也纳入了维修范围。

由于在无形中展开了一场竞争，很多平常连想都想不出来的办法都被搬了

出来，呈现了“八仙过海，各显神通”的喜人局面。从那以后这个售后维修服务部就开始充满活力，不但没有了辞职人员，反而新进人员还在不断增加，最后发展壮大到7个小组。

作为领导，必须环顾一下自己的部门中有没有人在做过分单调的工作——要着眼于本部门的全体人员。假如发现因为与年龄、能力不大合拍而对工作了无兴趣的人，就要扩大其情趣，把与之有关联的工作都委托给他一起去做；如果实在没有这样的工作，可以让他们连带去做，也可以要求他们兼做一些其他工作，这样可以有效地激发其工作积极性。

★★★★★★★★★★★★★★★★★★★★★★★★★★★★

管理一点通

工作过于单调是工作干劲的大敌，也是提高工作能力的大敌。所以，要不断在下属的常规性工作中注入新的内容，以此给他们增添新鲜感。

比如，对于如何工作，领导者应只给出一些建议，而不可强令下属用一个模式套用领导者个人的工作方式。要鼓励下属创造性地工作，使他们在平凡的工作岗位上也有显露才华的机会，从而增加下属的自信心和对本职工作的兴趣。

处理好团队的冲突和矛盾

在一个团队中，冲突是经常遇到的现象。由于大家个性不同，价值观不同，习惯不同，所以彼此之间冲突情况时有发生。冲突是一件令人忽略不得的事，它听之无声，看之无影，却以一种无形的力量影响着人们的一举一动，如果处理不妥，其后果将是团队内成员流失，绩效下降。

如何处理好团队中的冲突，能够体现一个管理者真正的处理问题的水平与能力，这便是冲突管理中最为重要的一个方面。但是需要管理者明白的是，并非所有冲突都是坏事，有时候就是需要不同的观点彼此激荡才能迸发出改进的火花。

德国心理学家博格曾做过一个实验，他带领 12 个 10 岁的男孩子一起外出游玩，并把他们分成两个相对独立的小组，各个小组内部通过互动活动，人际关系非常融洽。博格通过向他们分别传递另一方对他们不好的评价，使得两个小组之间很不满。

当冲突明朗化后，博格又尝试了很多方法让他们和谐相处，如分别向每组说对方的好话，邀请两组的孩子一起吃饭、看电影，让两组的组长坐下来讲和，但均以失败而告终。他们要么是拒绝这些信息，要么故意对抗，关系十分紧张。他们甚至对博格邀请他们坐在一起不满。

后来，博格故意弄坏了乘坐的车子，这样一来，两个小组必须同心协力才能把车子推回去。因为他们年龄很小，力气不足，需要在很多时候进行协作，最终两个小组的孩子友好合作完成了任务。经过这件事情，两个小组之间彼此加深了了解，关系开始融洽。

这个实验为如何解决团队中不同小集体之间的冲突提供了一个很有效的方法：那就是设置一个共同的目标，促进团队之间加强合作。

一个优秀又富有战斗力的团队，取决于成员的素质，更取决于成员与成员之间的相互协作、相互配合，这样才能均衡紧密地结合，形成一个强大的整体。

有一个著名的木桶理论：一只木桶能够装多少水取决于最短的那块木板的长度，而不是最长的那块——这个比喻似乎还可以延伸一下，一只木桶能够装多少水不仅取决于每一块木板的长度，还取决于木板与木板之间的结合是否紧密。如果木板与木板之间存在缝隙或缝隙很大，同样无法装满水。因此，开展工作之前，管理者首先就要面对错综复杂的人际关系来“箍紧木

桶”，在团队成员之间建立相互信赖的关系，使团队成员工作上更加投入、更加积极、更加善解人意、更加努力表现，减少工作中的摩擦，才能持续地提高劳动效率。

★★★★★★★★★★★★★★★★★★★★★★★★★★★★★

管理一点通

因冲突产生了紧张、对抗，团队成员在任务执行中会分心，所以会干扰团队绩效和满意度。但对不断渴望进步的企业而言，团队的冲突有时可能是一笔财富。没有冲突的时候，团队可能不会认识到效率低下的问题，而冲突会使问题暴露出来，并引起团队成员的注意，迫使团队寻求新的解决办法。于是，在冲突情境中，大家学会采用不同的视角来分析问题、解决问题，从而提高了团队效能。

善于奖励领先淘汰后进

“我们喜欢榜样的力量，因此会寻找一些榜样性质的领导者。”GE 亚洲首席教育官说，“他们的特点是：具有远见和鼓舞人的能力。这些才是真正需要传承的，就是榜样精神”。“榜样精神”是 GE 在继任者身上寻找的核心基因。在此之后，GE 就想方设法帮助榜样去放大优点，从而引起团队内部其他成员的关注和学习。

越是成绩卓著的企业越是善于奖励领先者，从而使领先者在团队内部成为大家学习的榜样和目标。GE 释放榜样优点的最为主要的方式就是奖励领先者。他们成功地采用了绩效调控的方法，在 GE 的年度考核当中，管理层会对本年度业绩优秀，以及那些为其他员工做出榜样的员工进行二度考核，提问的问题多是针对个人素质提升和自我管理的，其中的三大经典问题几乎囊括了一个人才是否优秀、自信的全部定义：你的优势是什么？你的成就是什么？你还有哪些需要改进的地方？而在此之后，对于高层颇为满意的一批人，GE 会毫不吝啬地对他们进行奖励，包括增加薪酬以及分配诱人的股票、期权。

对于优秀的员工而言，他们更为看重的奖励是去克劳顿管理学院进修的机会。从这个学院出来，就意味着在公司可能要承担更为重要的职责。美国《财富》周刊评价 GE 的企业大学“克劳顿管理学院”为“美国企业界的哈佛”。每年在克劳顿学院培训的高级管理层占 GE 总领导级别人数的 10%，培训是针对管理者之中的高潜质人群进行的。对于所有的员工而言，通往管理学院的道路只有一条：学习榜样，认真工作，业绩优良，从而超越榜样，成为团队内最为优秀的人，以此来敲开管理学院的大门。

与奖励领先者相辅相成的是，针对公司内部的平庸者，一定要采用刺激的手段，因为平庸的员工从来不会感觉到危机。管理者应该想方设法为员工创造“危机”，让他们“动”起来。美国旅行者公司首席执行官罗伯特说：“我总是相信，如果你的企业没有危机，你就要想办法制造一个危机，因为你需要一个激励点来集中每一个员工的注意力。”“危机”的出现可以刺激员工试行自己工作的新思路，实现个人抱负。

如果员工的状态始终处在平庸之中，任何事情对他来说都平淡无奇，没有什么问题，那么工作兴趣自然不会高涨，更谈不上什么积极性和创造性了。“危机刺激”犹如一个人在森林中被猛兽追赶，他必须以超出平日百倍的速度向前奔跑。对他来说，后面是死的危险，而前方则是生的机会。

“危机”作为一种压力，将促使人们利用自身全部的积极性和创造性来解决管理者交给他的问题，而且随着其处理复杂事务能力的提高，他将获得更多的自信，鞭策他不断地用他的积极性做好工作。事实上，人们常在“危机”的巨大压力下获得成功。

在公司还有一部分人，他们很平庸，工作效率低下，影响了公司的发展，这时，管理者唯一要做的就是淘汰他们。在淘汰员工时，应注意做好以下工作：

1. 准备充分有理有据

对不胜任工作和业绩低下者，在经过批评教育或工作培训或岗位调整之后仍无法达到岗位和公司要求，才能予以淘汰，即使是试用期内的员工，也须被证明不符合录用条件方能解除录用。在准备淘汰时，须事先搜集好员工的业绩考核数据资料，只有在证据充分的前提下实施淘汰管理才能使员工接受将被淘汰的事实，不致引起员工过激的行为。

2. 尽量不伤其自尊心

对于确不能胜任岗位工作的员工，尽量不伤其自尊心，淘汰面谈时仅对其工作业绩不佳做出评价，不对员工性格、为人处世加以评论。淘汰员工时尽量告知员工本人，并不是他能力不够，或本人有问题，只是不适合公司目前提供的工作而已，在不适合自己的企业和工作上只会增加双方的痛苦，不如另外寻找一份适合自己的工作。

3. 为员工留有余地

一个员工都会有所长，有所短，有很多员工业绩低下只是因为缺乏对自己职业的了解，目前从事的恰恰是自己不擅长的工作，或是因部门内部人际关系没处理好。有许多员工被迫离开企业，选择了另外的职业之后反而工作非常出色就是这个原因。因此淘汰员工时不宜全盘否定员工，这一方面对员工不公平，另一方面也是离职管理人性化的体现。应当尽可能地保留被淘汰员工的自信心，使员工在离开本企业到其他企业就职时还能保持较好的职业心态。

★★★★★★★★★★★★★★★★★★★★★★★★★★★

管理一点通

企业管理者在制定竞争激励措施时，一定要采取恰当的措施，以便充分发挥所有员工的积极性，实现资源的有效配置。

第七章

物质激励，优厚的待遇不容忽视

物质激励是员工积极工作的物质动因。在需求合理、条件许可的前提下，管理者从具体情况出发，针对不同下属的需要、特点，引导他们客观认识目标需求、所肩负的责任及工作效果，以适当的物质手段刺激下属，唤起其对欲望目标的向往和追求，激发其上进心。

物质激励多以加薪、奖金、带薪假等形式出现，是激励不可或缺的重要手段，它对强化按劳取酬的分配原则和调动员工的工作热情有很大的作用。

尽量满足下属的待遇要求

员工对领导的要求，除了希望提供充分施展才干的广阔天地外，再就是希望能得到与才干相称的待遇，这无可厚非。满足他们在待遇上的要求，才能更好地发挥其才能，为公司尽心尽力地工作。

待遇过于微薄，而想要下属们尽心尽力是不可能的。优厚的待遇是激发人才积极性的有力杠杆。《黄石公三略·上略》指出："夫用兵之要，在崇礼而重禄。礼崇则智士至，禄重则义士轻死。"《墨子·尚贤中》认为："夫高爵而无禄，民不信也。"并说："此非中实爱我也，假藉而用我也，夫假藉之，民将岂能亲其上哉?"唐代李筌在《太白阴经，子卒》中也指出："人所以守战至死不衰者，上之所施于人者厚也。上施厚，则下报之亦厚。"

给予下属优厚的待遇，下属才能尽心尽力，这可以说是一条规律吧。违背这条规律，却又想治国平天下，那是很难办到的。韩信在向刘邦陈述夺取天下的见解时，指出项羽必败的几条根据，其中一条就是："项王见人恭谨慈爱，言语呕呕，人有疾病，涕泣分食饮，至使人有功当封爵者，印信敝，仍不能予，此所谓妇人之仁也。"说的是项羽待人恭敬，爱兵如子，但是当有人立了功，应当封赏爵位时，却把刻好的印信攥在手里，摆弄得磨去了棱角还舍不得授人。这在高明的领导者看来就是"妇人之仁"。

不过在苏洵看来，大才犹如千里马，无论其是否跑得快，都应"丰其刍粒，洁其羁络，居之新闲，浴之清泉，而后责之千里"，不然，"是养骐骥者饥之而责之千里，不可得也"。对于小才，苏洵将他们比作猎鹰，"获一雉饲以一雀，

获一兔饲以一鼠，彼知不尽力于击搏，则其势无所得食，故然后为我用”。事先饱喂鹰隼，再让其上天行不行呢？不行，因为饱鹰对猎物没有那种为噬食而搏击的强烈欲望和劲头。

对于有些员工，如果事先就把待遇给足了，他也不会再求上进了。因此在大才、小才的待遇上，采取不同的做法是很有道理的。具体如何运用，作为领导要结合实际，灵活掌握。

★★★★★★★★★★★★★★★★★★★★★★★★★★★★

管理一点通

当人们说到管理者激励员工时，指的是管理人员在做自己希望做的事情的同时，满足了员工的某些需要和愿望，并引导员工按其要求的方式去行动。所以，激励是组织给个人提供“诱因”，以获得个人对组织目标实现的“贡献”。合理的待遇可以说是一种最重要的、最易使用的激励方法，它是企业对员工的回报和答谢，以奖励员工对企业所付出的努力、时间、学识、技能、经验和创造，是企业对员工所做贡献的承认。在员工的心目中，待遇不仅仅是自己的劳动所得，它在一定程度上还代表着员工自身的价值，代表着企业对员工工作的认同，甚至还代表着员工个人的能力和发展前景。满足下属合理待遇要求不仅对员工的发展至关重要，对企业的发展更是不可忽视。

懂得为下属谋求必要的福利

管理是通过人来实现目标的。人力资源被提升到战略的高度，指的是在做事情之前，首先必须考虑用人，包括用人之后的情况也应该列入考虑之中。

如何对待自己的下属这一最为重要的人力资源呢？管理者要理清很多关系，其中有一点是必不可少的，那就是为下属谋取必要的福利。

如果一个管理者从来没有为其下属谋福利，其下属必定很难很努力地工作，当然，也绝不会为企业贡献出其在工作中所深深体会到的切实可行的方法。这样，企业就只能在原地踏步，无法前进。从而遭受巨大的损失。

为下属谋取必要的福利，能够使他们更安心地做事。因为如果下属们的工资无法维持生活时，就不会再有心情工作了。另外，通过采取奖励的办法，可以使员工们随时提供改进工作的意见，这样对公司的发展也是十分有益的。

西门子公司可以说最深谙此道了，公司领导不仅采取多种手段不断地为下属谋福利，而且还让下属以主人翁的姿态融入公司，培养下属的敬业精神，营造出了一种融洽的内部氛围。此外，西门子公司还有一个领导与员工谈心的传统，目的在于加强思想沟通，增强合作意识。西门子公司采取的这一系列措施让公司的下属们感受到一种“家庭式”的关怀，并由此激发了潜能，使他们尽心尽力为公司做事。

在这其中，最为成功的是 1872 年公司所设立的抚恤金制。这一制度规定：定期把年利润的一大部分提出来，作为员工的红利和雇员的资金，以及他们在困难时的救济金。公司又拿出 18 万马克(约相当于 11 万欧元)的资金，给全体公司成员作为养老及伤残基金。这一制度的建立在 20 年的时间里取得了良好效果，下属们都把自己看作是公司永久性成员，把公司利益看作自己的利益，很少有员工更换工作单位，因为他们在公司中看到自己的前途有了保障。工人们也坚持留在公司里，因为不间断地工作下去能使养老金不断增加，连续工龄满 30 年的员工按工资的 2/3 领取养老金。这个措施非常具有积极意义，在退休之后，他们除了领取退休金外，还照样能够领取应得的全部工资。

由于上述制度的建立而生发出来的集体精神，使西门子公司的全体成员与公司紧密地联系在一起。公司的管理者也公开承认，公司大部分成就的取得都是与这一措施分不开的。

西门子的继承者遵循创始人的教诲领导着公司，致力于不断扩大公司的福

利，制定不同工种的劳动保护措施和政策等，最终把公司发展成为闻名世界的跨国大企业。

★ ★

管理一点通

很多当领导的都会羡慕刘邦、刘备、朱元璋等从草根起家的英雄，感叹他们有一帮可以为自己卖命、辅佐自己的弟兄，帮助自己建立了千秋霸业。的确，这几个枭雄在用人、驾驭人方面确实有着天生的本领，他们用人、驾驭人的本领帮助他们形成了自己的核心团队，建立了中坚力量。从古到今，成百上千的人研究过这些草根英雄的成长史，希望能够破解、复制他们的成功之道。其实，要笼络住一批与自己交心的下属，最基本的一点就是要为自己的“弟兄”谋福利。看过电影《无极》的人都会记住一句有名的台词——“跟着你，有肉吃。”这句话道出了“弟兄”的心声，他们追随领导者，是希望能够得到一定的实惠和福利，也希望自己的领导是一个可以为他们带来福利和实惠的领导。清楚这一点也就知道了如何建立自己团队的第一步，也就明白了要如何维护好自己的团队。

必要时不惜重金以“薪”换心

人人都有一些与生俱来的需要，如生存、稳定的收入、被人接受、希望别人尊重自己、渴望成功等。在企业中，金钱是员工的最根本的需求之一。要使企业拥有持久的活力，首要的任务就是满足员工物质需求。更高的收入是每个员工的渴望，无论对谁，都很有诱惑力。

森达集团在成为中国皮鞋著名品牌之前，只不过是江苏一个并不富裕地区的小公司，短短十几年时间就成长为一个庞大的“森达帝国”，击败了许多原来名声显赫的大公司，其原因就是在使用人才方面不惜重金以“薪”换心。

一天，森达总裁朱湘桂偶然得知，台湾地区著名的女鞋设计师蔡科钟先生莅临上海，并有在大陆谋求发展的意向。他得到这个信息后十分高兴，决定效仿当年皇叔刘备三顾茅庐的做法，第二天即赶赴上海。

经过促膝长谈和多方了解，他确信蔡先生是不可多得的人才，打算聘用蔡先生，但蔡科钟要求年薪不少于300万元。朱湘桂尽管有足够的思想准备，还是吃了一惊——聘用一个人，年薪300万元，值吗？经过深思熟虑，他做出了决定：聘用。蔡科钟上任后，以其深厚的技术功底、创新的思维和对世界鞋业流行趋势的敏锐感觉，把国内外女鞋设计融为一体，当年就开发出120多个品种的女单鞋、女凉鞋和高档女鞋。这些式样各异的产品一经投放市场，立刻成为顾客争相购买的“热门货”。

要让员工更加出色的工作，就要付给员工满意的报酬，它会使下属自觉地保持工作热情和积极性。著名军事家拿破仑虽然说过：“金钱并不能购买勇敢”，但为了激励和保持部队的高昂士气，他总是及时慷慨地奖赏立下战功的官兵们。在征服普鲁士、打败沙俄，签订《提尔西特和约》后，拿破仑一次就奖给达乌元帅30万金法郎，其他将官和参战士兵也都得到了奖赏。

员工的收入影响着他们对工作的满足程度。不管一个人多么高尚，即使可能会因谋求个人发展而牺牲个人的收入，但不可能长期如此，因为他们要生存。最好的管理者总是在员工要求增加工资前做好考虑，他们积极主动调查市场，保证自己员工的报酬比其他公司要高。这样可以让员工的宝贵精力和智慧用于实现最好的效果，而不是计较个人的报酬。聪明的管理者会积极主动地支付报酬，而不是被动地等待员工提出要求。

★★★★★★★★★★★★★★★★★★★★★★★★★★★

管理一点通

“先增加利润还是先提高工资？”这个问题很像是“先有蛋还是先有鸡？”但从经济学中流行的“效率工资”理论看，支付较高水平的工

资是有利的，即工资会提高员工的工作效率，进而降低公司的运营成本。其原因主要有以下四个方面：

第一，提高工资可有效减少员工的流动率，降低公司的人力成本。

第二，提高工资可提高员工的努力程度，因为高工资会使员工更希望保住自己的现有工作。他们一般都会珍惜这种高工资的工作机会，从而尽自己最大的努力。

第三，能领取高工资的员工一般也是高素质的。因为高工资能吸引更多能胜任岗位的人前来应聘，企业可以在众多应聘者中通过比较找到合适的人才。

第四，高工资能让人才感到自己的作用得到重视，价值得到体现，由此也会从利益的另一端出发思考问题，会对重视公司提供更大效益。

如果企业资金能够支持一个利润周期的话，采取提高工资的措施是可行的，配合科学的绩效管理，公司将进入“高工资、高效率、高效益”的良性循环，用一流的人才成就一流的事业，这样企业与员工都会有一个加速度的发展。

合理恰当地给予奖励

要想让下属更加努力地工作，管理者就要对下属出色的表现进行奖励。多数情况下，这种奖励体现在下属拿到的报酬中。合理、恰当的报酬是下属最基本的要求，一旦这个要求得不到满足，其工作热情就会受到影响，时间久了，就会对工作产生厌倦心理，这样也许距离辞职也就不远了。那么什么才算是合理、恰当的报酬呢?

给予下属应得的报酬，是给他们最基本的生活保障，同时让他们感觉到自己付出的劳动没有白费。可是现实生活中，很多领导却总把付给下属的工资维持在最低水平。他们认为下属的工资是成本的一部分，并且只想最大限度地减少成本，以保证利润最大化，至于报酬与工作效果之间的关系，他们却视而不见。

在工作之中，必须让下属感受到自己的价值得到了他人的承认。不管领导使用多么美妙的言辞表示感激，不管领导提供多么良好的训练，下属最终期望的是得到自己应得的报酬，让自己的价值得到体现。

领导还要明白，下属的薪酬“不患寡而患不均”，只有让下属感到了真正的公平，才能留住下属。“我可以不计较自己挣了多少钱，但我绝不能容忍坐在我对面、与我同样职位的人每月比我多拿几块钱。”

“不患寡而患不均”的心态在下属中普遍存在。这种心态绝不是凭空捏造出来的，而是经济学家经过多年的研究得出的结论。其实这倒不难理解——因为在一个组织内部，大家是在相同的环境下工作，个人的努力对组织绩效的影响应该具有可比性。

从影响公司绩效的角度来看，内部的公平性比外部的竞争性更为重要。所以，只有在制定薪酬体系时将这种重要性体现出来，才能让下属感受到公平。正因如此，许多公司都试图找到一种科学的方法对个人绩效进行衡量并与薪酬挂钩。

管理者应当在下属的薪酬与付出之间寻找平衡，既要维护公司利益的最大化，还要保证下属工作的积极性。这种平衡可以说相当难把握，稍有不慎，就可能有失公平公正，从而造成下属的不满，甚至导致人才的流失。虽然工资并不是留住下属的“杀手锏”，但是恰当的报酬却是将下属留下来的基础。在给予报酬的过程中，为了避免出现偏颇，以下两点领导一定要牢记。

1. 用科学方法进行量化，以确定薪酬

许多公司不惜花重金聘请专业管理顾问为公司设计复杂的考核指标体系，把公司的经营目标通过层层分解的方式量化到每个人身上，然后根据每个人的

指标完成情况来确定薪酬。很多人认为这样做是最公平合理的，但事实上这种方法存在很多问题。

首先，公司的经营目标未必都是可以量化的。其次，即使一些质量性指标可以通过一定的逻辑关系转化为量化指标，但这一系列的转化过程也可能已经使指标失真，而且最终往往还要通过打分、测评等方式量化，其结果已经包含了很大的主观成分。最后，即使一些可以直接量化的指标（譬如财务指标）也不可能简单地分解到所有的岗位中去，因为不同岗位的职能是不同的。

科学的方法应该是通过岗位评价确定岗位薪酬。对低层级岗位，主要根据受聘人员职责完成情况的考核确定变动性薪酬或实施奖惩，也就是说以定性考核为主、定量考核为辅；对一定层级以上的领导，由于其对公司总体生产经营结果负有决策责任，其工作影响范围往往也是全局性的，因此，适宜采用量化成分较多、约束力较强、独立性较高、以最终结果为导向的考核指标，即以定量指标为主、定性指标为辅，这样才是更为简单有效的。

2. 经常性的薪酬调整能够提高薪酬的公平性

公司要根据市场和自身情况的变化，适时地进行薪酬调整，这是正常的，但注意不能踏入误区，以免有失公平。薪酬的背后其实包含着下属与公司间诸多方面的约定和承诺，而这些约定和承诺是需要一定的周期来履行和兑现的。如果公司总是不断进行薪酬调整就意味着单方面修改约定和承诺，这样会使下属无所适从，公司也难以形成一个公平的标准。某公司对房地产行业进行的福利问卷调查显示，正常的公司调薪行为每年应进行一次至两次，调整频率过高会导致下属队伍的不稳定。

★★★★★★★★★★★★★★★★★★★★★★★★★★★★

管理一点通

要让员工更加努力，就要奖励员工的出色工作。为了获得最好的效果，就必须付给员工恰当的报酬，这样才能留住最好的员工。可是很多管理者却总是把支出的工资维持在最低水平。他们认为员工工资是成本的一部分，并且只想到如何最大限度地减少成本，以保证利润最大化，至于报酬与效果之间的关系，他们却视而不见。

在工作中，管理者不管使用多么美妙的言辞表示感谢，不管提供多么好的训练，员工最终期望的还是得到自己应得的报酬，让自己的价值得到体现。公司要有最强的竞争力，首先必须拥有最好的员工队伍，并根据其贡献大小给予最合理的报酬。

实行下属持股计划

管理者都希望自己的下属为实现公司的生产经营目标而自动自发地工作；下属们也都想通过努力满足自己各种层次的需要。管理者所要做的绝不仅仅是满足下属低层次的需要，而是要充分调动下属的工作积极性，进而满足他们更高层次的需要。但是，怎样才能使下属全力以赴地为公司工作呢？

现今职场中流行的一种做法是实行下属持股计划，也就是给下属设个“金套”，让下属把公司当成自己的家，而不仅仅是打工挣钱的地方；让下属感觉到是为自己工作，是为自己家添砖加瓦，而不是在为他人“做嫁衣”。因此，公司在积极提高下属待遇的同时，可以根据下属对公司不同的贡献，使其持有不同的股份——可以通过赠送的方式，也可以将奖金的一部分折为股份。

由于下属持有的股份都是记在每位下属个人名下的，最终属个人资产,因此，它又可以在公司与下属个人之间、下属集体与下属个人之间保持长期利益的一致性。这个道理其实很简单，其奥妙就在于把各个方面的利益捆在公司资产的战车上，增加了共同利益的驱动作用。

总的来说，下属持股计划的积极作用主要体现在以下几个方面：

1. 充分激发员工的工作热情

股权激励这一举措可以让员工拥有公司的股份，这样的话员工的利益就与公司的利益紧紧地联系在一起。员工不仅是公司的劳动者，还是公司的股东，这样员工的积极性就会被激发出来，会自觉地按照实现公司既定目标的要求，为了实现公司利益和股东利益的最大化而努力工作。

2. 增强约束作用

当员工的利益与企业的利益紧密地联系在一起的时候，员工就不得不努力为企业服务，因为如果自己不努力不仅会影响企业的利益，也会影响到自己。从另一个角度来说，就起到了约束员工的作用，员工会自觉地维护企业的利益。

3. 有助于增强公司对员工的凝聚力

实施股权激励之后，经过自身的努力，员工能够通过拥有公司股份参与公司利润的分享，采取这种措施可以得到非常明显的福利效果，这种福利作用有助于增强公司对员工的凝聚力，企业上下会共同朝着企业的目标不断地拼搏、奋进。

4. 有利于留住人才

在我国，劳动力的流动日益频繁，但人力资源的配置存在着很大的自发性和无序性，而且劳动力技术水平越高，其流动性也越大。而购股选择权和其他建立在股份基础上的鼓励措施，对于留住不安心工作的下属十分有效。实行下属持股计划能有效地解决人才流失的问题，而且当下属和公司以产权关系维系在一起的时候，下属会主动参与公司的生产经营活动。

★★★★★★★★★★★★★★★★★★★★★★★★★★★

管理一点通

员工持股实际上是给员工增添了一副“金手铐”，它可以让员工把公司当成自己的家，而不仅仅是打工挣钱的地方；让员工感到是在为自己工作，是在为自己的家添砖加瓦。在积极提高员工待遇的同时，可以根据员工对公司不同的贡献，使其持有不同的股份。可以通过赠送的方式，也可以将奖金的一部分折为股份。

奖励也要讲究时效性

管理者对员工的最佳激励状态是什么？就是让员工在最需要的时候获得最大的心理满足！这样的奖励才有效果。如果一个员工做得很好，希望得到单位的认可，在他最想得到的时候，可单位却迟迟不给他，那么等他不想要的时候，即使你给他，他也无所谓了。这样的奖励会大打折扣，甚至会失去效果。所以，奖励也要讲究时效性。

微软技术中心远程支持的工作模式决定了这里的员工大多在公司里上班。由于长时间在计算机前工作，年复一年，工程师的激情很容易消耗。通常员工的业绩在第三四个月时就走下坡路，选在 4 个月左右奖励 1 次，对员工的积极性很有调动作用。换句话说，对于技术支持工程师而言，给予奖励，1 年太久，而 4 个月左右比较合适，这时最能满足他们的心理需要，奖励效果也最好。

正是出于这种理念，微软公司基本坚持每 4 个月对员工奖励 1 次，前 5 年正好奖励了 15 次。

除优秀员工奖之外，公司还设立了年度特别奖、最佳团队奖、总经理杰出奖、年度杰出奖和杰出贡献奖等。之所以再设这样多的奖项，出发点还是一个，满足员工的心理和精神需要，更好地调动员工的积极性。

与微软有所不同的是，思丹雷公司通过推行“发送提案”活动奖励员工。具体做法是每月进行一次班前例会，称之为“朝礼”。每次“朝礼”都有职工手捧奖金袋和纪念品出现在主席台上，由董事长和管理者向他们一一鞠躬致敬，在场的全体职工热烈鼓掌向他们祝贺。一些呈交了提案但未被采纳的职工也会得到一份小礼品，如包装得整整齐齐的毛巾、袜子等。管理者会恭恭敬敬地发

给每一位提案者，一再表示感谢，并鼓励他们再接再厉。“朝礼”对于企业的发展起到了重大作用，不但得到了很有价值的提案，而且调动了员工的积极性，使之全力投入到团队工作中去。

对于完成既定目标的员工也要及时奖励，如果员工完成某个目标而受到奖励，他在今后就会更加努力地重复这种行为。这种做法叫行为强化。对于一名长期迟到 30 分钟以上的员工，如果这次他只迟到 20 分钟，管理者就应当对此进行赞赏，以强化他的进步行为。可能大家会想不通，为什么迟到了 20 分钟还要赞赏他呢？很简单因为他进步了。举个例子：一个孩子成绩考了 8 分，回家后中国的家长和外国的家长一般是两种态度。外国家长：“宝贝，你太棒了，这次竟然考了 8 分，妈妈真为你高兴!”然后抱着孩子在那里亲啊亲！而中国家长则大多会抱怨孩子没能考得更好。很多人可能会认为外国的家长有毛病。其实孩子上次考了 6 分，这次考了 8 分，进步了就应受到表扬。

对员工的奖励为什么只有到月末、季末、年末才进行呢？这种固定的周期奖励制度会使员工的注意力过多地停留在奖励的“结果”上，而忽视了受到奖励的“原因”。也正因为如此，未获奖的员工会感到不公平，获了奖的人也无法继续保持良好的行为。这样的奖励除了使管理更加复杂以外，没有太大的意义。正确的奖励做法是一有良好的工作表现就予以认可，不要等什么奖励周期。这样，受到奖励的员工会大受鼓舞并保持得到认可的良好行为，未受奖励的员工也十分清楚别人受到奖励的原因，不但不会感到不平，相反还会积极改变自己的行为以期获得认可。

★★★★★★★★★★★★★★★★★★★★★★★★★★★

管理一点通

员工在做出优秀业绩的时候，管理者应当及时给予他们一些奖励。恰当与及时的奖励具有很强的引领与激励作用。尤其是在一些公开场合，奖励能让下属沉浸于被关注的喜悦之中。但如果不注意奖励的方式和时机，有时会让奖励失去价值，甚至带来负面作用。

奖励的是成果不是汗水

有不少管理者都有这样的思维定势：只要上班早来晚走、上班忙忙碌碌的员工就是个好员工，却很少有人关注其工作成果是否突出。令人忧虑的是，目前大有仅仅因为员工忙碌而不是因为工作成果就给予其奖励的倾向。因为一些临时性、突击性任务，忙碌、加班加点的情况是正常的，但在一个科学的管理体系中，那种情况长期存在是不正常、不合理的。

这实际上是以什么为奖励依据的问题，是成果？还是忙碌的表现？答案是清晰的，必须以成果而不是表面上或一时的忙碌作为奖励的标准、依据。

“你如果不能在 8 小时的工作时间内做完你的工作，那么，不是你被分配的工作太多，就是你的能力不够。”这是美国一家工厂主管杰夫的工作哲学。他每天下班之后 5 分钟绕着工厂走，将任何还在工作的人撵回家。然而，在他担任主管的 3 年内，工厂以最快的速度运转，产量很高，工作纪律也相当好。

杰夫的继任者朱利克斯与其看法正相反：假如你真想把工作做好，8 小时的工作时间确实不够。另外，任何下班时间一到就走的人也不可能有奉献精神。在这种思想指导下，员工们早来晚走，但上班先喝一杯咖啡，再聊天，中午半小时的午餐变成了一个半小时的马拉松式午餐，离下班半小时大家就无心工作了。结果，工作效率反而降低，产量开始下降。

实践证明：杰夫的做法是有道理的，他使员工树立了成果、目标导向。人人都知道必须在 8 小时内把事情办好，因此，员工都养成了高效率的工作习惯，但朱利克斯却把成果、目标导向变成了时间导向。一旦奖励给了工作时间长、

看起来忙忙碌碌的人，员工们就会浪费时间，以填满冗长的工作时间。

★★★★★★★★★★★★★★★★★★★★★★★★★★★★

领导者所奖励的是成果，而不是汗水、冗长的时间。对事倍功半的员工要给予关注，他们可能养成了不良的工作习惯，可以用关怀的方式告诉他，你希望看到他们以最少的时间和努力做出最好的成绩。

要适当给点“额外奖励”

在日常工作中，虽然大多数员工并不在意自己付出了多少辛勤劳动，但他们确实在乎自己付出的努力是否得到承认。如果他们努力一番却无人所知，这会使他们感到不被认可，不公平，因而灰心丧气。当这种情形发生时，他们会采取不再卖力或进行一些消极怠工的行动以示反抗。

管理者要关注勤恳工作的员工，懂得适时鼓励和奖励员工。如果下属工作勤恳，十分卖力，长期默默地为你工作，使公司蒸蒸日上；如果下属经常提出一些合理化建议，使你深受启发；如果下属具有良好的表现、给公司带来收益、为公司做出贡献，那么你作为领导，千万不要吝啬自己的腰包，要不失时机地暗地里送个红包。这会让所有员工都感觉到，领导的眼睛是雪亮的，认为自己的努力没有白费，多流出一滴汗水就会多一份收获。

小王是某一外企的职员，由于长时间处于繁重的工作压力下，不由地产生了厌职情绪，在工作中经常烦躁不安，有想换工作的想法。正当他苦苦挣扎时，老板把他叫到办公室，对他近期的工作进行了一番赞赏性的肯定，然后给了他一个大红包。小王手里拿着红包心情一下子就好多了，原来自己的努力没有白费，工作成绩受到了领导的认可。从此，小王又怀着愉快的心情去上班了。

暗地里送红包是激发工作热情，鼓励员工努力工作的好方法。它给予员工暗示，员工的工作表现在领导心里是非常清楚的，员工表现得好，就会得到红包，而得到红包的员工，在感激之余会加倍努力。

外国公司大多实行送红包，老板认为谁工作积极，就在谁的工资袋里加钱或另给红包，然后发一张纸说明奖励的理由。奖励的理由各种各样，有奖励个性特点的：如员工工作认真而勤奋，踏踏实实，热爱本职工作，有能力，富有创造精神等；也有奖励工作业绩的：超额完成任务，本月无残次品，质量检查认真负责任等；也可以根据一次、偶然的事情实施奖励，如：某员工提出一项合理化建议，检修工细心避免了一个小事故，某员工表现出了爱公司如爱家的行为等，不一而足。

什么时候送红包是灵活多样的，可以是临时的，也可以是定时的，每周、每月、季度和年终奖等都可以用暗奖。红包里的钱，根据奖励的目的、奖励的对象特点及领导可以支配资金的数量灵活掌握。

管理一点通

每个人都希望自己所做的事被认可，希望自己点点滴滴的进步能够被人肯定。关注勤恳工作的员工，客观地鼓励和奖励他们，最容易激励他们做好日常工作，让领导放心。事实证明，恰当地给员工发红包是激发其工作热情，鼓励其努力工作的好方法。它向员工暗示，员工的工作表现在领导心里是非常清楚的，员工表现得好，就会得到红包，而得到红包的员工，在感激之余将会加倍努力。

第八章

榜样激励，以榜样激励员工的发展

在任何一个组织里，管理者都是下属的镜子。可以说，只要看一看这个组织的管理者是如何对待工作的，就可以了解整个组织成员的工作态度。要让员工充满激情地去工作，管理者就要先做出一个样子来。

榜样是最好的示范

领导要想管好人、带好人，建设一支士气高昂活力充沛的队伍，就必须卓有成效地激发下属的潜能和干劲，使之形成一种协调有序竞相发展的整体氛围。

老李被任命为某集团分公司的经理，上任伊始他就发现，这家分公司简直毫无半点生气，死气沉沉。一直以来，这家分公司销售额的增长率在集团各分公司排名中都是最后一名，而且已经连续几年出现利润赤字了。尽管被派到这里工作的经理换了一茬又一茬，却依然一切如故，没有任何起色，以至于连集团最高决策层的领导们都认为这个分公司无可救药了。尽管老李被委派时也抱着死马当做活马医的心态，开始也进行了各种努力，结果依然未见成效。他冥思苦索，真不知如何是好。最后，便孤注一掷，只能以四处奔波的方式来试图提高销售额。也许是他的苦心感动了上苍吧，他终于拿到了两笔好久没有见到的大宗交易，签订了合同。

不知是因为初战告捷，还是找到了问题的症结，老李在接连奋战 3 个月之后，一向低迷的销售额增长率竟然在全公司名列前茅。也许是大家因此而增强了信心的缘故，分公司的整个气氛也发生了惊人的变化，全体员工以迅猛之势行动了起来，当年成绩便名列全国同行业的第二，第二年跃居首位。

老李在这个分公司工作了 5 年，其间与他同甘共苦的主要成员相继都得到了提升，当上了其他分公司的经理或部门主任。这些人不论是到哪个单位担任何种职务，士气总是很旺盛，取得的成绩也很明显，给集团领导留下了很深刻的印象。甚至有人说，这个公司培养出来的干部，精神面貌和工作作

风都与其他公司不同。经过实践的验证，大家公认这家公司是集团培养人才的摇篮。

成绩和干劲、斗志是成正比的。充满昂扬斗志和士气的单位具有化不可能为可能的神奇力量。这其中自然能看出干部的作用，一个好干部通过自身的言传身教，最终能够把手下的一帮人改变过来。出色的业绩不但能使人增强信心，向越来越高的目标发起挑战，而且为了保持曾经达到的水平，也会愈发努力，激发出潜力，这等于是在无形之中提高了下属员工的工作能力。

所以，领导一方面要在工作方面取得优异成绩、强化下属的信心；另一方面也要起到表率作用，激发下属的潜能和干劲。只要身先士卒，营造出一种人人奋勇争先的工作氛围，就可以把管理工作变得轻松而又高效。

★ ★

管理一点通

在企业中，如果领导者能够率先示范，以身作则地努力工作，那么这种热情和精神就会影响下属，让大家都有一种积极向上的态度，形成热情的工作氛围。可以说，领导者的榜样作用是具有强大的感染力和影响力的，是一种无声的命令、最好的示范。

要给员工做出表率

管理者不可能时时刻刻地管着下属，关键是加强员工的自我管理，但这必须有个前提，就是领导者首先要做好自我管理，成为下属的榜样，变“照我说的那样去做”为“照我做的那样去做”。

一般情况下，领导者都会选取他人作为员工学习的榜样，这样做在一定程度上确实能起到示范作用，但领导者必须看到，由于领导者在一个团队中的地位和作用，他常常不自觉地被同事或员工选作学习的榜样。

一旦领导者的行为被“注意”之后，下属一般会重复所观察到的行为。领导者的一项重要任务就是努力使自己成为一个可靠的“自我管理”的榜样，为下属练习“自我管理”提供机会，并鼓励他们通过示范来学习。

必须注意的是，领导者的示范行为必须是生动、详细、易于理解的。

领导者还应当促进下属对于示范过的“自我管理”的回忆，并鼓励他们以亲身体会的方式来练习这些行为，为他们提供动力，强化示范作用。

以上所说的加强领导者的示范作用，目的在于让下属产生良好的“自我管理”的欲望，从而充分调动员工的积极主动精神，发挥其创造性，才能使管理工作卓有成效。

★★★★★★★★★★★★★★★★★★★★★★★★★★★★

管理一点通

示范和榜样的力量是无穷的。领导者身先士卒，以积极正确的示范做导向，就可以有效地调动员工的积极性，激发其努力向上的干劲。

领导有激情员工才有激情

领导者很重要的一项工作就是凝聚人心。领导干部要有激情，才能带动下属成员有激情，带动队伍有激情。

“作为一个企业的领导者，你是不是很有激情？当你的员工有一个非常好的

创意的时候，你是不是感到非常振奋？你是不是可以承认他的创意，你能不能祝贺他们想法的成功？”——这是杰克·韦尔奇先生在中国一次讲演中提出的问题。很明显，韦尔奇先生认为，作为一个企业领导人，必须有激情，没有激情的人，不能成为企业领导者。

有这样一个发生在20世纪90年代的故事。在某汽车制造企业召开的一次会议上，一位负责市场调研和销售的同志给“一把手”提出建议：“根据市场调研和市场预测，我们需要加快研究和生产载重量9吨以上车的步伐。A汽车企业已经开始这方面的工作，如果我们再不重视，在9吨车上我们将落在别人后边。”

这本是一个关系企业生存、产品竞争的重要信息，应该予以充分重视，但这个“一把手”丝毫没有激情，甚至没有表情，反而批评提建议的同志是“相信传说”，并宣称“在9吨车的技术方面谁也比不上我们”。后来的事实证明，9吨以上的车型很快成为市场的抢手车型，而这个自认为在9吨车技术上领先的汽车企业，在这种吨位的市场上份额几乎等于零。

领导者要想有激情，首先要有责任感和事业心，不要奢望一个不负责任、“当一天和尚撞一天钟”的人有什么激情。其次，要想有激情，还需要有对部属及员工的尊重，一个高高在上、自以为是的领导绝不会有什么激情。再次，要想有激情，还需要领导者思维敏捷和博学多才，一个孤陋寡闻、不善交往的人也不会有什么激情。

当然，在一个单位中，仅仅领导者有激情还远远不够。韦尔奇先生讲：公司的成功需要集思广益，需要所有人都有激情。他总结了四条CEO的标准和特征：精力旺盛、可以调动他人内心的激情、有做决策的勇气和实施决策的能力。他把可以调动他人的激情放在了极其重要的位置。因为他深知，一个人的能力是有限的，一个人的激情也不是无边无际的。然而，必须牢记：一个自身没有激情的人是不可能调动他人激情的！

激情，绝不是张扬。激情是人品、敏捷、尊重和责任感的综合反映，是一种对员工激情的关注；而张扬则是某种不纯动机的肆意炒作。激情，绝不是不成熟。不成熟所表现出来的是鲁莽和无知。激情，也不是狂热。狂热是离开科学态度和务实精神的个人宣泄。激情，更不是歇斯底里。歇斯底里是病态，它与激情“风马牛不相及”，有如曲直之别、是非之分！

领导者要有激情。有了激情才能以情感人、以情动人、以情促人。激情型领导者要做的不单单是自己的领导有激情，更重要的是要自己的激情传递给团队，激发出团队全体成员的自发性。

然而，让传递给团队的激情落实到行动上去，转化为实际成效，是很多领导人难解的问题。事实上，在这个问题上，领导者考虑最多的是结合企业的机制与远景。一种通行的做法是，领导者必须有远见，不断为团队指出方向，在这条路上团队成员可以尽情发挥。使激情转化为内在驱动力，并获得最大量的释放。

管理一点通

管理者要有激情和动力，只有对工作充满了热情，才会热爱它，投入它，并带动他人一起创造工作的价值，享受工作的乐趣。

提高工作效率的策略

速度可以击垮竞争对手，但仅仅一句“快点干！”是不可能提高公司的工作速度的。如果这样做的话，你将为此付出代价，这种代价就是员工被折腾得筋疲力尽，或者员工的工作质量逐渐下降。如何有效地阻止这样的情况发生，在此有以下几种策略：

1. 减少批准环节

层次繁多的管理机制可能会严重地阻碍工作效率的提高。如果一个很好的

创意在你的公司里久久不能变成现实，你的竞争对手就会把你一步步地逼上绝境。机会被浪费了，而官僚管理体制就是罪魁祸首。如果你能够简化文件的批准程序，就可以把握机遇，能够争取到几个小时甚至几个月的时间去提高本公司的竞争能力。

2. 善于压任务

规定的最后期限要略微提前些，不要以为员工们在预定时间内完成不了工作，他们的潜力往往是你难以估计的，重要的是，你要相信他们能做得更好。

3. 恪守时间表

如果你不能坚持把最后时限落实到每个人的头上并且贯彻执行的话，任何最后时限都没有存在的意义。

4. 以身作则

如果你希望拥有一个办事快速灵活的公司，你就必须也做得同样快，同样有灵活性，而且要永远争取做得更快。如果你自己尚且不够迅速灵活快速的话，你就没有理由期望你的公司快速灵活起来。

5. 提高配合的速度

这个道理是显而易见的。假如做同样一件事，由 10 人组成的小组比一个人单独来做要快得多。但大多数公司很少有这样的小组，一个主要原因是，老板们并不很乐意把一些事情当作紧急情况来处理。他们认为，没有必要为了求快，而把公司内部的工作节奏打乱。

虽然每个人都有自己的工作特点，当由一个人单独完成某项工作时，他可以按照自己的节奏来完成它，但是，当他在一个小组里与他人合作完成一项工作时，他就必须设法与小组中工作速度最快的人保持同步，因而提高整体效率。某些工作之所以获得成功，一个更主要的原因在于，团队合作可以取得更好的竞争效果。因为团队里没有一个人愿意成为两手空空、无功而返的人。

★★★★★★★★★★★★★★★★★★★★★★★★★★★

管理一点通

要提高企业组织的整体效率，简化工作流程就显得尤为重要。消除工作中过多的等待，杜绝工作中形形色色的时间浪费，诸如减少领料的等待或发料错误的浪费、减少粗心大意造成的返工、减少扯皮推诿的责任真空地带、减少层层请示、减少文件上报后的等待……都能给企业带来效率的提高。

克服困难带头行动

在企业中，树立远大的理想和目标后，领导自然要带头行动，尤其是面临困难时，领导更要挺身而出，身先士卒。榜样的力量是无穷的，当领导克服困难向目标努力前进时，其对下属造成的影响是神奇的，会带动下属共同努力。

向目标前进比设定目标要难。首先，得有一个前进的计划；然后还得设定一些中间目标。每一个远大的目标一定会包括一系列较小、较近的中间目标，而每个小目标又包括了很多项任务，这些任务、目标必须先达成。

在这每一步目标的实现中，领导都应带头发挥作用。而当下属遇到困难时，领导也应协助克服，才不致影响整个工作的进行。绝不能在中途停下来。一旦定好了目标，就应不断向前迈进。

★★★★★★★★★★★★★★★★★★★★★★★★★★★★

管理一点通

反对和克服官僚主义，管理人员需从自身抓起。要求下级做到的，自己要首先做到；要求别人做到的，自己要首先做到。否则，要求别人改进工作作风，自己却在崇尚形式、讲究派头、做官当老爷，是不可能有任何实际效果的。

第九章

需求激励，深入了解下属的需求

人的行动往往源于需求，企业只有满足了员工的需求，才能够要求员工行动。管理者要想推动员工行动并达到一定的效果，就必须首先了解员工相关的需求是什么，需要多大程度的满足。只有深入了解下属的需求，才能有效地激励他们，充分调动他们的工作积极性。

要让员工感到被重视

人们工作是为了更好地生存和发展，这就产生了金钱和职位等方面的愿望，但除此之外，人们更加追求个人荣誉。“雪中送炭”之所以能让人感动万分，原因很简单，那是因为送出的“炭”恰是他之所需。激励也是这样，若能先了解员工之所需，一定能最大程度地调动员工的积极性。

一份民意测验结果表明，98%的人希望自己的领导给自己以好的评价，只有 2%的人认为领导的赞扬无所谓。当被问及为什么工作时，92%的人选择了个人发展的需要。而人的发展的需要是全面的，不仅包括物质利益方面，还包括名誉、地位等精神方面。了解员工所需，一定能最大程度地调动员工积极性。那么，怎样满足员工所需，达到激励的目的呢?

1. 尽量让员工参与

3M、埃克森、数字设备等公司的员工特别作业小组能够解决从简到繁的各种问题，这就是参与。丰田汽车公司的普通员工每年都要给上司提供 18 种想法，其中 90%都得到采用，仅一年内采纳的 50 万条建议就使公司每年节约 2.3 亿美元，这也是参与。吸引员工参与，就可以获得有助于决策的信息，还能有效地调动员工积极性，提高工作效率。

2. 加强交流

无论是为了传达信息，还是为了表扬或批评，交流都是一种很重要的激励因素。下面两种方法有助于你更有效地进行交流。

第一种方法是举行正式或非正式的交流会。具体形式视情况而定。

北克的一个纸浆加工机器制造商海曼·尔特召开过一个由员工和顾客参加的

独特的交流会。顾客们表达了对公司产品和服务工作的一些意见，员工们则承担解答顾客问题并且努力解决问题的全面责任。顾客们的参与促使公司改进了发货手续和管理等方面工作。

管理者实行“开门政策”，不仅意味着管理者办公室的门应该敞开，更为重要的是要随时乐于聆听员工的建议、问题或意见。

第二种方法是经常反馈。管理者应经常对员工的工作情况做出反馈，这不仅是为了最大限度提高生产力，也是为了发挥员工的技能并使他们和你一起进步。

当员工达到或超过双方共同制定的要求时，便应给予表扬。还应该提供适当的负反馈(即提出批评)，以便使员工们在各自的岗位上不断学习或成长。

3. 丰富工作内容

内容丰富多彩的工作能够满足员工在成就、赞许、满足、责任等方面的需要。

4. 扩大工作范围，增加工作任务

要求员工运用更多的知识和技能，同时自由度和责任也更大。

5. 调整工作，增加工作深度

要求具备更高级的知识与技能，给予员工计划及控制其他工作的机会。

6. 轮换工作，使员工经常从事不同工作

轮换可以在部门内或部门间进行，这样做可以使员工的工作经历多样化并防止产生厌倦情绪。

★★★★★★★★★★★★★★★★★★★★★★★★★★★

管理一点通

美国玫琳凯化妆品公司是具有25年销售经验的玫琳凯女士在其退休的那年创办的。短短二十几年，该公司由9名雇员发展成为拥有雇员5000多人、年销售额超过3万美元的大公司，并且在世界各地拥有20万人以上的经销网。

很多人把玫琳凯的成功当作一个谜。事实上，玫琳凯的成功并不是什么神秘不可解之事，而正是其“每个人都是重要的”、“使他感到他重要”的激励艺术的感染力所致。

在玫琳凯看来，一般人只发挥了能力的10%，能不能把另外90%的潜能发挥出来，是一个企业能否成功的关键。而要发挥这90%的潜能，就要“使他感到他重要”。玫琳凯说：“你若能使一个人感到他重要，他就会欣喜若狂，就会激发出冲天干劲，小猫就会变成大老虎。”

领导人的重要工作之一，就是让下属觉得自己重要，受重视，这会鼓舞他们有更出色的表现，为组织的目标全力以赴。许多时候，领导者并不一定需要长篇大论，只要注意一下员工感情上的细节并及时予以反馈，就会产生惊人的效果。

要及时地给予肯定

没有什么比表扬、肯定更能鼓舞、激发员工的热情。在许多老板看来，激励员工好好工作的简单方法有两种：奖励和惩处。不过人的本性是喜欢奖励的，都希望干些愉快的事，不喜欢挨批的事。可以肯定的是，肯定他人要比否定他人效果好，正如俗话所说：“要想把飞虫逮住，多用蜜不用醋。”

常常鼓励、多加支持是更为有效的激励手段。当然在万不得已时，采取惩罚措施也是必要的，但万万不要出损招有心整人。千方百计去发现值得鼓励的行为，多加酬奖，到头来，谁都愿意在你的领导下干活。

每个对工作尽心尽力的人都需要得到别人的肯定。报酬固然重要，但多数员工认为获得报酬只是一种权利，是他们工作付出的交换。正如管理顾问R·M.坎特所言：“报酬是一种权利；给予肯定则是一件礼物。”

许许多多的研究表明，最能激发员工全力以赴、高水平发挥的是给予他们赞扬与肯定。除应得的薪水之外，人们更需要感到他们在工作中做出了一份贡献，他们的努力有成果并得到企业赏识。

肯定，表达了你对员工某种行为或价值的欣赏，它能大大鼓舞员工继续表现出你所看重的行为。如果管理者希望员工努力工作，把注意力全部集中到工作上去，那么你就可以通过多多给予肯定这个“礼物”，来激发员工积极工作的热情和决心。

★★★★★★★★★★★★★★★★★★★★★★★★★★★★

管理一点通

人人都有得到别人认可和赏识的欲望。这种欲望一旦得到满足，员工就会感知到工作的意义，进而将潜能最大程度地发挥出来。管理者要想让员工心甘情愿地为企业带来利润，往往只需做一件很简单的事——及时对员工的工作给予正面表扬和评价。

让“正面表扬和评价”产生效果，并非一定要针对出色的成绩，哪怕员工的成绩是微不足道的，给予正面表扬的评价同样可以让员工产生被肯定和被重视的感觉，而且其效果丝毫不亚于前者。正如著名行为学家赫茨伯格所指出的那样：对一些小成就的及时肯定，会激励着人们试着达到更大的成就。因此，不论员工的成绩是多么小，优秀的管理者都会大方地给予正面表扬和评价。

充分尊重员工的自我选择

每个员工对事业发展的追求不同，有的想成为技术专家；有的想到本公司的其他部门工作；有的想发展与现有工作岗位相关的技能；有的被提升到管理岗位的员工并不想做一个管理人员……

对员工来说，事业发展与规划是一个不断寻求工作与生活质量双满意的动态平衡过程。对组织来说，帮助下属规划和发展他们的事业是最具长期效应的激励措施。通过事业发展与规划管理，能使员工的需要和利益相融于组织的目标和利益，事业发展与规划管理的过程也就是组织和个人的目标和利益相匹配的动态发展过程。

要达到激励员工的目标，就要充分尊重员工的自我选择。对员工最有效的激励是将激励与员工的事业发展联系起来。

企业必须根据对人力资源的需要，通过招聘、培训、轮换来恰当地配备人员。这种连续的计划和开发活动，在企业的发展过程中是不会停止的。重要的是，要使这一连续的过程富有激励性。组织应致力于把发展的需要转化为员工自己的需要和他们发展事业的机会。双方的需要和目标相匹配的程度，直接影响着员工的工作积极性和组织的效率。

《企业再造》一书对上述问题进行了详尽的论述。作者强调："事业发展与规划管理这一激励措施是基于组织与员工共同成长、共同发展和共存共荣的观念的，是人本管理思想的最佳实现方式。"书中还描述了这种具有深层次效应的激励方式的具体表现形式：

(1) 从信息沟通的方式看，这种匹配过程是一个单线的双向交流过程，这

一过程允许下属自由提问，使下属具有平等感。

(2) 从满足下属的需要层次看，这一过程能满足下属的情感需要、受尊重的需要，以及有助于满足自我实现需要。所满足的是高层次的需要。

(3) 从丰富工作内容方面看，这一过程有助于下属选择做其愿意做的工作，双方可以讨论重新设计工作和工作轮换问题，可以讨论调整工作责任问题，这些都可以提高员工的工作质量。

(4) 从下属的事业发展方面看，双方讨论下属的事业发展领域及所需技能，并为其提供继续教育和通过参与特殊项目来发展个人能力的机会，这样有助于留住优秀人才。

(5) 从绩效评价的内容和方式看，主管要善于将员工的绩效与对组织的贡献联系起来，以增强下属对组织的归属感和自豪感，并有助于培养下属从组织大局考虑问题；另一方面，主管还要听取下属对工作绩效的自我评价，这样有助于下属提高对工作本身的绩效评价。

(6) 从维持下属事业和家庭的平衡发展看，双方可以讨论下属对业余时间的支配和发展家庭关系问题，以满足下属提高生活质量的要求。

(7) 从下属事业发展的途径看，能使下属的事业发展途径多样化，下属既可以沿垂直的组织等级阶梯向上发展，也可以在平行的相关职位上发展，还可以通过进入“专家组”，作为“核心分子”来发展。

(8) 从对组织发展的风险防范角度看，由于双方讨论的问题都是未来导向性的，使组织变革和下属的工作转换都处于相对平衡的状态，避免突然变化给双方带来的损失。

★★★★★★★★★★★★★★★★★★★★★★★★★★★

管理一点通

市场经济的实质是什么？是对产权的尊重，是对人的尊重。对产权的尊重是市场经济的第一要素，而市场经济实际上从根本上确立了对人的尊重。美国管理学家德鲁克认为：“让全体员工都站在上司的立场考虑问题，关键要使他们感到自己是企业的主人。”他还说：“何为经营之本，我认为就是造就人。”万科在中国市场的成功，很大程度上也是人才战略的成功。为什么万科能在短短几年时间内成为中国房地产市场当之无愧的龙头老大？是文化。万科营造了一种非常人性化、民主化的文化氛围。在《万科手册》中写道：我们尊重每一位员工的个性，尊重员工的个人意愿，尊重员工的选择权利。

在企业内部，尊重员工的职业选择，鼓励员工职业发展，能够极大地提升员工的归属感和价值感，从而充分调动他们的工作积极性，这是公司或者部门出业绩的基础。没有这个坚实的基础，要取得优秀的业绩是不可能的。

让员工拥有成就感

人其实是活在成就感中的，需要不断得到成就感的滋润才能有意义地生活下去，如果相隔一段时间没有成就感，就会觉得生活没有意义。

某户人家养了一只小猫，有一天小猫忽然走失了。几天后，小猫被人送到流浪动物收容所，收容人员立刻通知了这家人。在等待主人到来时，收容人员忽然发现这只小猫不但没有欢喜的神情，反而悲伤地流泪。

收容人员相当好奇：“你应该高高兴兴的，怎么在流泪呢?”

小猫回答：“先生啊，你有所不知，我是离家出走的!”

收容人员吃惊地问道：“是你家主人虐待你了吗？为什么要离家出走呢?”

小猫悲伤地说：“我在主人家已经待了好多年，从一开始就负责捕捉家里的老鼠，一直很尽忠职守执行我的工作。当然主人也感觉到了，平时见到我会摸摸我，拍拍我，常会带我出去散散步。那种恪尽职守的成就感，那种受重视、受疼爱的感觉，让我更加提醒自己，好好照顾这一家人。直到有一天……”

“怎么了?”收容人员关心地问道。“有一天家里放上了老鼠药，从此我失业了，捉老鼠不再是我的职责。我开始变得整天无所事事，对家庭一点用都没有，虽然主人还是一样地饲养我，但是我实在受不了这种被冷落的感觉，所以才会离家出走，宁愿过流浪的日子。”员工同样也需要成就感，作为领导如果不懂得给予下属足够的成就感，他们也会像上述案例中的小猫一样会倍感受到冷落。

“你为什么要留在微软?”有很多人这样问一位在微软工作很长时间的老员工，这位员工也曾这样自己问过自己。其实他要回答这个问题一点也不难，几乎是不用多考虑的，“因为微软有很多机会让它的员工有成就感”。

当一个人从事着适合自己且非常喜欢的工作时，他就能在工作中发挥他最大的才华、能力和潜质，能够不断地进行自我创造和发展，从而也就满足了自己自我实现的需要。有自我实现驱动的人，往往会把工作当作是一种创造性的劳动，竭尽全力去做好它。而在自我实现的过程中，他的成就感也将会得到最大限度的满足。可以说，微软公司吸引人才之处正在于他们为员工提供了一个良好的可以获得成就感的平台。

同样，对其他公司的领导来说，也应该倾力去为下属创造这样一种平台，即要想方设法让下属从工作中获得成就感，并在必要的时候主动将成就感与下属分享，而非一人独占所有成就。

员工对成就感的渴望可以说是与生俱来的，这甚至可以看作是一项基本“生理需求”，作为领导，一定要懂得如何去满足下属的这种需求，要懂得如何给予下属成就感。

★★★★★★★★★★★★★★★★★★★★★★★★★★★★

管理一点通

员工对成就感的渴望可以说是与生俱来的，这甚至可以被看作一项基本“生理需求”。作为领导，一定要懂得如何去满足下属的这种需求，要懂得如何给予下属成就感。

美国著名橄榄球教练保罗·贝尔对于其球队为何能够取得一个又一个的胜利是这样解释的：“如果有什么事办糟了，那一定是我做的；如果有什么差强人意的事，那是我们一起做的；如果有什么事做得很好，那么一定是球员做的。这就是使球员为你赢得比赛的所有秘诀。”

保罗·贝尔的话让人们看出他是一个充满大智慧的人，具有极高的个人风范。他这种“出了责任自己承担，而将荣誉全部给予下属”的精神深深震撼、鼓励了球队的每一个成员，所谓“士为知己者死”，那么他们球队每战必胜也就是情理之中的事了。

在一个部门中，领导者如果也能具备保罗·贝尔那种“勇于承担全部责任并将全部荣誉都给予下属”的精神，那又何愁部门成员不团结一致、共创辉煌业绩呢？

用荣誉激发员工的动力

西点军校的《荣誉准则》上记录着：“每个学员决不说谎、欺骗或者偷窃，也决不容许其他人这样做。”西点赋予士兵的荣誉意识，让士兵在任何一个团队中都大受欢迎。在西点的教育中，荣誉教育始终处于优先的地位。西点将荣誉看得至高无上。在西点，要求每一位学员必须熟记所有军阶、徽章、肩章、奖章的样式和区别，记住其所代表的意义和奖励，同时还必须记住皮革等军用物资的定义、西点会议厅有多少盏灯，甚至校园蓄水池的蓄水量有多少升等诸如此类的内容。这样的训练和要求，会在无形中培养学员的荣誉感。这值得企业借鉴，因为一个优秀的员工是不能不对自己的工作、对自己所效力的企业有一个全面清楚的了解的。

如果一个员工对自己的工作有足够的荣誉感，对自己的工作引以为荣，对

自己的公司引以为荣，他必定会焕发出无比的工作热情。每一个企业都应该对自己的员工进行荣誉感的教育，每一个员工都应该唤起对自己岗位和公司的荣誉感。可以说，荣誉感是团队的灵魂。如果一个员工没有荣誉感，即使有千万种规章制度或要求，他可能也不会把自己的工作做到完美，反而可能会对某些要求不理解，或认为多余而觉得厌倦、麻烦。

成绩可以创造荣誉，荣誉可以让员工获得更大的成绩。一个没有荣誉感的员工能成为一个积极进取、自动自发的员工吗？如果不能认识到荣誉的重要性，不能认识到荣誉对自己、对工作、对公司意味着什么，又怎么能指望这样的员工去争取荣誉、创造荣誉呢？

每个人都希望向别人介绍自己职业时有荣耀的感觉。“我是律师”、“我是记者”、“我是医生”等，都是让人尊敬的行业。不过，许多人的职务和实际担当的工作不相符，例如，秘书兼任许多文书杂务、办事员兼任信差工作等，这样的职务使职员有失落的感觉。

为了使每一位下属对自己的工作有荣誉感，尽量不要让他们兼任几项工作。公司人手不足，最有效的方法是立即征聘人手而不是想什么折中办法、权宜之计。

此外，适当地表扬表现良好的下属，是领导的义务。某外资企业的总经理，一个月里总有一句赞美勤杂工阿祥的话，例如经过阿祥的身旁，互相打招呼后，会说：“我们有效率的工作，你也有一份功劳”、“你很专业”、“你放假一天，这里就要乱了”等，几句适时的赞美，使一位勤杂工感到自己工作的重要性而倍感荣耀。

★★★★★★★★★★★★★★★★★★★★★★★★★★★★

管理一点通

一个员工对自己的工作有足够的荣誉感，对自己的工作引以为荣，对自己的公司引以为荣，必定会焕发出无比的工作热情。每一个企业都应该对自己的员工进行荣誉感教育，每一个员工都应该唤起对自己岗位和公司的荣誉感。可以说，荣誉感是团队的灵魂。如果一个员工没有荣誉感，即使有千万种规章制度或要求，他可能也不会把自己的工作做到完美，反而可能会对某些要求不理解，或认为多余而觉得厌倦、麻烦。

要不断认可你的下属

杰克·韦奇说："我的经营理论是要让每个人都能感觉到自己的贡献，这种贡献看得见，摸得着，还能数得清。"当员工完成了某项工作时，最需要得到的是上司对其工作的肯定，上司的认可就是对其工作成绩的最大肯定。主管人员的认可是一个秘密武器，但认可的时效性同样极为关键。如果用得太多，价值将会减少，如果只在某些特殊场合和少有的成就时使用，价值就会增加。采用的方法可以诸如发一封邮件给员工，或是打一个私人电话祝贺员工取得的成绩或在公众面前与员工握手并表达对其赏识。

企管顾问史密斯指出，每名员工再小的良好表现，若能得到认可，都能产生激励的作用。如拍拍员工的肩膀、写张简短的感谢纸条，这类非正式的小小表彰，比公司一年一度召开盛大的模范员工表扬大会，效果可能更好。

有一个员工出色地完成了任务，兴高采烈地对主管说："我有一个好消息，我跟了两个月的那个客户今天终于同意签约了，而且订单金额会比我们预期的多20%，这将是我们这个季度价值最大的订单。"但是这位主管对那名员工优秀业绩的反应却很冷淡，"是吗？你今天上班怎么迟到了？"员工说："二环路上堵车了。"此时主管严厉地说："迟到还找理由，都像你这样公司的业务还怎么做！"员工垂头丧气地回答："那我今后注意。"一脸沮丧的员工有气无力地离开了主管的办公室。

通过上面的例子可以看出，该员工寻求主管激励时，不仅没有得到主管的

任何表扬，反而只因偶尔迟到之事，就被主观、武断地严加训斥。结果致使这名员工的积极情绪受到了很大的挫伤，没有获得肯定和认可的心理需求满足，这样极易对工作产生厌倦之情。

实际上，管理人员进行激励并非是一件难事。对员工进行话语的认可，或通过表情的传递都可以满足员工被重视、被认可的需求，从而收到激励的效果。

★★★★★★★★★★★★★★★★★★★★★★★★★★★

管理一点通

要让员工满意，不仅仅需要给他们一个期望的工资报酬，更重要的是要不断认可和表扬每个员工在工作中的种种努力。通过认可员工的工作成果，表达你对他们额外努力的谢意，不断强化这些行为，才能使这些好的行为得以保持，同时使员工更加满意，并不断进步和成长。

要懂得尊重理解下属

驰名世界的“王安电脑公司”是由美籍华裔科学家、企业家王安在美国波士顿一手创办的。他从 600 美元投资开始，经过 40 多年的艰苦奋斗，已发展到拥有 3 万多名员工，30 多亿美元资产，在大约 60 多个国家和地区设有 250 个分公司的世界性大企业。成功给王安带来荣誉和地位，还给他带来了 16 亿美元的巨额资产。

王安公司为什么如此成功？当我们顺着王安的足迹，浏览他的人生历程、成功秘诀之时，会发现王安公司成功的决定因素就在于重视与理解员工。王安认为，公司是由人组成的，能否把每个员工的积极性发挥出来，将关系到公司的成败。具体工作中，他根据员工的不同类型、特点、技术专长和生活需要，实行不同的管理方式。他把设计和研制产品的工程师和科学家看成是公司的灵魂，给他们特殊的礼遇以示尊重，甚至在用词上都十分讲究，从不用“雇佣”之类的词，只用“聘用”，以完全平等的态度对待他们，尊重他们。而对一个有创造性的技术员工，即使他有令人难以容忍的错误和缺点，或是骄横自负，或是两个工程师间相互对立，王安都能和他们搞好关系，从而使他们明白公司最高管理人最了解和懂得他们的贡献。

王安公司对于员工的使用，不仅充满尊重，更懂得理解。理解是一种欲望，是人天生具有的一种欲望，员工一旦得到了理解便会感到莫大的欣慰，更会随之认真工作。有一次，一个研究对数计算器的工程师告诉王安，公司的工作计划同他在几个月前达成的夏季租房协议发生冲突。王安听后当即表示，如果因为对数计算器问题打乱了他的个人计划，他可以用王安自己的别墅去度假。此事使这个工程师深受感动，为了研究课题项目，他不仅没有去别墅，反倒把自己整个假期都搭上了。

在你的团队中，每个人都会有自己的麻烦与困难，当他们身陷其中时，当他们的某些个人利益与你的部门或是与你本人利益发生矛盾时，其实他们也感觉到非常的为难，常常令他们无所适从。这时，作为他们的管理者，就要展现出博大胸怀，多体谅他们，理解他们。一旦他感觉到你在考虑他的难处，那就很容易让感情产生共鸣，更容易激发他们工作的积极性。

★★★★★★★★★★★★★★★★★★★★★★★★★★★★

管理一点通

每一个员工都是企业发展的动力源泉。管理者的一项重要工作，就是要把重点放在开发员工的潜能、发挥员工的积极性上来，这就要求管理者应当抛弃将员工当作工具、封建家长式的作风，取而代之的应是尊重员工的个人价值，理解员工的具体需求。尊重员工，就是要尊重员工的合法权利，尊重员工的人格尊严和劳动成果，要把员工当成主人；理解员工，就是要设身处地地为员工着想，理解

员工的想法和看法。作为管理者，就要多与员工接触，善于换位思考，多沟通，多引导，把员工的思想统一到有利于企业发展和员工自身的成长上来。

懂得切实地关心尊重员工

任何职场都不能没有管理制度，也不可能没有工作压力，但是过于苛刻的管理会影响管理者与部属之间的和谐关系。在一个缺乏上司关心的企业里，员工的心情不佳，工作时也会顾虑重重。虽然他们会遵守规章制度，完成既定任务，但期望他们能尽情发挥全部的干劲，只能说是管理者的一厢情愿了。因此，管理者在履行自己的管理职责时，要尽可能地表现出对员工的关心与尊重。

首先，创造一个人性化的工作环境。如果管理制度规定上班时间不准串门，但当一名下属由于买彩票而中了大奖，欣喜之余，四处炫耀，在这种情况下，你就不能当场严厉斥责他，否则有矫枉过正之嫌。又如一名员工因为孩子发高烧，为了送孩子去医院而上班迟到，管理者虽然可以按规定扣除员工的奖金，但不能严厉地加以指责，否则就显得太没有人情味了。

其次，多站在员工的立场上想问题。管理者执行公司政策时要懂得体贴员工，充分理解员工某些不得已的苦衷。处罚员工时，态度要和蔼一些，不要故意伤害员工的自尊心，要给犯错误的员工以改正的机会。管理者如果发现有些员工担心自己的业绩低而被炒鱿鱼，可以为他们制订一项具体的培训计划，帮助他们提高业绩和工作能力，增强他们的工作信心。如此一来，反而容易收笼人心，激励员工的斗志。

再次，用心创造公司温馨的气氛，使员工有一种家的感觉。管理者要善于主动与部属沟通感情，对部属的父母、子女表示关心，必要时给予力所能及的帮助；适时与部属一起用餐、集会，不时开一些小玩笑拉近彼此之间的距离；尊重员工的人格，多用一些平等的称呼和礼貌用语；以低姿态和部属讨论技术问题；多做一些“感情投资”，如送生日蛋糕给员工，节日上门拜访等，这些都是极佳的管理艺术。

美国福特汽车公司一名老员工退休后，拒绝了一家公司年薪百万美元的聘请，却甘愿只领微薄的午餐费为福特公司培育年轻人才。许多人都百思不得其解，他解释说：“前年下大雪的时候，我双腿受寒行动不便，太太又有眼疾，是公司总经理和工会主席发动员工为我们购置了保暖设备，现在我怎么舍得离开这么好的公司呢?”

管理一点通

惠普是世界一流的大公司，它之所以能够取得成功，在惠普的许多经理看来，靠的就是“以人为本”的企业宗旨。惠普公司“以人为本”宗旨的主要体现是关心和重视员工。惠普的创始人休利特和当了40年研制开发部主任的奥利弗，都经常到惠普公司的设计现场去，并与普通员工交流意见。以至于二人不再任职后，公司的职员们却都有一种感觉，好像休利特和奥利弗随时都会走到他们的工作台前，对他们的工作提出问题，给予关心。

在惠普公司，领导者总是同自己的下属打成一片，他们关心职工，鼓励职工，使职工们感到自己的工作成绩得到了承认，自己受到了重视。惠普公司还重视职工福利，公司的福利除基本生活福利、医疗保险、残疾保险、退休金之外，还有两天一次的午间茶点、生日送礼以及新职工搬迁补贴等。这些无不体现了公司对员工的重视和关心，员工获得了公司的体贴与爱护，工作也就会更加努力。从惠普的例子我们可以看出，尊重和关心员工能使他们得到情感上的满足，这有助于激励他们努力工作。

多用鼓励性的语言

在日常工作中，管理者有很多需要下属去办理的事情，在办理过程中，难免出现失误或不足。特别是接触新的工作、试图有所创新时，更易遭受挫折。此时，出错人最需要的是领导为其打气，给予鼓励。然而，在日常工作中，往往是领导不问情况一味地批评指责，好像不批评指责就不足以对下属有所警示。其实，这更多会打击下属的积极性，下次在遇到类似工作时容易产生抵触情绪和畏首畏尾。

管理者应该更多地去鼓励自己的下属，积极引导他们去尝试新的方法、模式，在错误面前，勇于担当，和他们一起去分析错误产生的原因，找出改正方式。这远远比一味地批评效果要好得多!

“良言一句暖三冬，恶语伤人六月寒”，对于出现错误的下属，管理者要更多地去鼓励。一句鼓励的话，可以改变一个员工平时的工作观念和操作行为，甚至可以改变一个员工一生的命运；一句负面的话，可以刺伤一个员工的心灵，甚至可以毁灭一个员工的未来。

在日常工作中，许多人认为对员工最好的管理方式就是严格要求，严厉批评员工的错误。当然，对员工的严格要求是应该的，然而，严厉的批评应视情而定，并不是什么问题通过严厉的批评都会有效的。

陶行知先生是我国现代著名的教育家，被誉为“老师的老师”。他有个著名的“4 颗糖”的故事，至今仍在教育界流传。

一天，陶行知先生看到一名男学生正想用砖头砸另一个同学。陶先生立即将他制止，并要求学生去自己的办公室。

在外面了解完情况后，陶先生回到办公室，掏出第 1 颗糖递给那名男生说："这是奖励你的，因为你比我准时。"男生将信将疑地接过糖。陶先生接着又掏出第 2 颗糖："这也是奖励你的，我不让你打人，你立刻就住手了，说明你很尊重我。"陶先生随即又掏出第 3 颗糖："据了解，你打同学是因为他欺负女生，这说明你有正义感。"说到这里，男生被感动得哭了，他说："校长，我错了。同学再不对，我也不能用这种方式处理。"这时，陶先生掏出第 4 颗糖："你已经认错，再奖励你一颗。我的糖分完了，我们的谈话也结束了。"

陶行知老先生用"奖励错误"的方式轻易而有效地改变了学生的行为。

企业的中高层管理者也应该是教育家，应该时刻善于激励员工，用积极推动的方法解决问题，从而影响和改变他人。

管理一点通

在工作中，每个员工都可能会做错事或是存在不足，这并不能绝对表示他们工作的好与坏，或以此来衡量一个人的能力高低。其实每一个员工都想尽心尽力地把工作做好，无奈许多时候还是心有余而力不足，工作中依旧存在不少问题和不足之处。面对这些现象，不妨协助他们找出缺点再一起解决问题。每一个有上进心的员工都想在工作中被领导肯定，那么不妨放大他们的优点，多从鼓励员工好的方面着手，让员工在受到肯定的同时，能够主动接受批评并改进自己的缺点，这样能够更好地激起员工对工作的兴趣与主动性，也能够促进领导与员工真正意义上的和谐。

决策时要让员工参与

每个员工都希望能够得到管理者的重用，希望上级能够听取自己的意见。如果管理者忽略这一点，必定会使聪明的员工感到失望而丧失工作热情。对于一项有重大意义的任务，员工大都渴望能够参与，这确实是一个展现自己能力的机会。能力平平、不计功名的员工对这项任务看起来倒无所谓，但如果有能力有好胜心的员工希望参加却参加不了，那他就会感到非常失望，有时出于报复，还会加以破坏。有人说："一个新的计划，参与的人越多，支持的人就越多，参与人的自豪感便越高。"所以，管理者在作决策时最好让员工参与，给予他们自豪感和荣誉感。

著名的英特尔公司就善于使用被称之为"参与式决策"的决策方式。这种决策方式给员工充分的权力去参与公司的决策。事实已经证明，这一做法取得了骄人的成果。英特尔公司的上层管理者经常会与员工们公开交换意见，进行讨论并采纳各种观点，最后制定最好的解决方案。

1984 年，英特尔公司正忙于研究 386 的设计，原计划是要在设计当中加入快取记忆体，但工程部门在处理上有些困难，而公司认为快取记忆体是提升处理器性能非常重要的因素，因此坚持要求这一小组无论如何也要找出解决的方案。

这时有几位员工不同意公司决策层的见解，跑去找总裁。他们指出，由于摩托罗拉当时已经抢先推出了新的产品，所以公司应该尽可能赶快让 386 上市，以免丧失商机。如果公司坚持要加入快取记忆体，就会延误产品上市的时间，386 晶片的体积也会更大。最重要的一点是，由于过去从没有将快取记忆体放入微处理器，公司得花更多的时间去说服客户采纳，这样一来，等于给竞争对手提供更充裕的时间，去取得市场占有率。

总裁听完他们的意见后，立刻通知决策层开会讨论，最后决策层很快就采纳了这个将 386 的快取记忆体拿掉并尽快上市的建议，后来事实证明这是明智的决定。386 较原先计划更早上市，英特尔公司也因此在微处理器的竞争中，将摩托罗拉甩在了后面。

正是由于这些具有不同意见的人积极主动地参与公司的决策，细致切实地向决策层分析解释他们的理由，公司才终于做出了最正确的决定。相反，如果当时他们没有提出与上司不同的见解，这段英特尔与摩托罗拉较量的历史就要改写。

英特尔公司遇到过这样一个难题：是否要在奔腾 Pro（Professional 专业）微处理器的测试流程里增加一些步骤。于是，他们把决策前的准备分成 3 个步骤：第一个步骤是要清楚提出问题和解决问题的时间，这个问题是是否要对奔腾 Pro 的汇流排增加 4 个测试模组。第二个步骤是要找出决策者（在此例中是部门经理），还有核准者（在此例中是一位副总裁）。第三个步骤是要为决策小组找一个组织者，这个人要汇整所有相关人员的意见，包括赞成、反对、变通方案等，并做出最后建议案。准备之后，决策会议才正式召开。

做与不做之间的取舍非常困难。额外增加这 4 个测试模组可以让产品的测试更简化、更精准，但同时也会把产品上市时间拖后。通过召开决策会议，在会中提出一个可替代的折中方案：在 4 个模组中只取两组进行，而实际上它们却可以发挥原本 4 个模组大约 90%的效力，并只会延误一周的时间。这种方案的提出再一次证明，公开的讨论可以激发新的创意和思想。最后的结论很简单，部门经理决定采纳那个建议方案，以稍微的日程延误换取两个主板测试模组所能带来的效益。当批准了这个决定后，相关人员立刻付诸实践。这样的决议也因为有“民意”做基础，在实行时事半功倍。

参与制订计划的员工比没有参与的员工在工作效益和工作满足感

方面要高许多。如果只由管理者自己制订计划，而把员工视为“手脚”来使唤，就容易使员工产生消极怠工的情绪。如计划是别人制订的，只让其来实施的话，其就很容易产生脱离团队的意识。如果不仅让其去实施，而且让其参与计划制订，就能激发其极大的热情，提高工作的效率。

善于让下属勇挑重担

有些管理者喜欢挑大梁，无论大事小事都要亲自过问，这就导致管理者在时大家忙忙碌碌，管理者不在时大家无事可做、精神懒散、工作停滞不前的现象出现。为了防止这种情况的发生，管理者必须懂得发挥下属的作用，让他们学会思考和操作，给他们挑大梁的机会。

善于让下属勇挑重担，是考验管理者能力的手段，也是管理者用权的策略。如果是千斤重担一人挑，只能说这个管理者的权力欲过于膨胀，而不是什么值得称道的工作方法。如果不能够让员工感觉到自己在为企业挑着重担，就容易让他们觉得自己的工作没有价值。管理者要坚持“尊重人就得委以重任”的用人原则，有十分之才，交给十二分的重担。

东芝一向奉行重担子主义，也就是说，人的工作情况必须在工作能力之上。比如说，这个人可以拿起100公斤的东西，那么实际上就应该交给他120公斤重的东西才行。如果不赋予重任，那便是一种罪过。如果要做到尊重人，那么就应该给他重任，这样才可以激发起他的创造力。

三星集团的董事长李秉哲就是一个善于给下属重担的人。三星集团的一个社长在回忆他的一段往事时说：“还是在我担任第一毛织总务部长的时候，有一天，我突然接到一个任职令，让我到新世界百货店去当经理。实际上，那时候我还是个连在新世界百货店卖东西的经验都没有、刚从乡下来不久的人，而且又是在百货店处于经营状况不好、经营出现赤字和发生事故的时候。”而这恰恰是李秉哲的高明之处。他深知，当一个人担任某项重要职务时，往往会干出意想不到的成就来，关键是要发现这样的人才。前面提到的那位社长的经历就说明了这一点，他原来只是个无技术、无经验的来自乡下的普通社员，但是，由于他能力很强，被李秉哲发现并重用，入厂两年多就当上了第一毛织厂的厂长，不久又被接连提拔为总务部长、新世界百货店经理、社长等。

从创业时期起，李秉哲就认为，信任可以换来忠诚，信任可以激发潜能。因而，他以各种形式传达对员工的信任和关怀，并对确实有能力的员工委以重任，为其提供施展才华的舞台，三星也因此成为了世界知名企业。

管理一点通

好的领导善用员工的意见，挖掘他们的潜力，使他们发挥得淋漓尽致，而绝不是倾尽自己的才能唱“独角戏”。在楚汉相争中，刘邦没有满足于自己的长处，不认为自己的计谋超过别人，更不以为自己是军事天才，而是虚心听取奇谋妙策，让手下猛将去独当一面各自作战，任用谋臣武将之所长，为他打天下。而项羽则自恃深懂兵法，又有可拔山举鼎之能力，认为比谋臣武将都高出一等，既不听谋主计谋，对于献策也不屑一顾，有猛将也视而不见，即使任用也不信任，致使谋臣猛将离楚归汉，痛失天下。由此可以看出：刘邦的长处是善于知人用人，大胆从基层中提拔人，用众人之长成己之长；而项羽则狂妄自大，独断专行，不能用人之长而致成己之短。

一个高明的领导首先要明白一点：自己的工作是管理，而不是专制。把自己当作“监工”，往往大权独揽，把所有的员工都看成是为自己服务的，这样的领导永远也成不了好领导。优秀的管理者应对员工委以重任，大胆使用，才不会遭致下属的心理抗拒，容易使双方形成

平等、融洽的人际关系，从而创造一种良好的工作氛围，提高工作效率，这样员工不仅不会离开，还会加倍努力地工作。

帮助人才“个人发展”

在激烈的人才竞争中，企业依靠何种方式吸引和留住人才，保持目前良好的发展态势？对此，一位民营企业家镇定自信地说：给人才“奖出路”！所谓“奖出路”，就是对那些有上进心、肯吃苦、爱动脑筋又勤奋好学的人才，由企业出资送他们脱产进修。

用“奖出路”留住人才为我们展示了一种全新的人才观、用人观和管理艺术——更加注重人的主观能动性的调动和引导。相对于其他企业为吸引、激励和留住优秀人才而采取的名目繁多的嘉奖方式和手段，帮助人才“个人发展”，无疑显得棋高一着，它更容易使职工产生一种归属感和信任感，成为最具诱惑力和“杀伤力”的秘密武器。面对就业前景和市场的激烈竞争，几乎没有人不为能得到继续深造的机会，并掌握一门真正的谋生技艺而心甘情愿、兢兢业业、踏踏实实地工作。

1. 职业发展比高薪更有吸引力

留住人才不只是钱的问题。不久前，由《亚洲华尔街日报》和翰威特联合进行的“亚洲地区最佳雇主”的调查结果显示，中国员工对企业有着很高的期望值，上海的员工一直将培训和职业发展列为雇主应该提供的两种最重要的东西，其热衷程度甚至超过了对薪水和福利的渴求。

另一家知名人力资源公司光辉国际有限公司上海办公室的负责人海伦说：“他们希望自己的职场事业有所发展，更希望能被提升。如果他们看不到近期的前景，那他们就会掉头离开，另找前途。”总部设在上海的药品分销商 Pro Fex 的首席执行官菲利浦告诫说，不要为了留住人才而展开薪水战。如果某人开始考虑其他机会，那他就不会再全身心地投入，或者已经没有投入工作的感觉了。如果公司以更高薪水来挽留，这个人通常也会在 6 个月内离开。

2. 员工愿为给予培训的公司出力

美国联邦快递公司的人才似乎要幸运许多。创始人弗雷德·史密斯在创业之初就把企业精神概括为“人才至上”，所以，在同一个公司，很多人完成了从普通职员向高级经理的蜕变。每个人才每年都可以没有附加条件地获得高达 2500 美元的奖学金，其用途由人才自行选择进修与工作相关的课程。

在联邦快递公司已工作 3 年的方先生，今年刚用奖学金念完了 MBA。他坦言，之所以安心工作，就是喜欢这个奖学金制度，“很少会有老板愿意出大钱为人才的培训买单，这实在很冒风险，说不定就会给他人做嫁衣。公司这样做，人才更会心存感激、努力工作。即便今后换了工作，也不会忘记以前老板的好。”

对如此冒风险的“人性化”政策，联邦快递公司中国及太平洋地区副总裁陈嘉良用自己在其公司中近 20 年的亲身经历证明，“人才—服务—利润”的核心理念能让人才感受到，公司对他们是多么关心。以心换心，人才就会从内心感到应该把自己的工作做好、做出色。公司把人才看作自身的家庭成员，人才也会把公司看成自己的家，双方都会希望家业兴旺。但他也表示，“虽然人才非常珍视受训机会，但如果人才有更好的发展机会而选择离开，我们也会尊重他们的选择。”

管理一点通

对那些有上进心、肯吃苦、爱动脑筋又勤奋好学的人才，由企业出资送他们脱产进修，帮助其个人发展，这样既激发了员工学习、钻研业务的热情和积极性，又增强和提高了员工的理论知识水平和技能，同时也为企业培养了各种急需的人才。

营造愉悦轻松的工作氛围

无论是到世界各地的任何一间沃尔玛连锁店中，你都会感受到一种强烈的与众不同。这是长期以来形成的企业文化，是沃尔玛精神——勤恳、节俭、活跃、创新。正因为此，每一位公司成员都热爱着沃尔玛，默默地为服务顾客的事业而奉献。

长期以来，沃尔玛的企业文化使沃尔玛公司的同仁紧紧团结在一起，他们朝气蓬勃，团结友爱。下面是沃尔玛公司特有的欢呼口号，从中可以感受到一种强烈的荣誉感和责任心。

“来一个 W！来一个 W！我们就是沃尔玛！来一个 A！来一个 A！顾客第一沃尔玛！来一个 L！来一个 R！天天平价沃尔玛！我们跺跺脚！来一个 T！沃尔玛，沃尔玛！”

萨姆·沃尔顿曾经说过，“因为我们工作如此辛苦，我们在工作过程中都希望有轻松愉快的时候，使我们不用总是愁眉苦脸。这是‘工作中吹口哨’的哲学，我们不仅仅会拥有轻松的心情，而且会因此将工作做得更好。”

每当萨姆巡视商店时，他就会提高嗓门向员工们高喊公司口号，然后员工们群起响应。更有趣的是每周六早 7：30 公司工作会议开始前，萨姆会亲自带领参会的几百位高级主管、商店经理们一起欢呼口号和做阿肯色大学的拉拉队操。前总统布什夫妇亲临沃尔玛总部为萨姆颁奖时，沃尔玛的员工们也以这种欢呼口号的形式欢迎了他们。另外，在每年的股东大会、新店开幕式或某些庆祝活动中，沃尔玛员工也常常集体欢呼口号。沃尔玛的欢呼口号成了沃尔玛公司中最具号召力的话语，也是一大特色。

萨姆认为，使每个人都感到自己是沃尔玛大家庭的一员是非常重要的。在这个大家庭中，人人平等，没有谁会因拥有带头喊口号的权力而自鸣得意，更没有谁会成为被嘲笑的对象。按萨姆的理论，他认为每个人的工作都非常辛苦，如果整天绷着脸，一副表情严肃、心事重重的样子，那就更加劳累了，也无心工作。所以，必须尽量用轻松愉快的方式，来应付相关的工作、生活。这就是萨姆所谓“吹口哨工作”的哲学。

沃尔玛之所以能牢牢吸引着所有员工并使他们始终保持生气，原因就在于公司内部以各种轻松的形式使各种障碍消失得无影无踪，使彼此的交流更加融洽。这种充满愉悦的工作氛围，使沃尔玛的员工和领导之间倍感亲切，在增添工作、生活乐趣的同时也培养了团队意识。

打破陈规和单调的生活，让工作变得更轻松有趣，也是让员工快乐工作的一种高明之举。

管理一点通

谁都不愿意在这样的工作氛围中工作：一干活就出错，一出错就被指责；大事小事都要请示；办公环境乱七八糟；周围净是聊天、打私人电话、吵架、不干活的人；团队成员相互拆台、不负责任；人际关系复杂；上司总是板着脸。谁都愿意在这样的工作氛围中工作：宽松和谐自由的气氛；办公室整洁温馨；团队成员相互帮助、精诚合作；人际关系简单明了；敢于尝试，不会受到指责；微小的进步和成绩都会获得上司和同事的认可和赏识。因此，创造一个良好的工作氛围是管理者日常管理中的一项重要工作。

增强员工对企业的归属感

提起员工对企业的归属感，多数企业决策人认为通过加工资、提高福利待遇、给员工培训等方式就能增强员工的归属感。究竟是不是这样，效果如何，那便是仁者见仁，智者见智了！当然，这些努力肯定能起到一定的作用，但多数只是治标不治本。

有家连锁企业麦德龙开业后，很多员工纷纷跳槽到麦德龙，于是这个老总去麦德龙市场调查，发现自己原来的员工在公司表现一般，但在麦德龙就像换了一个人似的，努力拼命地工作。而且，麦德龙的待遇并不比以前好。

从这一案例可以看出，员工的归属感会因为工作环境的变化而变化，与收入和待遇没有根本的关系。

因此，要增强员工对企业的归属感，就要使员工在思想上、心理上、感情上对企业产生认同感、公平感和安全感。归属感一旦形成，将会使员工产生自我约束力和强烈的责任感，最终产生投桃报李的效应。

员工的归属感对企业的发展尤为重要，能否使员工产生归属感，是赢得员工忠诚，增强企业凝聚力和竞争力的根本所在。员工的归属感不仅仅是一种满意度，往深层挖掘，它更是一种集体意识、团队协作精神、个人能动性的体现，是员工价值观和企业价值观的高度统一。

只有员工的个人价值观和企业的价值观得到了某种程度的统一，才能真正地融入大集体中，以企业的目标为自己的目标，企业的利益为自己行动的导向，这样的员工势必会在企业中发挥自己最大的能量。当企业遇到困难的时候，有归属感的员工会与企业共进退，会尽自己最大的力量帮助企业渡过难关。而对企业欠缺信任的员工，就不可能投入热情，工作的实力就不会被激发，结果工作只能是“做完”而不是“完成”。

微软特别注重员工归属感的培养，每一个新进入微软公司的员工，第一项任务就是要在人事部门的安排下接受为期一个月的封闭培训。培训的目的很明确，就是将这些新人真正转化为微软人。以如何接电话为例，微软有专门的手册指导，技术支持人员拿起电话，第一句话肯定是：“你好，微软公司！”

关于接电话，在微软公司内部流传着一个经典案例：一次，微软全球技术中心举行庆祝会，员工们集中住在一家宾馆。深夜，因为某项活动安排临时发生变化，庆祝会的组织者只得逐个房间打电话通知。第二天，她惊奇地告诉大家：“你们知道吗？我打了60个电话，起码有50个电话的第一句是‘你好，微软公司’。”

同样的事情也发生在中国海尔身上。在海尔集团，当别人问海尔员工，你是河南人吗？他肯定会说：“不，我是海尔人。”同时，他还会补充：“你知道为什么我说是海尔人吗？因为打从我进入海尔的那一天起，我就叫海尔。”

无论是微软，还是海尔，都让员工对公司有一种认同感、归属感。试想，这样的员工，把公司当作自己的家，把同事当作自己的家人，怎么会不努力工作？

员工的归属感一旦形成，不仅能加深对企业的认同，而且会对企业产生强烈的责任感和信任感，形成一种“主人翁”精神，潜意识中就把自己融入到整体中去，发挥自己的全部能量为企业创造最高的价值。

如果想让员工对企业有归属感，成为企业的主人，企业本身至少要做到如下五个方面的工作：

(1) 让员工的付出能得到相应的回报：即员工通过自己的努力工作能拿到比较满意或比同行较高的薪金待遇。

(2) 让员工能在企业里得到关心和尊重，福利待遇较好：员工在日常工作和生活中能得到上级或老板的关心与尊重，如食宿条件和工作条件优越，员工提出的合理化建议能被采纳、肯定。

(3) 让员工能因在本企业就职而自豪：即本企业在同行业中知名度较高或

具有极强的创造力、发展潜力，企业成长壮大较快。

（4）让员工在本企业就职能感觉到自己有发展前途：即员工的职业发展能得到企业管理层和老板的重视，有能力的员工希望能被提拔重用，企业要给予相应的指导与帮助，并为其提供宽广的展示能力的平台，帮助其实现成长的愿望。

（5）让员工感受到管理层的诚信：管理层和老板在对待任何员工任何事情上，都要做到公正、公平、合理，对员工要一诺千金。

当公司能做到以上五项时，相信员工一定会尽心尽力地工作，以最饱满的热情开展工作，视企业为家，并在工作中享受快乐，在快乐中工作，员工的主人翁精神会被他们用持久的有声有色的实际行动来做出完美的诠释。

★★★★★★★★★★★★★★★★★★★★★★★★★★★

管理一点通

德鲁克说："个人与企业的价值观不需要完全一致，但一定要接近到足以共存，否则，个人不但会无法做出成绩，还会有挫败感。"德鲁克认为，组织与人一样，都必须有价值观。在一个组织里，个人价值观与组织价值观如不兼容，这个人注定要遭遇挫折与失败。

著名企业家李嘉诚说："作为一个司令，你不需要去管实际操作，你只要懂得运用战略。管理之道最简单的是知人善任，但是先决条件则是要令下属对公司有归属感，让他先喜欢你。"

归属感，说白了就是员工在思想上、心理上、感情上对企业产生的认同感、公平感和安全感。归属感一旦形成，将会使员工产生自我约束力和强烈的责任感，最终产生投桃报李的效应。

扬长避短是用人的基本策略

有句名言说：“不想当元帅的士兵不是好士兵”。一些公司在奖励“好士兵”时往往将其晋升到领导岗位上，鼓励其当“元帅”。殊不知，“好士兵”未必能成“好元帅”，如此的激励没准“捧杀”了无数的“好士兵”。

小王是某企业车间的技术革新能手，十几年来为国家节省资金几百万元，其事迹被媒体宣传后，本人被评为全国劳模，还被破格晋升为公司副总经理。可是，他既不谙熟公司整体业务，又缺乏领导和管理能力，员工向他请示工作时他总是这么几句话：“你们看着办吧”、“请示某某领导再说”。这样的批示使下面难办，他自己也感到别扭，苦恼于有劲使不出。后来他要求重操旧业，被批准后仍干得有声有色，并又有多项发明申请国家专利。

坚车能载重，渡河不如舟；骏马能历险，犁田不如牛。“好士兵”与“好元帅”是术业有专攻，只有各就各位、各展其长，“龙归大海虎归山”，才能显现管理之精妙、组织之高效。

扬长避短是用人的基本方略，其重点在于扬长。因为人的长处决定一个人的价值，扬长不仅可以避短、抑短、补短，而且能够强化人的才干和能力，并使其不断成长和发展。用人者就要根据人的特长领域区别任用，以便发挥其长，抑制其短。

清人申居郧曾说过：“人才各有所宜，用得其宜，则才著；用非其宜，则才晦。”其意说，人的才能各不相同，用其所长，就能充分发挥作用；用非所长，就会埋没才能。此话很有道理，人在知识和技能方面的特长具有明显的领域性，一旦离开适应的领域来到不适应的领域，这些知识和技能上的特长就可能变得毫无意义。

因此，用人时，在工作领域和人的特长二者中，应把考虑的重点放在人的特长这一方，要因人而用，不要唯用责人，更不要削足适履，人为地强求他人改变或放弃自身特长，勉强地适应工作。

★★★★★★★★★★★★★★★★★★★★★★★★★★★★

管理一点通

“不想当元帅的士兵不是好士兵。”一些公司在奖励“好士兵”时，往往将其晋升，鼓励其当“元帅”。殊不知，好士兵未必能成为好元帅，术业有专攻，只有各就各位，“龙归大海虎归山”，才能显示出管理之精妙、组织之高效。

第十章

情感激励，实施恰当的情感诱导

员工的情感是一种亟待开发的人力资源。情感对员工的工作积极性以及人际关系、工作绩效具有重要的影响。现代企业领导都非常关注员工情感上的细微变化，实施恰当的感情诱导，积极满足其情感需求，从而增强企业的亲和力。

要懂得关心体贴员工

激发下属的干劲并不难，大量的金钱和优厚的待遇固然能打动员工，但有时一句关怀备至的话，一种深情的体贴与关怀，就能深深打动员工的心，能够使其拼命为你工作，而且是心甘情愿地为你卖命。

一家电视公司录用了一位颇有干劲的青年。他一上任便一头钻进实验室，整整干了一个星期。在工作最紧张的时候，这个年轻人一连 40 多个小时没有离开实验台，连吃的东西都是请人送去的。工作告一段落后，这个年轻人累极了，在床上睡了一天一夜，当他醒来时，整个人都好像老了许多。

此情此景把公司的总裁深深地感动了，他拉着年轻人的手说："要是你再不改变一下工作方式，我就要停止新产品的研制工作。"

"为什么？"年轻人一听要停止研究工作，心里不免有些紧张。

"因为像你这样不分昼夜地工作，不等新产品问世人就垮了。我宁愿不做这种生意，也不能赔上你这条命。"

总裁的话让年轻人感动万分，他激动地说："不会的，凡从事这种研究的人都是这样工作的，很难改变。"

总裁有些伤感地说："是的，搞研究的人少有长寿者，但我希望你能节约一点。虽然我们相处的时间不长，可我知道你是竭尽全力地干这项工作。你的心意我领了，就是研究不成功，我也不会怪你。"

总裁的一番肺腑之言深深地打动了年轻人。他不再是为了工资、为了个人吃饭而工作，而是把研制新产品当作自己和公司的共同事业，怀着一种士为知己者死的心情以一当十、夜以继日地工作着。不到半年时间，年轻人就把手中的新产品研制成功了，为公司赚取了巨额利润。

★★★★★★★★★★★★★★★★★★★★★★★★★★★★

管理一点通

对员工的长处和优点表示欣赏和肯定，仅凭口头上几句赞美之词是不够的，还要真正地关心和体贴，让员工觉得受到了尊重和爱护，觉得自己在领导心目中一直都是一个重要角色，这样才能激励员工工更加努力，同时对领导也更加尊重。

多用“温暖”法则

“温暖”法则也叫作“南风”法则，它来源于法国作家拉·封丹写的一则寓言，它告诉我们：温暖胜于严寒。运用到管理实践中，南风法则要求管理者要尊重和关心下属，时刻以下属为本，多点“人情味”，多注意解决下属日常生活中的实际困难，使下属真正感受到管理者给予的温暖。这样，下属出于感激就会更加努力积极地为企业工作，维护企业利益。

在使用南风法则上，日本企业的做法最引人关注。在日本，几乎所有公司都很注重人情味和感情的投入，给予员工家庭般的情感抚慰。

在《日本工业的秘密》一书中，作者总结日本企业高经济效益的原因时指出：日本的企业仿佛就是一个大家庭，甚至是一个娱乐场所。日本企业所追求的正是这样一种境界。日本著名企业家岛川三部曾自豪地说：“我经营管理的最大本领就是把工作家庭化和娱乐化。”

而索尼公司董事长盛田昭夫也说："一个日本公司最主要的使命是培养它同雇员之间的关系，在公司创造一种家庭式情感，即经理人员和所有雇员同甘苦、共命运的情感。"

日本企业内部管理制度非常严格，但与此同时，日本企业家深谙刚柔相济的道理。他们一方面严格执行管理制度，另一方面又最大限度地做到尊重、善待员工，并且关心体贴员工的生活。如：记住每一个员工的生日，关心他们的婚丧嫁娶，促进他们的成长和人格完善等。这种关心和善待不仅针对员工本人，还经常惠及员工的家属，使家属也感受到企业这个大家庭的温暖，从而彻底使员工无后顾之忧，能够全心全意地为企业工作。

此外，日本大企业普遍实行内部福利制，让员工享受尽可能多的福利和服务，使其感受到企业大家庭所提供的温情和照顾。因此在日本员工看来，企业不仅是靠劳动领取工资的场所，还是满足自己各种需要的温暖大家庭；企业和员工结成的不仅仅是利益共同体，还是情感共同体。所以，为企业工作变成了为自己的家庭工作，也是为自己工作，自然心甘情愿，毫无保留。

管理者应该认识到，相对于始终有限的物质激励来说，情感上的激励和得到的回报是发自内心的，是真诚的，也是无限的。

日本三多利公司董事长岛井信治郎对属下要求十分严格，部下们都十分敬畏他，但私下的他却是一位对部下呵护备至的"父亲"。一天，岛井无意中听到店员抱怨说："我们的房间里有臭虫，害得我们睡不好！"于是夜半时分，店里员工都睡着后，他悄悄地拿着蜡烛，从房间柱子的裂缝里以及柜子间的空隙中抓臭虫。公司一名员工的父亲去世后，他带着公司同仁前去致意，并亲自在签到处向前来拜祭的人一一磕头。事后这名员工回忆说："当时我感动不已，从那时起就下定决心，为了老板即使牺牲性命也在所不惜。"

注重人情味和感情投入，是一种感情投资，也是一种管理手段。对员工而言，除了基本的物质需要外，还有获得情感的关怀和激励的要求。满足员工的情感需要，需要管理者通过一些手段(沟通、鼓励、关怀、赞美等)来传

达管理者的诚挚感情，增强管理者与员工之间的情感联系和思想沟通，形成融洽的工作氛围，更好地实现管理的目的，让员工真正做到自动自发地为公司工作。

管理者只有满足了员工的情感需要，才能真正增强凝聚力和提高生产效率，让员工在工作中感到快乐。

★★★★★★★★★★★★★★★★★★★★★★★★★★★

管理一点通

温暖胜于严寒。管理者要尊重和关心下属，注重人情味和感情投入。对员工而言，除了基本的物质需要外，还有获得情感的关怀和激励的要求。管理者只有满足了员工的情感需要，才能真正增强凝聚力和提高生产效率，让员工在工作中感到快乐，进而更加努力地工作。

让他们感到愿意为你做事

美国跨国计算机公司首席执行官兼总裁温白克说：“一定要爱护你的员工，把你的心拿出来给他们看，要心心相印。作为领导者，你不能命令他们，你一定要让他们心甘情愿为你做事。”

这位被称为世界级的管理大师道出了人性化管理的精髓。

对于一个企业来说，最为重要的财产不是资金，也不是厂房设备，而是拥有忠心耿耿、精诚团结、自动自发工作的员工。所有的财富都是由人创造出来的，机器设备只有在人的运用之下才可能创造出“奇迹”。

作为管理者，你最大的财富是你的员工。要成为一个成功的管理者，当人们越来越执迷于追求充足的资金、先进的设备的时候，你最需要做的就是用真诚的情感打动员工，激励他们心悦诚服地为你工作。那么，怎样用真诚的情感打动员工呢？

1. 关心员工，解决员工的后顾之忧

管理者要善于摸情况，对于员工，尤其是生活较困难员工的个人、家庭情况要心中有数，时时给他们以安慰、鼓励和帮助。特别是要把握一些重要时机，如员工出差了，你就要考虑是否要帮助安排好其家属子女的生活，必要的时候要派专人负责。员工或其家人生病了要及时探望，批假或适当减轻其工作负荷。不要认为这些都是小事情就不加重视。

如果员工家庭遭受了不幸，管理者要予以救济缓解燃眉之急。在员工遇到灾难时，管理者不仅要自己关心施爱，而且还要发动大家给予帮助，解除员工的后顾之忧。这样做不仅受关心者本人会感激不尽，生死效力，还会感染周围的人，有利于集体的团结。一个优秀的管理者，不仅要善于使用员工，更要善于通过替员工排忧解难来唤起他内在的工作主动性，要替他解决后顾之忧，让他集中精力、全力以赴地投入到工作中。员工没有了后顾之忧，就能全心全意地投入到工作当中。

2. 要按时发放奖金

如果在哪个季度员工超额完成了任务，或者某项工作完成得特别出色，你可以考虑改变一下奖金的数额或者是发放形式，这会令员工觉得你很体贴他们，从而更加努力地工作。

3. 经常给他们一些惊喜

有时循规蹈矩、一成不变的工作难免让人感到厌倦，要提高工作效率就得善于调动员工的情绪，并激励这种情绪使之维持下去。其方法就是经常制造一些令人兴奋的事情，给员工一些惊喜。比如：在大家同心协力完成某项工作后，除了发给员工你所承诺的奖金外，是否还可以考虑办个小型庆祝会？买些饮料和糕点，与员工在一起相互说些鼓励和祝贺的话，这更容易沟通双方的情感，

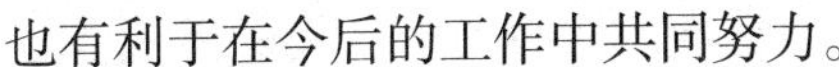

也有利于在今后的工作中共同努力。

★ ★

管理一点通

一家企业要成功，关键是一定要爱护员工，以人为本，并帮助他们，否则他们也不会帮助企业。对待员工一定要诚实，要有一致性，不能朝令夕改，一定要以真心对待他们，只有这样，他们才会跟你走，为你努力。

多参与下属之间的活动

一个好的领导，应该多参与下属之间的活动，与下属们一起娱乐，借此提升自己的亲和力，这样才能更好地抓住下属的心，才能得到更多员工的支持和拥护。就算是平时不苟言笑的领导，在这时也要放下领导的架子，放松自己，如果身体条件许可，不妨穿上运动服，与你的员工、同事们并肩战斗或同场竞技。这些都是促进与员工、同事合作交流的好方法。

即使你不能上场，也要搞好组织规划，为运动员们提供各种便利条件，以表示你对他们、对这项活动的关心。不要忘了，真诚地称赞那些取胜的员工，称赞他们为公司赢得了荣誉；也不要忘了鼓励那些未取胜的员工，称赞他们奋力拼搏的精神。这样，他们就会感觉到你在真心关心着他们，时刻跟他们在一起。

此外，你还可以亲自出面组织一些小活动。例如，逢年过节的时候，你可以别出心裁，举行一次书画展或时装表演；或者出面为某个员工庆祝生日，组织一个生日 Party；你还可以宴请员工，对他们长期的合作与支持表示感谢。只要在这些小活动中能让大家玩得高兴，放得开，就能收到好效果。当然，这些小活动中不要再附加其他目的，工作上的事情最好等到开会的时候再说。

一旦领导与下属产生某种共同的兴趣，下属的思想感情就会很自然地向领导靠拢，也能使上下级的关系变得更加亲近。

平时工作再忙，也能够找到许多“与民同乐”的机会，比如，公司为庆祝节日而举办联欢晚会，或者公司为对外宣传而进行对外演出等。对于这样的大好机会，作为领导千万不要放过，一定要积极参与其中，与你的下属一起娱乐。此时，你要把自己当作他们之中的普通一员，着眼于活动本身，这样才能达到真正的快乐、放松。

不妨把一切公务抛开，全身心投入到活动中去。切忌以严肃的领导身份参与，让大家感到好似受到一种无形的监督与控制，这样，聚会的气氛可能会被淡化。就算是非常喜庆的日子，大家在你面前也都紧绷着，快乐不起来，这样你会给大家留下不好的印象。

如果领导与下属在一起时，除了分派任务就是检查工作，那么下属就会把领导视为警察与监工。有哪位领导希望自己的形象在下属眼中是如此的可怕呢？因此，高明的领导会放下身段，把下属当作合作的伙伴而不是雇员，将自己的快乐与他们分享，或者分享他们的快乐。在这样的氛围里，还有哪位员工会偷懒、懈怠呢？

管理一点通

与下属同乐体现的是领导抓住人心的智慧。管理者若是能够放下身段与下属同乐，不仅可以使下属从中享受到业余时间的快乐，还能使下属感受到平等的待遇和被重视的愉悦，更好地激发出工作热情，从而将工作做得更加出色。

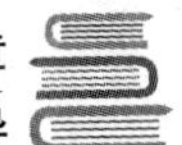

与员工多接触多交流

一般来说，同事之间很快就能形成亲密友好的关系，这是因为他们常常见面、接触，增进彼此间了解的机会较多。因此，人与人之间需要经常互通信息，互相交流，才能保持良好的关系。作为管理者，若想与员工建立良好的人际关系，协调彼此之间的工作摩擦，在企业、部门创造一个良好的大家庭氛围，就必须增加与员工交流的机会。多与员工接触，就可以了解他们的喜怒哀乐，他们的所思、所为、所急，这对于自身工作的开展是必不可少的。

工作中通过协商与沟通，各方面的利益可以得到协调，同时，可以消除分歧，达成共识，理顺利益关系，并可使员工献计献策、集思广益，确保工作的顺利完成。

管理中的交流与沟通是经常的、大量的工作，可以说天天都能遇到。作为管理者，应尽可能地同下属多交流，员工们知道得越多，理解就越深，对事物也就越关心。

美国通用电气公司的总裁杰克·韦尔奇就曾坦言道："并不是说通用电气的人聪明，而是因为我们都有一个信念——员工是唯一的，企业的领导应花更多的精力在下属们的身上，而不是考察财务数据。只在年报中写几句感谢的话是不够的，企业的领导人必须走到下属们中去，征求一下他们的想法和意见，让每个人都知道自己在公司中的位置和绩效。企业领导人应当身体力行地去做。"

多与员工沟通交流，才能知道他们在想什么，才能更好地抓住下属的心，让他们做出成绩来。因此，公司的高层们要放下自己的架子，多跟员工交流，了解他们所想与所需。这样可以拉进与员工心理上的距离，员工就会把他们的所思所想跟你说，而不是为了迎合你而说一些经过加工的信息，因为人往往都有一种“报喜不报忧”的心理。公司还可以定期举行一些PARTY，说是PARTY，其实是提供一个能让员工进行交流的场所。让员工感受其温暖，就会为公司更卖力地去做事。

管理一点通

管理者把钱花在两个人身上永远是对的：一是消费者，二是员工。你的品牌能做多久，就看消费者脸上的笑容；企业能走多远，就看你的员工及他们在这里工作生活的感受。可见，多与员工沟通，对企业至关重要。要深入基层员工，与员工多沟通、多交往，了解员工的思想动态，建立一种和谐平等的关系，创建一个可以让员工以企业为家的归属感，提高企业的凝聚力和向心力。

真情实意深入人心

人是需要激励的，而激励的方式有多种多样，物质激励只是其中之一，但真正长久而深入人心的，往往是情感的激励。“感人心者，莫过于情”，情感激励能够充分体现领导者对下属的重视、信任、关爱之情。

相信大家都看过《三国演义》，刘备之所以能够三分天下占其一，就在于他用人之时重在一个“情”字。以情感人，可以说是刘备的一绝。

刚开始的时候，徐庶替刘备运筹帷幄，连打两次胜仗，曹操就想着如何把徐庶挖走。刘备当然不干，但他并没有听别人的意见死留徐庶不放，好让曹操把徐母杀了，以便徐庶死心塌地地帮助自己对付曹操，而是一路流泪送徐庶。徐庶大受感动，于是向刘备推荐了比自己更胜一筹的诸葛亮。刘备的江山之所以越坐越稳，主要就是因为刘备擅长以情动人，使部下心甘情愿为他去打天下。

当然，刘备一生最为人所称道的事情还是三顾茅庐。刘备不顾风雪，诚心诚意地三次来到茅庐请诸葛亮出山，并且对诸葛亮的态度也很恭敬。最终诸葛亮被刘备的诚意打动，答应了刘备，给他提出了《隆中对》，奠定了刘备的立国纲领，指明了刘备事业奋斗的方向。刘备对诸葛亮除了亲自“请之”，自己“以师事之”，还教育关羽、张飞等一班手下对其“敬之”，让刘后主“以相父呼之”。刘备临终之时还叮嘱诸葛亮，倘若刘禅不成器，还可以取而代之。如此用情良苦，也难怪诸葛亮要鞠躬尽瘁、死而后已了。

最能打动人心的，莫过于真情了。情感具有极大的激励作用，是人的行为最直接的一种激励因素。上下级之间感情融洽，是一种比什么都重要的巨大力量，这对于领导者做好工作十分重要。如果领导者能自觉地运用情感，那么，其自身就自然会涌动起感情的力量，并用以动员、感染、影响周围的人们，形成巨大的推动力。

★★★★★★★★★★★★★★★★★★★★★★★★★★★

管理一点通

最能打动人心的，莫过于真情了。付出真情实意是领导者做好工作、管好下属非常重要的手段之一。如果领导者能自觉地运用感情去动员、感染、影响下属，就能对公司的发展形成巨大的推动力。

时刻真情关怀下属

素有“经营之神”之称的松下幸之助有一次在一家餐厅招待客人，一行6人都点了牛排。等6个人都吃完主餐，松下让助理去请烹调牛排的主厨过来，他还特别强调：“不要找经理，找主厨。”助理注意到，松下的牛排只吃了一半，心想一会的场面可能会很尴尬。主厨来时很紧张，因为他知道请自己的客人来头很大。“是不是牛排有什么问题?”主厨紧张地问。

“烹调牛排，对你已不成问题。”松下说，“但是我只能吃一半。原因不在于厨艺，牛排真的很好吃，你是位非常出色的厨师，但我已80岁了，胃口大不如前。”主厨与其他5位用餐者困惑得面面相觑，大家过了好一会才明白是怎么回事。“我想当面和你谈，是因为我担心，当你看到只吃了一半的牛排被送回厨房时，心里会难过。”如果你是那位主厨，听到松下先生的如此说明，会有什么感受？是不是觉得备受尊重？客人在旁听见松下如此说，更佩服松下的人格并更喜欢与他做生意了。

时刻真情关怀部属感受的领导，必定会充分捕获部属的心，并让部属心甘情愿为自己赴汤蹈火。因为对别人表示关心和善意，比任何礼物都能产生更多的效果。

爱护别人的人，别人会爱护他；尊敬别人的人，别人会尊敬他。可见，爱护别人就是爱护自己，帮助别人就是帮助自己，成就别人就是成就自己。

上司对下属要多些仁爱。我们说领导要身先士卒，但更多地应该是和员工在一起，大家是平等的，要真正关心他们的成长，为他们争取福利。关怀和奖

励的方式有很多种，当下属辛勤工作时，，哪怕你说一句“兄弟你辛苦了”，也是一种奖励，说明你怀有一颗仁爱之心，都会让对方感受到心灵的温暖。

希望获得别人帮助的人，首先要帮助别人，吃亏在前，享受在后。树立了牺牲自己来为家庭服务、为朋友服务、为社会服务、为民族服务、为国家服务、为全天下服务的人生观，就必然使自己的思想意识在行动上表现出来，并将这个行动转化为日常生活中的习惯、准则，久而久之，为别人服务的行为就会出于自然、发于至诚，像天赋本能一样。

“无我”是得人的本体，利人是得人的实用，有“无我”的世界观，才能达到舍己为人的境界，很少有“有我”而能舍己为人的人，很少有不帮助别人而能得到别人帮助的人。释迦牟尼佛的“慈航普度”，耶稣基督的“博爱救人”，孔子的“仁德仁政”，老子的“去私无事”，这些集天地之大成者的观点和出发点都大同小异，殊途同归，都是希望这个社会是一个充满爱心的社会，希望领导是一位乐于为别人奉献的领导。

★★★★★★★★★★★★★★★★★★★★★★★★★★★

管理一点通

管理者的职责是做好管理工作，提高下属的工作效率，实现工作目标。要想工作开展得顺利，往往需要讲究方式方法，其中关爱下属不失为较好的管理方法。

每个人都是情感动物，调动、发挥人的情感，在工作中会带来巨大的动力。权力不能调动情感，关爱会有效果，因此在实际管理中应当注重情感的力量。

注重员工的切身利益

一个企业的命运其实是掌握在一线下属、员工手里的。不同的企业可以卖相同的产品，但管理的下属却可能差别很远。企业可以咨询专家来为其规划企业未来的战略，但是，如果下属不能贯彻执行，所有的战略都是零价值的。

企业唯一的核心竞争力和差异化因素，其实就是一群以工作为乐趣的高素质员工，而获得并留住这些员工，最终激发他们的工作热忱，靠的只能是管理者“员工的利益高于一切”的理念。

出色的领导都会重视对下属未来的规划，其实，这也关系到下属的切身利益。千万别以为你需要的只是下属的一双手，哪怕他真的只是工人，这双手也是由一个有思维的大脑所支配的。在知识经济的年代，恐怕这个大脑对公司的冷暖感受更为真切。在一个毫无前途的公司工作，下属只会越来越消极怠工。领导并不是只给自己的下属升职、发工资，而要重视下属的职业规划，这些规划也许是让下属参与合适的培训，也许是让下属在不同部门中找到适合自己并喜欢的位置。这些其实并不难，做与不做的区别就在于领导是否真的以下属的利益为第一。

假如你的下属在一个不快乐的环境下工作，那么他所关注的就不再会是自己的客户，而是花时间应付公司的纠纷、小道消息和发泄被领导压制的不快。而出色的领导正是要提供给下属一个快乐的环境，让他们把所有的忧虑都留给公司，而把所有的精力都留给工作。

早在十几年前的一个冬天，当时菲利普斯(中国)公司在西江的作业平台之上，一名中国焊工在下油管时不慎砸断了右手指。此消息很快传到了菲利普斯(中国)公司总部，公司领导当即决定租用一架直升机将这名受伤的焊工送进了医院，为这名受伤员工的手指再植赢得了宝贵的时间——手指终于保住了。这件事不但感动了这名员工本人，也感动了公司的所有员工。

在菲利普斯（中国)公司，领导把员工看作公司最大的财富，员工的利益更是至高无上的，这里的每一个员工都有权拒绝危害自己或他人的工作。如果员工们加班到晚上七点以后，就必须打车回家，否则将被视为危险的举动。在这里，为了保证人员和生产的安全，每个员工都有权力随时停止生产。3 年以后，还是西江的钻井平台上，当时的司钻员发现第二层甲板发电机房出现明火，就立即切断电源，生产因此停止了两个小时，令公司损失了近 30 万美金，而他却得到了提拔。

关爱下属，关注下属的利益要求并满足他，是得到员工拥护的关键，也是企业健康发展的关键。当领导真正考虑到“下属的利益高于一切”的时候，你的下属就会忠心不二地跟着你走，尽自己最大的努力为公司谋得利益。

★★★★★★★★★★★★★★★★★★★★★★★★★★★★

管理一点通

关爱员工，在利他中利己，让员工先赢，企业就会发掘出利益上的蓝海领域（未知的市场空间)。关爱员工是任何其他管理措施和激励措施所无法比拟的，也是回报最丰厚的激励手段。管理者要关注下属的利益，学会在利他中利己。为员工谋幸福是目的，也是手段，同时更是对员工最大的激励。

给予下属真诚的安慰和鼓励

有些领导往往只看到了那些少数成功的下属，毫不吝啬地将自己所能想到的溢美之词全部赠送给他们，但是，对于大多数曾经辛勤工作并付出的“失败者”，领导却未加重视，甚至忽略了他们的存在。

身在职场打拼，有太多的崎岖和不平，当下属在黑暗的包围中泪流满面时，高明的领导要给予他真诚的安慰和温暖的鼓励。

福特是美国石油大王洛克菲勒的好朋友，也是帮助后者创建石油公司的伙伴之一。但有一次，洛克菲勒与福特合资经商，福特投资巨大而惨遭失败，损失惨重，这使福特心里很过意不去，甚至在街上看见洛克菲勒时都觉得没脸打招呼。后来，福特找到洛克菲勒，主动解释说：“太对不起了，那实在是一次极大的损失，我们损失了大约……”想不到洛克菲勒若无其事地回答道：“啊，我们能做到那样已经难能可贵了，这全靠你处理得当，使我们保存了剩余的60%，这完全出乎我的意料，我应该为你鼓掌才是!”这让福特十分感动。

有谁能在成功的道路上永远一帆风顺呢？人生在世，谁都会遭遇挫折、伤痛、懊恼、泪水等，跌倒了，就要鼓起勇气爬起来，但这说起来很简单，真正做起来却非常不容易，尤其是当周围是一片冷嘲热讽的时候，谁又能够依然潇洒地爬起来呢？倘若这时耳边响起了领导的掌声，即使这声音是那么的单薄，恐怕下属也会知道该怎样去面对失败。这份善意的价值远远大于金钱和任何物质上的东西。

给失意的下属一点鼓励，虽然没有鲜花亮丽，也没有太阳夺目，但它却能

像一滴甘露，滋润下属的心田。给失意的下属一点鼓励，就如保护一株风雨中的幼苗，守护黑暗中的一点烛光，呵护绝望时的一线生机。

对于失败的下属，请多给予一些掌声吧。

★★★★★★★★★★★★★★★★★★★★★★★★★★★★

管理一点通

多给下属一点鼓励，尤其是当他们遇到困难或是遭遇挫折的时候，这比责骂和否定更能让人奋发图强。当他在你的鼓励和帮助下获得成长时，他会感激你，信任你，更会支持团队的工作，团队力量自然而然也就发挥出来了。

以宽容的胸襟善待下属

作为上级，只有和下级搞好关系，赢得下级的拥戴，才能调动下级的积极性，从而促使他们尽心尽力地工作。俗话说：将心比心，你想要别人怎样对待你，那么你就要先怎样对待别人，只有先付出爱和真情，才能收到一呼百应的效果。因此，付出一份宽容，收获十份真诚，当领导者用宽容之心对待下属时，就能激发下属的潜能，并能赢得下属的忠心和拥护。

三国时期，诸侯割据称雄，各种势力长期混战，力量此消彼长。曹操在这个过程中逐渐强大起来，成为唯一能和袁绍相抗衡的力量。不过在最初，袁绍的实力比曹操大得多，曹操手下的不少谋士都与袁绍有书信上的秘密往来，因为他们害怕曹操被袁绍兼并以后自己没有退身之路。

官渡之战结束后，在清理战利品时，曹军从袁军大营里缴获了一大摞书信，都是曹操的部下写给袁绍的密件，那些写了信的人见秘密即将败露，一个个胆战心惊，不知如何是好。正当众人紧张万分之际，曹操却当着众人的面，把那些信全部烧掉了，并对他们说："过去的就让它过去吧。以前我们就像是鸡蛋，而袁军就像是石头，我也在为自己的退路担心，我的属下这么做，我完全能够理解。"

那些提心吊胆的人见曹操如此宽容，又目睹那一大摞书信在烈火中化为灰烬，个个如释重负，感到空前的轻松，同时都流下了感激的泪水。那些给袁绍写过信的人从此成了曹操忠实的谋士，他们争相出谋划策，为曹操的称霸贡献了自己的力量。

曹操在其领导生涯早期，为了笼络人心，对于前来投奔的人，采取了比较宽容的态度。刘备曾先后两次投奔曹操，虽然都不过是"勉从虎穴暂栖身"的权宜之计，曹操也并非没有看出这一点，但他却能自始至终给予厚待，可以说是恩礼有加。其谋士不止一次劝曹操剪除刘备，以绝后患，都被曹操拒绝了。虎将关羽被曹操捉住后，曹操同样礼之甚厚。得知关羽肯定要离开自己的消息后，仍然厚加赏赐。关羽逃走，诸将要求前去追击，曹操也没有同意。

一个政治家，如果鼠目寸光，鸡肠小肚，不能容人，那是绝对办不成大事的。曹操对这一点是非常清楚的，特别是在他开创事业的初期，更特别注意这一点。他总是力图树立起诚信宽厚的形象，以赢得天下舆论的同情、理解和赞许，从而不断壮大自己的势力。在那个君择臣、臣亦择君的动乱年代，曹操这么做，取得了明显的效果。

对下属刻薄，就有可能遭来报复。

张飞是刘备帐下一员大将，他在阆中镇守时，得知结义兄弟败走麦城而被害的消息后，日夜痛哭。许多将领纷纷以酒劝解，张飞甚爱饮酒，醉酒后，怒火烧得更旺，对手下的士兵，稍有过失他就拳打脚踢，士兵受伤者轻则残废，重则死亡。

刘备知道后，劝他宽厚一些，否则早晚会惹祸上身，张飞却充耳不闻。

一日，张飞令军中三日内置办白旗白甲，全体军士四日后挂孝攻吴。第二

天，范疆、张达二人进帐禀报：三军挂孝，数量太多，一时难以备齐，须宽限几日。张飞大怒道："我急着报仇雪恨，恨不得明天就进军东吴，你们竟敢违令，罪不可赦。"当下命令武士鞭打二人各50军棍。打完之后，张飞手指二人说："白旗白甲明天全部交上，不然，将你们斩首示众。"

回营后，范疆说："今日受了刑罚，如何筹办白旗白甲？张飞性暴如火，明天若交不出货，你我都会被杀。"张达沉思片刻，说："与其他杀我，不如我杀他。"范疆说："只有这样了。"

当天晚上，张飞又喝得酩酊大醉，躺在帐中呼呼大睡。初更时分，范疆、张达二人各怀利刃潜入帐中，将张飞杀死后，逃到东吴去了。张飞至死都不知道自己死于何人之手。

子张向孔子请教仁者的含义，孔子说："能够处处实行五种品德，就是仁者了。"子张问是哪五种。孔子说："庄重、宽厚、诚实、勤敏、慈惠。庄重就不致遭受侮辱，宽厚就能得到众人的拥护，诚实就能得到别人的信任，勤敏就能提高工作效率，慈惠就能领导别人。"

★ ★

管理一点通

《菜根谭》上有这么一段话："宽人之恶者，化人之恶者也；激人之过者，甚人之过者也。"意思是说，宽恕别人的错误，就是帮助别人改正错误；用激烈的态度对待别人的错误，就是要让别人再错上加错。而从上面的案例中我们可以看到，宽容也是一种巨大的激励力量。

领导者的宽容品质能给予下属良好的心理影响，使员工感到亲切、温暖和友好，获得心理上的安全感。一个领导者只有具备宽容的气度，才能团结众人的力量，最大限度地发挥人才的效能。

做到“微笑式管理”

脸色是心灵的窗户，微笑是一种美好情感的表达，给人以温暖和亲切。在生活中，微笑是构建良好的人际关系、调节各种矛盾的润滑剂。微笑就如同阳光一样，能够给你的下属带来温暖，使他们对你产生谦和、平易近人的良好印象；能够驱散上下级之间可能存在的阴霾，缩短你与下属间的距离，在企业内创造出一个和谐融洽的气氛。下属心情舒畅，不仅每个人尽心尽力、积极主动地工作，而且还相互支持、相互帮助，形成一个所向披靡的高效团队。这样的团队，就算遇到的困难再大，也是能够克服的。其实，这本身也就直接构成了企业的核心竞争力，能够有效地保证企业持续稳定发展。

有一家生产合金产品的公司，由于多年来的生产效率一直不高，所以利润也很低。后来，一个名叫罗伯茨的人出任公司总经理，他认为，重视员工、开发员工潜力是振兴公司的根本。于是，他就在公司内部推行了一个被称为“地道的老式笑话”的计划，到处张贴夸张的标语，强调领导与下属之间的沟通，明确要求各级领导对下属们时刻保持微笑。车间的墙上贴着“如果你看别人不笑，你偏对他笑”、“热爱工作才能成功”等标语，每张标语下边都有署名：“老罗”。

老罗就是这位总经理罗伯茨，人们都亲昵地称他“老罗”。这老罗大部分时间乘坐着高尔夫球小车在厂内巡逻，跟工人们打招呼、开玩笑，和他们对话，全厂2000多名工人的名字他几乎都叫得出来。他还花许多时间同工会交往。当地工会负责人说：“他请我们参加他的会议，让我们知道工厂的状况，真是难

得呀！”而这家公司的标志就是一张微笑的脸，公司的信封、信纸、文具盒、厂房乃至工人们的头盔上都有这张微笑的脸的标志。这家公司的总部设在俄亥俄州的某市，以致后来人们都称这个城市为“微笑市”。在罗伯茨任职的几年里，公司非但没有亏损，生产效率还提高了近80%，利润也得到了大幅提高。

虽然微笑不能代替有效的管理制度和方法，但微笑却有任何好制度、好方法都无法企及的大作用。可以想象，如果企业领导整天板着一副严肃、生硬的面孔，下属们整天战战兢兢地在紧张的心理状态下工作，哪里还能积极、主动地发挥自己的本事，哪里还能保证做好工作？在这种情况下，无论企业的管理制度、管理方法怎么完美无缺，也都难以创造出令人满意的业绩来。

作为企业的领导者，不妨对你的员工发自内心地微笑，这对于你来说，也许只是面部肌肉的一张一弛，但对你的员工来说他们得到的却是理解、尊重、爱护、关怀这四种需求的同时满足。

当你向下属解释了企业要实现的目标与要完成的任务之后，试着微笑着对员工说：怎么样？我想你一定会很好地完成任务吧？这时员工们会怎么想呢？他们一定从你的微笑中看到了胜利后的喜悦，感到了你对他们的信任与器重，体会到了你对他们的深切期望。由此，他们完成任务的责任心与信心也会在他们回敬你的自信的微笑中得以体现。

试想，当你听取员工的工作汇报或意见时，始终是一副毫无表情的面孔，只是偶尔地“嗯”、“啊”地表示赞同，那么员工是会将你的这副面孔装进他们心中建立的你的私人小档案中的。而且很可能这次汇报会突然被员工快速收场，因为他们一直在怀疑你是否真的愿意再听下去，在他们脑海中仿佛已形成了一种思维定式：你的时间比他们的更重要！

对汇报者报之以微笑，也许会使情势大为改观，员工们会从微笑中感觉到你对所述问题的兴趣与重视，而且他们会从中受到很大鼓舞，因此将心中所有的感触、想法和盘托出，既让你了解了他们的真实心态，又知道了员工工作的客观情况，而这些正是身居上层的管理者最需要的信息。

可见，微笑是一个不需要增加投入的管理，它不需要任何人力、物力、财力的投入，需要的只是领导者发自心底的一个微笑——轻轻地运动面部肌肉而已，同时也是一种能给企业带来直接经济效益的高效管理模式。

懂得了微笑的重要性，还必须认真学习微笑。有的领导说，我也知道微笑重要，可是我天生不爱笑，怎么办？一个根本办法，就是转变对员工的态度。只有爱下属、爱员工，对下属有真情，对员工有真爱，才能从内心发出微笑。

★★★★★★★★★★★★★★★★★★★★★★★★★★★★

管理一点通

不要认为自己是一个单位的最高统帅，就把你的微笑掩盖在高高在上的老板桌后面，你冷若冰霜，会让你的员工心绪不安。或许你是故意想用冷酷的权威来震慑别人，但你可否知道，谁愿意成天在乌云密布的环境中工作，又有谁不想生活在阳光灿烂的日子里呢?

脸色是心灵的表达，微笑是一种美好情感的表达，如同阳光一样，能够给你的下属带来温暖，使他们对你产生谦和、平易近人的良好印象；能够驱散上下级之间可能存在的阴霾，缩短你与下属间的距离，在企业内创造出一个和谐融洽的气氛。下属心情舒畅，不仅每个人尽心尽力、积极主动地工作，而且还会相互支持、相互帮助，形成一个所向披靡的高效团队。

微笑，给人一种激励。我们要用微笑向下属传递信心和力量，使他们更有决心做好工作；用微笑塑造和谐融洽的氛围，使他们轻松愉快地工作；用微笑传递尊重、信任、关怀，使他们更积极地思考问题，自主提高，做出更大的成绩。

奖励成功也奖励失败

在企业里，愿意而且敢于行动的人往往成就最大，那种寻求四平八稳的人绝不会太大的作为。员工的冒险精神是促使个人与公司不断成长、发展的重要条件。成功的管理者会通过在员工中激发冒险精神，来激励员工发挥积极性和聪明才智。他们鼓励员工冒险，允许、宽容员工因此而犯错误。

某企业推出“科技败将表彰会”，具体标准是：“只要你是在奋力革新争取成功，失败了照样奖励。”奖励失败，旨在激励失败者的挑战精神，以使其从失败中寻找成功的因素，把失败真正作为成功之母，从而最终获得成功。

在 GE，有一项 2000 万美元的投资计划，曾因为不可预测的市场因素而导致失败，但推动该计划的经理仍然得到升迁和红包，而参与计划的 70 位职员也每人获赠一台录像机。

GE 总裁韦尔奇说：“不只奖励成功，而且奖励失败。”韦尔奇经常强调：“我们必须让职员明白，只要你的理由、方法都是正确的，那么即使结果失败，也值得鼓励。”

对于那些功成名就、屡次获奖的员工而言，再多一次褒奖可能不会产生太大的感动，而对于身处困境中的员工，这褒奖却很可能会成为他人生的转折点，意义非常。

面临失败挫折的员工，最想得到的是理解和鼓励。可以想象，当员工遭受到训斥和否定而没有被理解时，他们会觉得在公司内部蔓延着一种令人紧张惧怕的气氛，会导致他们彼此传递相互保护的信息，学习逃避责任和懒于创造。

惩罚失败的后果会导致没人勇于尝试。一旦没有人勇于尝试新事物，公司自然会失去生命力。因此，当员工处于困境或失败中时，管理者的褒奖会比平时管用一万倍。它可以让员工感到温暖和鼓励，对管理者感激不已，从而更加忠诚地为企业服务。

★★★★★★★★★★★★★★★★★★★★★★★★★★★★

管理一点通

对成功者进行奖励是理所当然的，但对失败者，只要是他们尽力了，就应找出一些典型来进行奖励，以此来肯定他们的努力和创造的精神价值。精神价值其实就是无形资产，有什么理由对创造无形资产的人不进行奖励呢？

第十一章 管理就是将不同的心同化的过程

心是世界上最难管的对象，这也使管人成为世界上最难的事情，因为心是看不到、摸不着、不断变化的，心里怎么想的，只有当事人自己知道。管理说白了就是在管心，是实现心与心之间协同的过程，是将不同的心同化的过程。

让下属心悦诚服地接受管理

关于管理的最佳境界，说法不一，有人说是绝对地服从，有人说是极端的崇敬。事实上，“心悦诚服”才是境界最佳的。真正的管理，并不是刻意的管与理，而是下属在一种内心喜悦的基础上，对共同目标诚心诚意地主动去行动。

若使人心悦诚服，莫过于使“人心服”，即使人口服心服，乐为己用。要想真正得到一个下属的忠诚和归顺，必须从情感和思想上占领员工的心理，让员工能够做到发自内心的接受。

松下电器成立之初，员工的工作情绪不高，处处都表现得比较懈怠，迟到、早退、开小差等已经成了普遍现象。总裁松下幸之助看到这种现象后非常不满，如果任凭这种怠工现象发展下去，公司早晚要倒闭。

为了让这种现象彻底消失，松下幸之助召开了全体员工大会。召开大会的那一天，松下幸之助待员工到齐后，庄严地走上主席台。他大声说道：“今天，我有一件很重要的事情要向大家宣布。”说完这句话后，会场顿时变得异常安静，员工们都想听听总裁到底有什么事情要宣布。然而，松下幸之助说完这句话后，竟然头也不回地走出了会场。会场的安静气氛在一刹那间被打破，员工们先是窃窃私语，接着便大声议论，然后便开始喧哗，会场变得热闹非凡，人声鼎沸。

正在员工们吵得不可开交的时候，松下幸之助又出现了。会场很快恢复了安静，但员工们脸上愤怒的表情并没有改变。松下幸之助再次走上主席台，扫视了一下台下的员工们，感慨地说：“从你们的表情上，我看出了你们内心的愤怒。你们之所以愤怒，是因为对我的突然离去感到不满。不过，你们有没有

想过，当我看到你们中的一些人迟到、早退、擅离岗位等怠工现象时，我又会有什么样的感受呢？如果你们有兴趣知道的话，我愿意告诉你们。在这些时候，我的感受与你们现在的感受一样。我今天要郑重宣布的就是这件事情，现在可以散会了。”正在大家低头思索时，松下幸之助快速走出了会场。

令人感到惊奇的是，松下幸之助召开的这次简简单单的会议竟然起到了神奇的效果。此后，松下公司的员工如同脱胎换骨一般，很少出现怠工现象。

思想决定行动。只有撼动人心的人，才能撼动世界。在员工行为出现问题时，一定要从思想上解决。同样，征服一个人，也要从他的思想内心入手。

蜀建兴三年（225年），诸葛亮亲自率兵南征。诸葛亮好友马良的弟弟、参军马谡送诸葛亮出城，一直送了几十里地。临别的时候，马谡说：“南中的人依仗地形险要，离开都城又远，早就不服管了。即使我们用大军把他们征服了，以后还是要闹事的。我听说用兵的办法，主要在于攻心，攻城是次要的。丞相这次南征，一定要叫南人心服，才能够一劳永逸。”马谡的话，正合诸葛亮的心意。

双方首战，诸葛亮就大获全胜，擒住了南蛮首领孟获。但孟获却不服气，说什么胜败乃兵家常事，诸葛亮说：“既然这样，您就回去好好准备一下再打吧！”孟获被释放以后，逃回自己部落，重整旗鼓，又一次进攻蜀军。但孟获本是一个有勇无谋的人，根本不是诸葛亮对手，第二次又被活捉。诸葛亮又下令放了孟获，像这样又放又捉，一次又一次，一直把孟获捉了七次。到了孟获第七次被捉的时候，诸葛亮还要再放，孟获却不愿意走了。他流着眼泪说：“丞相七擒七纵，待我可说是仁至义尽了，我打心底里敬服。从今以后，不敢再反了。”

打败一个人很容易，但打败一个人的心很难！打赢一个人，得到的是一时胜利者的名号；而打赢一个人的心，得到的却是永久的胜利。就连不可一世的拿破仑也曾无可奈何地说过：“这世上最难办到的事，不是征服一座座城堡，而是征服一颗颗心。”

第二次世界大战时，丘吉尔在圣诞节的时候去了美国，希望美英结盟，对德作战，以扭转英国面临的危险局面。可是，当时美国人对英国人并无好感，反对介入战争。最终，他用情感打动了所有美国人的心，使他们同意支持政府援助英国，参加对德作战。

他的演讲词是这样的：“我远离祖国，远离我的家，在这里欢度这一年一度的佳节。但确切地说，我并不觉得寂寞和孤独。或者是因为我母亲的血缘关系，或许是因为在过去许多年的生活中我在这里得到的友谊，或许是因为我们伟大的人民在事业中所表现出来的那种压倒一切其他友谊的情感，在美国的中心和最高权力所在地，我根本不觉得自己是个外来者。我们的人民和你们讲着同样的语言，有着同样的宗教信仰，还在很大程度上追求着同样的理想。我所能感到的是一种和谐的兄弟间亲密无间的气氛……因此，我们至少可以在今天晚上把那些困扰我们的各种担心和危险搁置一边，并在这个充满风暴的世界里，为我们的孩子准备一个幸福的夜晚，那么，此时此刻，在今天这个夜晚，讲英语的世界中的每个家庭都应该是一个亮光普照的幸福与和平的小岛。”

丘吉尔从两国人民共同的语言、宗教信仰、理想及长期的友谊入手，以这些共同点作为彼此相信、相互了解的基础，用讲英语的家庭都应过一个和平安详的圣诞节这样的话语，打动了美国人民的心，他的讲话具有很强的震撼力，终于使美国由反战转入参战。

伟大的人总是能用言行震撼人的心灵，让人从心底产生对他们的钦佩与赞美之情。因此，控制他人的有效手段之一就是“攻心”，从心里瓦解他，控制他。

马斯洛曾说过：心若改变，态度跟着改变。

孙正义是日本“软件银行”的创始人。在他创业阶段，软件银行实行大量批发软件的委托制度，但是由于质量不稳定，退货开始堆积如山。结果，滞销的商品堆在软件银行的仓库里，逐渐变成一座小山，最后软件只得按废物处理。

孙正义对此十分着急，于是采取了一个超乎所有人意料的举动。一天，他拿出一张万元纸钞，向大家说：“各位同仁，如果我将这张纸钞撕破，你们作何感想?”全场立刻寂静无声，只见他说到做到，当场撕破了手中的钞票。

员工们大吃一惊。没有谁不觉得可惜，更弄不懂的是他为何要这样做。这时孙正义进一步说：“我们仓库里处理的商品就不痛心吗？难道就不能和厂商

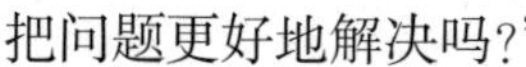

把问题更好地解决吗?”

从那天起，公司内部的气氛突然有所转变。董事兼销售促进部部长喜屋武博树当时目睹了孙正义撕破万元大钞的经过，这件事一直深深印在他的脑海中：“很奇妙。他把商品放在手上，说这就像现金一样，可是现在因为大量的退货不得不处理掉，如果是你们的钱，你们作何感想呢？说着他就撕破了那张一万元大钞。”

“我多少有点冷眼旁观，心想他还真会搞。没想到，就在那一瞬间，整个公司的气氛变了，士气大振，空气突然凝固。一张万元纸钞便能够引发振奋人心的效果，真是太神奇了!”

这就是万元大钞引发出来的攻心效果。他把问题的实质摊开来：仓库里的商品大家可能没有留意，但摆在眼前的万元纸钞则是醒目的，每个人都会为之心痛，明白损失的价值有多少。无须太多的言语去说教，就是一瞬间的动作，让每一个人都深深铭记在心。一针见血，这正是一种管理的杰出艺术。

★★★★★★★★★★★★★★★★★★★★★★★★★★★★

管理一点通

企业不能只靠高薪，还要用感情和文化来吸引人、留住人。员工在充满人情味的环境里会有一种归属感，从而全身心地投入工作。员工凭什么为你的企业不遗余力地工作，靠的就是有发展前景和富有人情味的企业文化，靠的是一种安全感和归属感。

为企业注入一些温情，让管理多一些人情味，无疑会赢得员工对企业的认同感和忠诚度。营造一个温暖和谐的企业氛围是现代企业管理的一个重要方向。成功的企业告诉我们，只有真正“俘获”了员工的心，企业才能在市场中保持竞争力，正所谓“得人心者得天下”。

最重要的就是凝聚人心

做企业最终都要归结到人的管理上。规章制度与机器设备是死的，而人是活生生的，只要大家真诚，人心统一，没有什么事情是做不好的，没有什么艰难险阻是不能解决的。

一把沉重的大锁挂在门上，有人拿一根铁棒去敲打它，不管用怎样的力气都打不开。这时，另外一个人来了，他拿出一片小小的钥匙，往锁眼里一放。“咔嚓”一声，锁就开了。

等别人都走了，迷惑不解的铁棒问小钥匙：“为什么我用那么大的力气都打不开的锁，你轻轻一下就可以打开呢?”

小钥匙的回答是：“因为我懂它的心。”

“懂得它的心，并直接攻击它的心”，你就掌握了成功开启管理大门的钥匙。不管是管人还是理事，从心灵入手，就能取得纲举目张的管理效果。

但凡成功的管理者都非常重视员工心的管理。无论是松下幸之助、盛田昭夫，还是山姆·沃尔顿、杰克·韦尔奇，他们之所以能够成为杰出的企业家，很大程度上取决于他们是员工心灵的工程师。松下幸之助曾不遗余力地推行“欲造松下产品，先造松下人”的企业宗旨，从而造就了松下公司的崛起和兴盛。盛田昭夫曾经总结道：“如果说日本式经营真有什么秘诀的话，那么，‘人’是一切秘诀最根本的出发点。”而这正是索尼公司成功的秘诀。在沃尔玛创始人山姆·沃尔顿所总结的成功十大法则中，有五条直接与心的管理相关，包括“与同仁分享利润，视同仁为伙伴”；“激励你的同仁光是靠物质刺激是不够的，必须每天不断想出新点子，来激励并挑战他们”；“凡是和同仁沟通，他们知道越

多就越能理解，也就越关心”。而杰克·韦尔奇则感慨：“一生最大的成就莫过于培育人才”，担任通用电气 CEO 的 20 年时间里，他为公司内部各种培训亲自讲课超过 300 次。

现代管理之父德鲁克说：“所谓企业，就是集中大家的力量，让平凡的人做出不平凡事情的地方。”要达到这样的效果，就需要凝聚人心，将心灵的潜能发挥到极限。从“心”出发，把“心”作为切入点，通过抓住人的“心”，赢取人的“心”，才能达到有效管理，实现高效管理。

1. 治人先治心

人的行为受心灵的控制，对心灵放任自流，团队就会人心涣散。纵观人类社会历史长河，任何朝代的建立、任何帝王的统治莫不以民心为基础。任何一个统治者，如果不重视民心，迟早要走上覆灭的道路。管理也同样如此。如果不去理会员工的内心，而仅仅着眼于外在的行为，将会陷入一个个困境之中。

巴顿将军在一篇名为《胜利秘诀》的简短报告中写过这样一段激荡人心的文字：“是攻击者眼中冷酷的闪光，而不是搜寻的刺刀尖，击溃了敌人的防线；是驾驶员逼近敌人的拼命决心，而不是机械完好的坦克，突破了敌人的战壕；是飞行员醉心战斗，而不是完好的机关炮，把敌人投向了燃烧的废墟。”

巴顿将军提出“治军要先治心”。其实，管理员工与培养一支优秀的部队并没有本质的区别。管理他人首先就要在“治心”方面做出超凡的举动。

王阳明说过这样一句话：“山中之贼易剿，心中之贼难除！”也就是说，剿灭一些山中的盗贼还是一件相对容易的事，但要让人们在内心中不产生去当盗贼的念头，则是一件非常困难的事情。如果只是简单剿灭一些盗贼，而不管人们的死活和内心的想法，那么，就会有更多的人因为生活所迫或者其他原因，源源不断地去当盗贼。于是，就会出现一种奇怪的现象，那就是年年剿匪，盗匪却越来越多。所以，王阳明就通过解决当地人民的疾苦入手，让大家能够安居乐业，内心喜悦。果然，切断了匪患产生的根源，取得了良好的效果。

管理的根本之道，是建立在人的内在心灵管理之上的。从古至今，管理的思想可能变化了无数次，但思想的核心却是一直保存至今，那就是：管人先管心。就像 1991 年的海湾战争中，中国的《孙子兵法》竟放在不少美军将领的案头，而《三国演义》等古典名著早已是日本等国企业家们的热门读物。

可见，不论是战争还是企业管理，不管面对哪一种情况，只要抓住了人的内心，就抓住了核心的关键所在。

2. 视员工为“活生生”的人

《绿野仙踪》中有一个关于锡人的故事：锡人原本是一个活生生的伐木工人，他全心地爱着一个女子，女子希望能够有一栋结婚的新房，因此，这位伐木工人努力工作，即使在女巫害他失去手脚甚至脑袋的情况下，他仍借助于锡匠为他用锡做的手脚和脑袋来工作，而且，他的工作效率不但没有降低，反而还得到了提高——他为了心爱的女子在努力地工作着！后来女巫伤了他的心，使这样一个“锡人”成为没有心的人（他变成了它），这时，它虽然仍在努力伐木，但由于没有了心，没有了爱，它不会去想与原本心爱的女子结婚，甚至不会关心那位女子的处境和想法！直到有一天，它被雨水淋湿生锈，并在树林里站了一年后，才领悟到自己最大的损失是丢失了起初的爱心。

管理工作归根到底就是对人心的管理。管理者首先要视员工为“活生生”的人，并用心去领导，如此，才能激发起员工的内在声音，点燃其内心之火，使员工的天赋才能(心智)、社会需求(身体)、热情(情感)与良知(心灵)能够结合起来（这才是伐木工人起初的内在激励）。只有深入理解员工的内心，并在管理中善加应用，才能激发起员工的内在动机，否则，员工就会成为没有心的“锡人”，这对员工和企业来说都是巨大的损失！

★★★★★★★★★★★★★★★★★★★★★★★★★★★

管理一点通

许多管理者没有搞清楚企业管理的根本目的是什么，没有认清管理的实质，以为管理就是把人管住，让下属一切都听自己的，以为这就是好的管理。殊不知，这是本末倒置。

管理的目的是把工作做好，实现企业目标，而不是把人管死、管得服服帖帖。以管人为目的的管理没有不失败的。

和下属建立良好的关系

一家公司发生了这样一件事。早上刚刚上班，就听到公司里一位经理在大声斥骂他的下属，话说得非常难听，甚至一些粗秽的语言也冒了出来。难得的是，那位被骂的下属并没有针锋相对，不然在办公室将听到一场只有在大街上才能听到的“骂架”了。那位被骂得狗血淋头的下属并不会因此尊敬他的上司(谁会呢?)，而是在没过多久就离开了他。有些领导，他们依靠高声、粗暴的咆哮来驱使人们工作，然后以威严来激励部属，这样的领导很难赢得下属的心。而高明的领导，要求虽然一样，但把严厉融化在说理、分析及幽默感中。他们也希望自己的命令能畅行无阻，但他们却不是严厉分子。他们能体会到自己接触的是“人”，因此采取直截了当、完全人性化的方法。

保罗·盖蒂是西方首屈一指的石油大亨，他把大部分时间花在油田里与雇员一起工作。有一次偶然发生的事件，虽然其本身不太重要，却让盖蒂认识到与员工建立良好的关系多么重要。

这天，盖蒂在油井工地上注意到一个名叫汉克的搬运工动作懒散，他生气地骂起来：“你在干什么？振作起来，笨蛋!”骂完之后，他还咆哮了一声。“好的，老板。”汉克平静地回答道。不过，他还是奇怪地看了盖蒂一眼，这让盖蒂莫名其妙。不一会儿，他了解到汉克有手伤，汉克本来可以回去接受治疗，但他因为不愿让工友和老板失望而于是留了下来。得知这个情况后，盖蒂走到汉克身旁说：“抱歉！我刚才不应该发火。我开车送你进城去找个医生看看你的伤手。”听到老板这句话，汉克及其伙伴久久地望着盖蒂，然后笑了。

从表面上看，这件小事没有多大意义，然而它却是有着高度价值的管理秘诀。盖蒂身为老板，未事先查明真相便乱发脾气犯下错误，使下属产生了抵触情绪，造成生产效率下降。幸好，盖蒂一等发现了过错，便立即真诚地道歉，而且提出合理的、适当的补救方法，这样，马上又重新建立了良好的关系。

好的和有效率的领导与员工之间的关系建筑在并不复杂的基础上。成功的领导欲抓住员工的心应从两个方面努力：

1. 使员工感到愉快

如果公司成天暮气沉沉，各成员之间“鸡犬之声相闻，老死不相往来”，如何能激发员工的热情钟爱企业呢？如果公司不能激发快乐气氛和振奋精神，又怎么能使员工全心全意地工作呢？有人问比尔·盖茨，如果让他重新开始，他会去哪家公司上班？盖茨没有直接回答这个问题，而只是谈了使人高兴和令人感到工作有趣的重要性。为了吸引和留住那些最好的职员并激发其工作激情，老板们需要在工作场所营造一种令人振奋和令人愉快的氛围。

2. 兼顾工作和家庭

家庭是社会的细胞，稳定家庭对工作有很大促进作用。一份调查报告中说：“有 90%的高层领导将工作带回家去做，他们呼吁要更好地注意兼顾员工们的工作和家庭，否则，企业有可能失去一些人才。”

由于社会竞争越来越激烈，人们生存的压力也越来越大，在日本，许多人因过度劳累而猝死在工作岗位上。这种现象发生的根源，就是日本政府和企业领导未能协调好员工工作和生活需要之间的平衡。可见，要赢得职员的心，就必须采取积极的方法兼顾他们的工作和家庭。

高效能生活最主要的、也是唯一的因素是平衡，平衡工作做得越好，效能、热诚和创造力也就越大。

管理一点通

领导者与下属的关系既是决定领导者影响力的前提条件，也是影响领导行为有效性的重要因素。

领导就是领导者与下属不断产生互动的过程，领导者最重要的职能就是激励下属完成任务和提高下属的工作满意度。能否做到这一点，取决于领导者与下属互动的效果，即互动所导致的领导者与下属的人际关系。

成功的领导者总是能够把各方面的专业人才团结在自己周围，让他们心情舒畅地工作，以集体的力量来建功立业。

美国钢铁大王卡内基的墓志铭上写着这样一句话："这里长眠着一位善于同高于自己的人一道工作的人。"这句话一言道破了领导者与下属关系的重要性。

维护他人的自尊心

每个人都是有自尊心的，维护了他人的自尊心，他自然会为你办事；伤害了他人的自尊心，他自然不会顺从你。这就是人性。精明的管理者往往利用人的这个特点，为自己增加成功的砝码。

黄德公司是纽约最大的一家"胡文字"及照排印刷所。有位技师的工作是照顾数十台打字机及其他不易管理的昼夜不息的机器运转顺畅。他总因时间太长、工作太多而抱怨，他需要一位助手。

面对这件不怎么好办的事情，黄德公司的黄德经理却处理得游刃有余，他的做法给了领导者一个很好的启示。黄德经理没有给那位技师一个助手，只是为了改变他的态度及要求而又不引起反感，他给这位技师准备了一间私人办公室，并在门上写着他的名字和头衔——服务部主任。经理并未减少这位技师的时间和工作，但他却感到快乐。这主要在于他不再是一个随便可以被人喊来喊去修理机器的工人，他现在是一部之主，有威风，被重视，他感觉工作快乐，也就不再抱怨了。

拿破仑在创立荣誉军队时，发1500枚十字徽章给其兵士，封其18位将军为“法国大将”，称其部队为“大军”。而有的人不理解，说他孩子气，被人批评是给老练的精兵一些“玩物”，但拿破仑的回答却是：“人是受玩物统治的。”

这种给名衔和权威的方法，不仅对拿破仑的将士有效，而且对任何人都有效。纽约斯卡斯代尔的琴德夫人常因孩子们在她草地上乱跑，踏坏了青草而烦恼。她试过批评，也试过利诱，但都于事无补。于是，琴德夫人试着给孩子群中最坏的一个人一种头衔，及一种权威的感觉，使他乐于做她的“侦探”，让他管理，不准任何人侵入她的草地。她的“侦探”把这件事办得妥妥帖帖。他的做法是：在后院生上一把火，把一根铁条烧得通红，恫吓要烫任何践踏草地的孩子，随即琴德夫人的问题解决了。

作为管理者，当你希望自己的言行举止不触犯下属以致引起反感，那么你不妨做到：尊重下属的自尊心，使他乐于做你所建议的事。

★★★★★★★★★★★★★★★★★★★★★★★★★★★★

管理一点通

有的下属自尊心特强，性格敏感，多虑，这样的人特别在乎别人对他的评价，尤其是领导的评价。有时候哪怕是领导的一句玩笑，都会让他觉得领导对他不满意了，从而焦虑、忧心忡忡、情绪低落。遇到这样的下属，要多给予理解，不要埋怨他心眼儿小，要多帮助他。在帮助的过程中，多做事，少讲自己的意见，意见多了会让他觉得你不信任他，给他一些自主权，让他觉得自己能行，经常给予鼓励。要尊重敏感的下属的自尊心，讲话要谨慎一点，不要当众指责、批评他，因为这样的下属心理承受能力差。同时还要注意不要当着他的面说别的下属的毛病，否则他会怀疑你是否也在背后挑他的毛病。要对他的才干和长处表示欣赏，逐渐弱化他的防御心理。

争取成为下属的“知己”

身为领导，只有充分了解部属，成为其“知己”，才可使部属为公司尽全力。如果领导能够做到这一点，那么，无论是在工作还是人际关系上，都可以列入第一流的领导。

三国时，东吴孙策、孙权兄弟用人有十分高明之处。孙策活捉了太史慈后，亲自为他松绑说：“你是青州的名士，只是跟随的主人不适合你，我现在是你的知己，你不必担心在我这里不如意。”

张昭担任长史时，北方士大夫来信说了许多赞美张昭的话，孙策听到这些话后，高兴地说：“管仲担任齐国丞相的时候，使齐国完成了霸业；而今张昭这样的贤能之士，我用了他，他建立的功名不也有我的一份吗？”正是由于孙策善于用人，与文武百官情投意合，才招揽了许多人才。

孙策死后，孙权继承了东吴王位。孙权对大将军甘宁的粗暴脾气非常恼火，吕蒙劝他说：“难得有甘宁这样善战的大将！”孙权从此以后善待甘宁。刘备进攻吴国时，有人传话给孙权，说诸葛谨(诸葛亮家兄，字子瑜)暗暗派人前往蜀国，孙权却说：“我和子瑜有生死之交，他不会负我，就像我不负他一样。”

孙权任吴王时，从不袒护自己的过失。有一次，他准备派张弥、许晏乘船从东海北上至辽东，去招抚加封公孙渊。张昭竭力劝阻，但孙权听不进去。后来，派去的张弥、许晏二人果然被公孙渊杀害。孙权自感惭愧，亲自登门向张昭道歉。过了好久，张昭才由儿子扶着出门相见。孙权请他上车，一同回宫。

回宫后，孙权向张昭承认了自己的错误。

孙氏兄弟的用人之道就是：引为知己，以诚相见，以意气相感。

★★★★★★★★★★★★★★★★★★★★★★★★★★★★

管理一点通

从领导实践看，影响力从低到高大致可分为四个层次。一种是当部属提及某位领导时，不是摇头叹息就是嗤之以鼻，可谓“厌而恶之”。一种是部属对领导的才华很钦佩，但不太愿意接近他，常常是“敬而远之”。一种是部属不仅愿意接近他，而且把他引为知己，可谓“亲而近之”。还有一种是虽然与部属不常谋面，但部属心里始终有他，即使离任后大家还在赞誉他、念着他的好，可谓“怀而念之”。显然，后两个层次是影响力的较高境界。

努力让员工感到快乐

现代社会，工作不仅是为了谋生，人们还要从中找到成就，找到快乐！快乐工作，快乐生活，是工作的全部意义，也是广大员工的心声。对于关心员工感受的管理者，根本不必担心员工流失的问题。在这些企业里，员工的忠诚度经得起时间的考验。努力让员工感到快乐的公司很少会被员工抛弃。

跟马云接触过的人对他的一致评价是他的亲和。在阿里巴巴，马云与所有人都没有距离，只要他有时间，就会深入到普通员工中去，跟他们聊天谈心。每年年终晚会，马云还会扮成维吾尔族少女与大家一起翩翩起舞。如此快乐的工作氛围是阿里巴巴吸引人的关键所在。

在阿里巴巴，员工可以穿旱冰鞋上班，也可以随时去马云的办公室。马云说："人有一样东西是平等的，就是一天都有24小时。不快乐的工作就是对自己不负责任。"

从管理的角度来看，员工就是企业的内部客户，必须先服务好员工，让他们感受到心灵的快乐，一想到工作就觉得开心、快乐、喜悦，愿意并且能够在企业的平台上不断成长，在工作中获得超越工作本身的价值与意义。

阿里巴巴创业时期的员工直到今天没有一个人离开。别的公司出3倍薪水，员工也不动心。马云不靠高薪留人，却曾自信地说："天下没有人能挖走我的团队"。"在阿里巴巴工作3年就等于上了3年研究生，他将要带走的是脑袋而不是口袋。"

金钱能够留住人却留不住心，因此阿里巴巴每年至少要把1/5的精力和财力用于改善员工办公环境和员工培养。

工作的目的不仅仅是生存，而是通过工作（事业）获得成就感。马云认为，员工工作的目的包括一份满意的薪水、快乐的工作和一个好的工作环境，其中最重要的就是在企业中能快乐地工作。"我们阿里巴巴的LOGO是一张笑脸。我希望每一个员工都是笑脸。"

马云说："优秀的团队不在于拥有多少个MBA，而是你的这个团队快乐与否。我希望我的团队都是像疯子一样去工作，虽然很辛苦，但是会很快乐，因为他们在做自己喜欢的事情。这个很重要。"

任何人长期在严格、压抑的环境下工作，都会逐渐丧失激情和创造力。快乐管理是为了提高员工的工作幸福感而提出的一种新的管理模式。只有工作快乐的员工，才能为顾客提供最卓越的服务，为企业创造更大的利益。

"工作中最大的乐趣是什么?" "我想大概是每天来上班吧。"这是美国西南航空公司员工的心声。"大部分时间我都在工作，工作是我的嗜好。如果你喜欢你做的事，那你就不会有压力，而每天都是愉快的。"美国西南航空公司前任总裁赫伯·克勒赫如是说。

西南航空公司的老板赫伯·克勒赫把每个员工视为公司大家庭的一分子。他鼓励大家在工作中寻找乐趣，而且自己带头这样做。比如为推广一个新航线，他会打扮得像猫王埃尔维斯一样，在飞机上分发花生。他还会举办员工聚会，或者在公司的音乐录像中表演节目。他时时刻刻走出来与自己的团体在一起，向团队传递信息，告诉员工他们是在为谁工作，他们的工作有多重要。这样做的目的，就是要让员工感觉自己很重要和受到尊重。

公司还鼓励员工释放自己，保持愉快的心情，因为好心情是有感染力的。如果乘务员有一个愉快的心情，那么乘客就有可能度过一段美好的时光。如果整个工作氛围都很热情，那么当他面对其他人时也能够很热情。

西南航空公司从创立开始就一直坚持一个基本理念——爱。爱的氛围使公司员工乐于到公司来，而且以工作为乐。赫伯·克勒赫说："也许有其他公司与我们公司的成本相同，也许有其他公司的服务质量与我们公司相同，但有一件事它们是不可能与我们公司一样的，至少不会很容易，那就是我们的员工对待顾客的精神状态和态度。"

快乐的工作气氛不仅使员工的服务态度更加热情，也使他们的工作效率大大提高。举个例子，西南航空公司的飞行员每月要飞行70个小时，而其他公司的飞行员只飞55个小时。他们的地面指挥站通常仅需要竞争对手一半的人手就足以完成全部工作，他们调度飞机的速度通常非常快，竞争对手需要45分钟，而他们只需要15分钟。西南航空公司员工的高工作效率是它保持低价的关键因素，它的价格比行业平均水平要低25%。

放弃自上而下的控制与命令式管理模式，营造健康、快乐的工作氛围，培养员工和谐心灵，形成员工内心世界自觉组织的非管理方法，在这种管理模式中，员工的行为才是"自心流出"的，而不是被"管理"出来的。"自心流出"能最大限度地激发员工的创造性，能最大限度地提高组织凝聚力，能最大限度地增强团队的战斗力。

快乐管理让人不仅从心理上、更从情感上获得满足，使人性得到充分肯定与发挥，让工作与生活融为一体。一个优秀的管理者，一定要有让员工快乐工作之能，这样才能得其心、创奇效。

★ ★

管理一点通

营造快乐工作氛围，倡导快乐工作是实践科学发展观，坚持以人为本的具体表现，也是企业发展的必然选择，更是新时期对企业文化建设提出的新要求。企业管理者要解放思想，积极为员工搭建快乐工作平台，将快乐工作的理念融入到企业建设的各个方面，让员工人人感受到快乐，让企业处处焕发出生机。

尽可能清楚下属的愿望和需求

在一个团体里，员工来自五湖四海。这些性情各异的人聚集在你的周围，作为领导，你是否想过，这些人凭什么听你的指挥，为你效劳？

浇树要浇根，带人要带心。领导者必须摸清下属的内心愿望和需求，并予以适当的满足，这样才可能让众人追随你。

下面将大多数职员的共同需求总结出来，领导者对此要熟谙于心。

1. 待遇平等

大多数员工都希望自己的工作能得到公平的报偿，即：同样的工作得到同样的报酬。员工不满的是别人干同类或同样的工作，却拿更多的钱，他们希望自己的收入符合正常的水平。偏离准则是最令人恼火的，很可能引起员工的不满。

2. 给予承认

员工希望自己在伙伴的眼里显得很重要，希望自己的出色工作能得到承认。鼓励几句、拍拍肩膀或增加工资都能有助于满足这种需要。

3. 给予晋升

多数员工都希望在工作中有晋升的机会，向前发展是至关重要的。没有前途的工作会使员工产生不满，最终可能导致辞职。

4. 环境适宜

许多员工把这一点排在许多要素的前列。员工大都希望有一个安全、清洁和舒适的工作环境。但是，如果员工们对工作不感兴趣，那么舒适的工作场所就无济于事了。

5. 有归属感

员工谋求社会的承认和同事的认可，如果得不到这些，他们的士气就可能低落而缺乏效率，使工作受到损害。员工们不仅需要感到自己归属于员工群体，而且还需要感到自己归属于公司这个整体，是公司整体的一部分。

6. 领导要有能力

所有的员工都需要信赖他们的领导者。他们愿意为那些了解他们的职责、能做出正确决策和行为公正无私的人工作，而不希望碰上一个“窝囊废”来当他们的领导。不同的员工对这些需要和愿望的侧重有所不同，作为领导人，应该认识到员工的不同需要。对这一位员工来说，晋升的机会或许最为重要，而对另一位来说，工作保障可能是第一重要。

管理一点通

鉴别个人的需要对你来说并非易事，所以要警觉到这一点。雇员嘴上说想要什么，与他们实际上想要什么可能是两回事。例如，他们可能声称对工资不满意，但他们真正的需要却是得到其他雇员的承认。为了搞好人际关系，你应该了解这些需要，并尽可能去创造能满足员工大部分需要的条件。为此而努力的领导会与雇员相处得很好，使得上下一心，有效地、协调一致地进行工作。

满足下属的欲望与需要

周文王在渭水北岸见到了正在用直钩钓鱼的姜太公。太公说，用人的道理和钓鱼有相似之处：一是禄等以权，即用厚禄聘人与用诱饵钓鱼一样；二是死等以权，即用重赏收买死士与用香饵钓鱼一样；三是官等以权，即用不同的官职封赏不同的人才，就像用不同的钓饵钓取不同的鱼一样。姜太公接着说："钓丝细微，饵食可见时，小鱼就会来吃；钓丝适中，饵食味香时，中鱼就会来吃；钓丝粗长，饵食丰富时，大鱼就会来吃。鱼贪吃饵食，就会被钓丝牵住；人食君禄，就会服从君主。所以，用饵钓鱼时，鱼就被捕杀；用爵禄收罗人时，人就会尽力办事。"

可见，满足了他人的欲望，他就乐于效用，乐于效力。作为管理者，利用下属心中真正的欲望去约束他，让他服从"我"的领导，就没有不鼎力而为的。

自从汉二年(公元前 200 年)五月开始，楚、汉在荥阳一带展开拉锯战，谁也没有占到多大优势。于是双方约定，以鸿沟为界，中分天下，其西归汉，其东归楚。

汉四年九月，项羽解围东撤，刘邦也要引兵西归。张良充分认识到此时的项羽因刚愎自用，到了众叛亲离、捉襟见肘的地步。于是，张良、陈平二人同谏刘邦，希望他趁机灭楚，免得养虎遗患。刘邦从谏，亲统大军追击项羽，另遣人约韩信、彭越合围楚军。

汉五年十月，汉军追至固陵，却不见韩信、彭越二人前来驰援。项羽回击汉军，刘邦又复败北。刘邦躲在山洞中，不胜焦躁，询问张良道："诸侯不来践约，那将怎么办？”

张良是一位工于心计的谋略家，他时刻关注着几个影响时局的重要角色的一举一动，探索着他们心灵深处的秘密，并筹划着应对之策。

当时，虽然韩信名义上是淮阴侯，彭越是建成侯，实际却只是空头衔，没有一点实权。因此，张良回答刘邦道：“楚兵即将败亡，韩信、彭越虽然受封为王，却未有确定疆界，二人不来赴援，原因就在于此。您若能与之共分天下，当可立招二将。若不能，成败之事尚无法预料。我请您将陈地到东海的土地尽划归给韩信，睢阳以北到谷城的土地尽划归给彭越，让他们各自为战，楚军将会很容易被攻破。”刘邦一心要解燃眉之急，听从了张良的劝谏，不久，韩信、彭越果然率兵来援。12 月，各路兵马会集垓下，韩信设下十面埋伏大阵，与楚决战。项羽兵败，逃至乌江自刎。长达 4 年之久的楚汉战争，以刘邦的胜利而告终。

在处理韩信、彭越索要实惠这件事情上，张良做得十分周到，也充分利用了人性的弱点——好名、好利。划归一些封地给他们，就满足了他们的心愿，使他们各自为战，尽力而战。

员工都需要一个舞台来展示自己的才能，这个舞台能够使员工的知识发挥作用，能够体现出员工的能力和智慧，这样员工就会有一种成就感。针对员工不同需求的特点，以及同一人在不同时期的不同需要，企业能够满足员工但是却没有满足，这样就会对员工的心理造成伤害，但是本不能满足却满足了，又是竭泽而渔的表现，结果是使企业蒙上负担。同时也会背负员工无限的心理预测，那么此种企业的发展是不会长久的。

因此，满足员工的不同需要涉及管理者对员工心理的把握，同时也涉及管理艺术和技巧，是考核每一位组织负责人管理能力和领导艺术的最基本能力指数。

领导在面临着员工的种种期望要求时，不要轻易许诺。一旦吊起员工的胃口，但却无法兑现，将会失信于员工，但是同时也不要过多地限制什么，否则

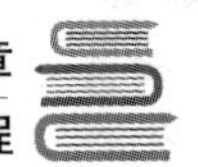

会造成矛盾的激化。同时对原来明显不合理的要求可以去掉但不要轻易改动。对于新任领导来说，无论自己有多么大的能力，但在整个组织中是处于弱势地位的，所以新任领导不要轻易改动组织的规则和制度，而应该等到了解了全面情况之后，再根据员工的需求做相应的改动。

当领导和企业成员之间相互有了一定的认识和了解之后，员工大致了解了领导的思路，领导也对原来的组织规则和人员状况有了大致了解，此时，领导可以设立新的规矩，降低员工的胃口。同时在降低了员工需要的预期条件之后，可以暗中给员工涨待遇，满足员工的部分需要。但在满足员工需要之时要注意：说到不如做到，要少说多做，即使做了也不要形成惯例，要给员工一种感觉，这种满足只是随机的。

满足员工的需要时，应掌握以下要点：

1. 不要试图一次性满足员工所有需求

作为一个领导，手里的资源毕竟是有限的，而且这有限的资源要分摊到所有组内成员头上，如果员工的需求很容易就得到满足，那么员工可能会认为自己付出的比得到的要多，那么他下一步就会有更大的需求，而你就没有资源来满足员工了，因此如果可以，不要一次性满足员工所有的需求，逐步地满足效果会更好。

2. 不能 100%做到的事情不要对员工承诺

你可以经常说“对于这件事情，我会尽自己最大的努力去做”，但是千万不要说：“没问题，包在我身上”。

作为一个领导，如果你没有把握做好的事情一定不要承诺，因为如果完成不了，就会使你失信于下属，如果一个领导没有了权威，管理就会变得很糟糕。

3. 在最合适的时候满足需求

也许有人会说，在前期就应该把给员工的需求给员工，不必等到后期再给，对此的回答是不行！前期给了员工，等于提高了员工的心理预期，到后期他就总会觉得他应该得到的那一份少了，心理会出现不平衡，而这样的心理在工作中就有可能出现问题。所以，满足员工心理，要注重方式和时机。

管理一点通

在一个团队里面，作为一个领导，你怎样对待你的职员，他们就会加倍地回报给你。作为一个成功的领导，要关注不同员工的不同需求，满足他们不同的需要，把关心做到员工的心里去。你得到的回报将是每一名员工的辛苦努力和无比的忠心。

要让下属感受到幸福

公司的发展与员工自身的幸福紧密相连。“幸福经济学”指出，员工在感受到幸福的状态下工作，远远要比在情绪低潮的状态下工作更高效。员工因感到幸福而更加热爱工作，因热爱而更加投入工作。

日本的经营之圣稻盛和夫很早就意识到要满足员工在工作中的幸福感，并旗帜鲜明地提出经营的首要目的——“追求使员工物心两方面都得到幸福。”

作为“心灵经营”的实践者，稻盛和夫卓有成效地组织开展了企业内部的联谊活动。活动以聚餐会形式每年举办 2—4 次，有重大庆贺项目时另有增加。联谊会上，干部与员工相互斟酒，互诉心声。每次，稻盛和夫总是持杯走到大家中间，询问大家的工作情况、存在的问题，并坦诚地说出自己的看法，努力找到解决问题的办法。联谊会通过谈工作、谈家事、谈人生，使员工在平等和友爱的环境中得到放松，化解了很多矛盾。

稻盛和夫除了按照日本公司的一般惯例，每年冬夏两次定期给职工发放

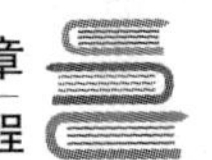

奖金外，还在公司经营情况良好的时候给职工发放临时奖金。而另一项具有重大意义的措施，则是实行“职工股份所有”制度，稻盛和夫把全体员工视为合作伙伴，让每个职工都成为了公司的股东，分得了京瓷股份。

在京瓷创立25周年纪念的时候，稻盛和夫还把他个人所有的17亿日元的股份赠与1.2万名员工。有时，稻盛和夫还把公司股票作为对生产中有功劳者的奖励，或替代奖金发给大家。这样一来，京瓷的干部和工人大多持有相当数量的本公司股票，公司的发展，股票的升值，就直接意味着职工个人财产的增加。在1985年，他投入了所持京瓷公司的股票和现金等个人财产200亿日元成立稻盛财团，创设了“京都奖”。每年在全球挑选出在尖端技术、基础科学、思想艺术等各个领域取得优异成绩、做出杰出贡献的人士进行表彰，颂扬他们的功绩。在这种宗旨下成立的奖项，现在已经成为与诺贝尔奖匹敌的国际奖项。

在“以心为本的利他经济学”的指导下，稻盛和夫以“让员工物心两方面都得到幸福”作为责任、“为了人类的发展贡献心力”作为根本目标。他所创办的企业成为日本发展最快、最具影响的企业之一。

“追求使员工物心两方面都得到幸福。”首先是物质的回报，哪里物质回报多，员工就往哪里去。因为，越多的回报给员工带来的幸福感就越大，心灵的向心力就越大。

克拉克是沃尔玛本顿威尔商店的司机，他于1972年加入沃尔玛之前曾在另一家大公司开了17年车，但他离开的时候只拿到700美元。克拉克加入沃尔玛的时候，公司向他承诺：如果工作满20年，他将至少从“利润分享计划”中获得10万美元。而事实上，到了1992年，克拉克的利润分享数额已经积累到了70万美元。当别人问他对沃尔玛公司的看法时，他说：“我为另一家众所周知的大公司开了17年车，结果离开时只拿到700美元，而在沃尔玛，我得到的却多得多，你们认为我对沃尔玛会怎么看?

这就是“物质幸福”所带来的结果。

当你能很人性化地对待员工时，他们感受的是物质奖励所远远不能达到的。因为这样有一种让员工获得幸福感的心态，会使员工把经营公司的未来和经营自己的个人幸福紧密地联系起来，为公司的壮大发展全身心地投入。

★★★★★★★★★★★★★★★★★★★★★★★★★★★

管理一点通

“接受、理解、尊重、爱”是对于员工的精神关照，能使员工保有一颗快乐的心而尽情于自己的工作。从另一角度，也可以说为员工创造了良好的成长环境，使员工的人生有目标、有希望、有一步步的计划。好的企业环境应该亲切、舒适、积极、阳光，应该是员工心中的天堂乐园，是人生的希望。工作充满愉快感、幸福感，这正是员工被尊重、被关心、被培养、被关爱的结果。

充分发掘下属的自觉性

对于许多管理者来说，有一个难以想象却真实存在的事实，那就是深藏在心灵深处、往往被人们忽略的人性，这是许多管理问题的背后原因所在。如果管理者在制定政策、制度时，不从最基本的人性出发，不尊重员工，就会激起员工的逆反心理，那么员工的工作积极性、创造性会发挥到何种程度？员工的潜能会释放到何种程度？创造的价值会有多大？这样的企业或团队会得到发展和壮大吗？回答是否定的。

智慧的管理者能够发掘出员工的自觉性，让员工积极主动地工作。最高明的管理不是如何制定规章制度，而是从人性出发，发掘员工本性中积极向上的那一面。

在 Google 独特的企业制度当中，20%的“员工自由时间”最为称道。这个

制度让 Google 在条件许可的范围内，最大限度地把工作变成一种兴趣，在 Google 工作的人，感觉不像是在一家公司上班，更像是在一所大学或研究机构做有趣的研究，而 Google 则可以从这些自由员工的大脑中，源源不断地汲取新的创意和新的商业计划。实践证明 Google 的做法实在是太聪明了。Google 的聪明在于，它知道即使不给员工自由时间，员工也会想办法偷懒，与其偷偷摸摸，弄得两边都不爽，何不让员工公开地、自由地支配一小段时间？更重要的是，员工的感受会完全不同，有了 20%的自由时间而不是 20%的偷懒时间，他感到自己被尊重，他感到自己在为兴趣而工作。

马纯武是大庆油田一个中级管理者。他在刚开始负责炼化含油污水处理站时，发现站内员工对机器设备非常不爱惜，导致设备的故障率非常高，频频发生事故。这些问题不但会耽误工作，给管理站带来损失，而且如果出现重大事故，还会威胁员工的生命安全。

怎么办呢？马纯武和站内的管理者们一起商量办法，最后认为，仅靠硬性规定难以让员工做到爱护和高效使用机器设备。马纯武想，员工并不是存心破坏设备的，他们只是缺少积极性，如果将员工的积极性调动起来，就能解决问题。于是，马纯武和其他管理者们想出了一个办法：建立机主小档案。也就是让员工把自己的姓名、年龄、星座等个性化的资料贴在自己所管理的机器设备上，同时附上自己的爱好、人生格言以及生活照片——最好是和家人的合影。实行这个办法以后，员工的状态马上变了个样，一下子觉得这些设备和自己有了最亲密的关系，开始主动爱护机器设备——员工的积极性也就被发掘出来了。

这个办法还有一个更巧妙的地方，他们要员工对自己负责的机器写上一句心里话。于是，有的员工写的是“爱护你，就像爱护我的容颜”；有的写“你的安全，是我最大的幸福”……这些发自肺腑的话，让员工们展示了自己美好健康的一面。此后，管理站设备的故障率明显降低了。

★★★★★★★★★★★★★★★★★★★★★★★★★★★

有人这样说过：“你可以买到一个人的时间，可以雇佣一个人到

指定的工作岗位，可以买到按时或按日计算的技术操作，但你买不到一个人的热情，买不到创造性，买不到全身心的投入，你不得不设法去争取这些更重要的东西。”管理者除了运用薪酬激励外，更要懂得如何调动员工的积极性、主动性和创造性，促进企业的全面进步和员工的全面发展。

第十二章

高效管理离不开制度与纪律

卓越的管理必然是科学的管理，而科学的管理就要用制度管人、按规章办事，要依靠合理的制度和运营机制来规范员工的行为，让大家知道要做什么、怎样做、如何能做好，以及哪些事能做、哪些事不能做。这是一个公司成熟的标志。

制度是管理的保障

一个组织要实现组织目标，形成有效的组织管理制度是有力的措施和手段之一。企业制度作为员工的行为规范，可以使企业有序地组织各种活动。战场上，军纪严明之师众志成城，纪律涣散之旅乃乌合之众。同样，有些企业常常绝招频出，点子不断，但缺少了严格的管理制度，再高明的绝招、点子也只是昙花一现。有人认为教育可以代替制度，其实二者是相辅相成的关系。对职工进行教育和培训是必要的，但不是万能的，教育代替不了制度。

制度就是规矩。国内外著名的企业几乎都高度重视"法治"，有健全合理的规章制度和执法机制。例如，日本东芝公司的电子产品之所以"容光焕发、姣美可爱"，备受世界欢迎，一个重要的原因就是对超净工作间有苛刻的净化要求：女工严禁搽粉，男工必须刮净胡子，操作时绝对禁止说话、咳嗽、打喷嚏，以防空气振动，扬起尘埃。

美国格利森齿轮机床厂有十分严格的安全制度，只要进入车间，不论是去干活还是路过，都必须佩戴安全眼镜，穿硬底皮鞋，并把领带掖在衬衫里面。如果不遵守安全制度，就要受到很严厉的处罚。

有一个关于"一条鞭子"的故事。故事的大意是说英国古老的剑桥大学有一位著名的校长，治校有方，培养出了很多名满天下的学生。有人问他为何能把学校经营得这样好，这位著名的校长说，那是因为他用"一条鞭子"来惩治那些不听话、不上进的学生，并且奖罚严明，又说，如果给他一把手枪，他会把学校管理得更好，培养出更多的好学生。故事的深刻寓意是不用怀疑的。关于"一条鞭子"的故事在其他许多地方也出现过，可能主角不是剑桥的校长，换成了别人，大抵意思也还是说只要有了严格科学的制度并严格执行，就一定能把学校管理好，培养出好学生。这里的“一条鞭子”就成为能够严格执行合理制度的代名词了。其实，不单管理学校如此，从某种程度上讲，经营企业也需要这样的“一条鞭子”。

制度或企业制度是什么？一般地说，它是企业一系列成文或不成文的规则，或者说它是企业贴上个性标签的关于经营管理的不同“打法”。制度不仅规范企业中人的行为，为人的行为划出一个合理的受约束的圈，同时，也保障和鼓励人在这个圈子里自由地活动；或者更通俗地说，制度是一种标签或符号，它将企业中人的行为区分为“符合企业利益的行为”和“不符合企业利益的行为”。企业的领导者和决策者可以据此采取奖勤罚懒的措施，褒奖“合乎企业利益的行为”，惩罚“不合乎企业利益的行为”，从而有效地刺激企业中的员工约束自己，提高组织管理的效率。而在这样的奖罚中，企业的各项规章制度也得以推行和巩固。

企业界流行一个很时髦的说法叫“箱式管理”。什么是箱式管理呢？想一想箱子的结构是什么样的：四面都有隔板，中间是存放空间。这样的结构一方面可以防止箱内的东西突破上、下限越过四周跑到箱子外面去；另一方面箱子里面有一定的空间，是箱内东西的活动范围。箱式管理就如同将公司置于一个箱子中，公司经理及其高级管理人员制定一套公司的规章制度、程序、组织结构和价值观，并且把它们用作衡量员工表现的准则。

事实上，每家公司都可以拥有自己的箱子，这种箱子的周围是各项制度，建造箱子可以选用不同的材料，这就是各种制度的严格程度。留出的空间也因此不同，但员工发挥作用的空间一定要充分。

有些公司、企业一向习惯于“人治”不崇尚“法治”，也就是说大小事情都由领导说了算，没有太多的规章可以遵循。而“法治”就是公司制定出一套完整的规章制度，任何事情都有条款可依。规章制度制定出来以后，更重要的环节在于“执法必严”。《孙子兵法》中指出：要规定明确的法律条文，用严格的训练严整军队，对士兵过于宽松，过于爱怜，结果会导致士兵不能严格执行命令，军队陷入混乱而不能加以约束。现在公司面临的竞争，其残酷程度不亚于战场拼杀，如果不做到纪律严明，令行禁止，是无法获胜的。

古时候，商鞅变法贴出告示：能将这根木头搬到城南门的人可以获得50两黄金。当时人们都很怀疑，私下里议论纷纷。这时，人群中站出来一名壮士，扛起木头，搬到了南门，商鞅立即将奖赏发给了他，这时人们才意识到商鞅立法的严肃性。从此，人们对法律严厉性的认知也提高到一定的水平。

著名管理咨询专家刘光起先生说："管理就是管出道理，道理就是规则规范。"这里所讲的规则规范，指的就是管理中的各种规章制度。中国传统文化中"不以规矩，不能成方圆"的思想，也阐释了规章制度的基础性作用。

约翰和亨利到一家公司联系业务。这家公司的办公室在一幢豪华写字楼里，落地玻璃门窗，非常气派。可是，由于玻璃过于透明，许多来访客人因不留意，经常会撞在高大明亮的玻璃大门上。不到一刻钟，竟然有两位客人在同一个地方头撞玻璃。

亨利忍不住笑了，对约翰说："这些人也真是的，走起路来，这么大的玻璃居然看不见，眼睛到哪里去了?"

约翰并不赞同亨利的说法，他说："真正愚蠢的不是撞玻璃门的客人，而是设计者。如果不同的人在同一个地方犯错误，那就证明这个地方确实存在缺陷。应该考虑怎么修正缺陷，而不是嘲笑那些犯错误的人。"

亨利于是向该公司的经理提了意见，在这扇门上贴上一根横标志线，从此再没有来访客人撞到玻璃门了。

这个故事涉及"修路原则"，即当一个人在同一个地方出现两次以上同样的差错，或者两个以上不同的人在同一个地方出现同一差错，那一定不是人有问题，而是这条让他们出差错的"路"有问题。此时，作为领导，最重要的工作不是管人——要求他不要重犯错误，而是修"路"。

管理进步最快的方法之一就是：每次完善一点点，每天进步一点点，每个人每一次都能因不断修"路"而进步一点点。这里所讲的"路"就是制度和规范，"修路"就是指制度建设。"修路"理论告诉我们，领导工作最重要的不是直接去管人，而是去制定让人各行其职的制度——修筑让人各行其道的路。

公司、企业的规章制度同样也应体现公平和严格。为了提高营业额，北京市某购物中心曾经出台政策重奖销售业绩非常好的职员，当时该中心的员工没

有明确地意识到规章的严肃性，当某位员工的业绩远远超出一般职员而因此获得了2万元重奖时，员工才从心里掂量起规章制度的严肃性，从而公司的各项规章成了员工们关注的焦点，员工严格执行规章制度的意识显著增强，整个中心的效益也由此提升。规章的条文不是通过员工的耳朵来听的，而是通过员工用心去体会、去牢记、去执行的。通过一个典型的例子，来向员工灌输公司的规章制度，使他们明辨是非曲直，知道什么可为，什么不可为，这比滔滔不绝地说教更让人信服。可见，制度管理对于管理员工而言是不可或缺的。

★★★★★★★★★★★★★★★★★★★★★★★★★★★★

管理一点通

没有最好的制度，只有最合适的企业管理制度。公司管理制度是公司为求得最大效益，在生产管理实践活动中制定的各种带有强制性色彩义务，并能保障一定权利的各项规定或条例，包括公司的人事制度、生产管理制度、民主管理制度等一切规章制度。管理制度是实现公司目标的有力措施和手段。它作为职工行为规范的模式，能使职工个人的活动得以合理进行，同时又成为维护职工共同利益的一种强制手段。因此，各项管理制度是公司进行正常的生产经营管理所必需的，它是一种强有力的保证。优秀公司的管理制度必然是科学、完善、实用的管理方式的体现。

规章制度是条红线

管理学上著名的热炉法则认为，制度就像一个很烫的炉子放在那里，只要你一碰到这个炉子，就会尝到它的利害。热炉法则形象地阐述了管理要依靠制度：热炉火红，不用手摸也知道炉子是热的、能灼伤人的——警告性原则。领导者要经常对下属进行遵章守纪教育，以警告或劝诫他们不要触犯规章制度，否则就会受到惩处。

当你碰到热炉时，立即就会被灼伤——即时性原则。惩处必须在错误行为发生后立即进行，决不拖泥带水，决不能有时间差，以便达到及时改正错误行为的目的。

不管谁碰到热炉，都会被灼伤——公平性原则。热炉法则的具体应用表现为：每个单位都有自己的“天条”及规章制度，单位的任何人都必须遵守这些制度，否则就要受到惩罚。

柯达全球副总裁叶莺对此有过很形象的比喻，她说，你要到一个日本人家里去的话，就非得脱鞋不可，不管你脚下的鞋有多贵、多新，即使连地都没沾，也还是要脱，这是一个入乡随俗的规矩。针对新员工必须遵守的行为规范问题，这位《财富》500强中首位华人女性副总裁观点鲜明——“你要进入到我柯达的‘新房’，就必须听我柯达的声音，这是绝对的。”还有一句是：“你要玩我的游戏，当然要遵守我的游戏规则。”

希望集团的治厂方针是“以慈母般的关怀善待员工，用钢铁般的纪律治厂”，一向为外界所称道。总经理陈育新用其近20年的企业管理经验证明：在严厉基础上的宽容效果才更好，在宽容之后的严厉才更有力度。他认为：必须让员工明白，宽容是有限度的，并且宽容只会发生在提高认识之后。

到海尔参观过的人都知道，这家企业的员工走路都被要求靠右行，在离开座位时则须将椅子推入桌下，否则，都将被课以罚款……企业做这样的规定，用意无非是希望全体员工在心目中形成一种强烈的观念：制度和纪律是一条不可触摸的“高压线”。

古人讲：“不以规矩，不能成方圆”；“不奋发，则心日颓靡；不检束，则心日恣肆。”制度规范作为组织管理过程中约束全体组织成员行为、确定办事规则、规定工作程序的各种章程、条例、守则、规程、程序、标准、办法，必须严格执行。实施制度化管理，才能使组织步入规范、科学、系统的轨道，形成良性循环。反之，任何有悖于制度规范的行为和个人，都将使组织蒙受损失，发展受到阻碍。为什么有些企业会在经历了辉煌后不幸夭折，究其原因，其中很重要的一条是制度规范的执行不一、朝令夕改，更有甚者将企业领导者的个人权力凌驾于制度规范之上，犯了管理的大忌！现代企业持续经营的秘诀在哪里？——现代企业最终要靠制度管人，而不是靠人管人。

★ ★

管理一点通

路边有条高压线，路人都被严厉告知不得上前触摸。有人不听劝告，非要上去摸一下不可，结果被电击中。对这种人，我们除了心生同情之外，多少会觉得他有点咎由自取。同理，每个单位都有自己的“天条”及规章制度，单位中的任何人触犯了都要受到惩罚。制度明明规定了员工该做什么、不该做什么，就好像标明了在哪里有“高压线”，必须令行禁止、不徇私情。

制度要令行禁止

执法要令行禁止，社会才能和谐稳定；管理要令行禁止，企业才有生存的希望。令行禁止，法律才有尊严，制度才有效力，管理者才有权威，队伍才有战斗力，才会战无不胜，否则充其量只是一群乌合之众，稍有挫折就会作鸟兽散。

南宋初年的岳家军之所以能成为抗金主力，与其一直执行严明的军纪密不可分，以至于在金军中流传着这样一句话：“撼山易，撼岳家军难。”另外一个典型的例子就是三国时期的诸葛亮挥泪斩马谡的故事。马谡对诸葛亮来说于公于私关系都很好，但马谡丢失了战略要地街亭，诸葛亮最后还是按军法将其斩首，维护了军心的稳定。

建立一套科学的规章制度是搞好企业生产经营活动的前提，但是有了制度，更重要的是要严格执行这些制度，按章办事。有制度容易，按制度办事难，让每个能人都按制度办事就更难。因此，企业领导者对这些问题要常抓不懈，做到有章可循，违章必究。能不能按章办事决定了领导有没有威信，决定了领导能否把队伍带好。就每个人而言，要自觉按规章制度来办事。特别要强调的是，领导要带头执行这些规定，率先垂范，以身作则。

在执行规章制度时存在的一个不可忽视的问题是：执行者必须严肃认真。这种态度本身也应当成为一条纪律，一项制度。同时，对制度的执行情况还要定期检查。要使组织的规章制度更好地发挥其管理功效，在执行规章制度时还必须遵循正确的步骤。概括起来，规章制度的执行步骤包括以下几个方面：

1. 提前做好准备工作

准备工作是执行规章制度的前奏，只有做好了准备工作，执行的过程才能顺利且达到预期效果。一般情况下，准备工作包括思想动员和落实要求两个方面。思想动员，主要应该强调执行制度的重要性、必要性，以及执行后所产生的效果。落实要求，主要是落实范围（在什么区域执行）、期限（执行时间）、负责者（谁来执行）。

2. 付诸实施

一般而言，实施前要正确理解制度的内容，然后制定措施，认真贯彻。同时也要注意观察实施过程中的情况，并做好记录和数据收集与管理。

3. 检查执行情况

在实施过程中，要检查各项工作是否按制度要求执行，并找出异常情况及其原因。同时还要检查实施效果，看最终目的是否达到了，要用事实说话，而不是凭印象办事。

4. 抓好信息反馈

信息反馈是一切经济系统正常运作的一个重要环节。通过信息反馈可以了解规章制度的执行情况，并从信息整理中找出规律，再做出新的规定，这样才能使制度不断完善。

5. 综合考核

一般而言，考核是强化规章制度的一种重要手段。考核的内容包括工作态度、工作能力、技术业务水平和工作业绩等。通过对员工技术和业务的考核，可以确切地掌握每一位员工的工作状况和业务能力，作为其定级、降级、提升和授予职称的重要依据。

6. 总结经验

根据检查考核的结果，企业领导者可以把成功的经验和失败的教训加以总结并使其标准化（制度化、规范化）。这样，下一次进行相同工作时就不必再重新讨论、研究和请示了，可直接按标准进行，并防止问题再次发生。对于没解决的问题，可以找出原因后放到下阶段的修订工作中去解决。

★ ★

管理一点通

晋商之所以长盛不衰数百年，一个十分重要的原因是制订并切实实行了严密而完善的号规。晋商有谚称：“国有国法，家有家规，铺有铺规。”号规无疑是商号的根本大法，其制订得是否完善，是否切合实际，是否对发展有利，无疑与商号的命运息息相关。

大德通的号规上有这样的话：“凡事之首要，箴规为先。始不箴规，后头难齐。”作为统辖商号全局的法规，必须对商号的性质、人事、业务及福利待遇等重大事宜做出原则性的规范，使号内任何人都必须在号规的规定范围内活动。如果能够切实遵守明文规定，可得到奖赏；如果触犯，应视其程度，做出相应的处罚。晋商号规极严，无论经理、伙计、学徒，均须遵守，从而使商号上下努力干事，团结一致，勤奋进取，充满活力。

晋商在号规方面创立了许多行之有效的管理制度，诸如经理负责制、学徒制、休假制、账簿制、保密制等。晋商号规内容之全面，条款之严密，实施之切实，是很多现代企业都难以做到的。尤其是令行禁止，人人遵守，更值得现代企业管理加以借鉴。

正确处理员工缺勤

在管理团队的时候，总会发现会有那么几个人总是喜欢拖拖拉拉，上班不是迟到就是干脆缺勤。这就需要管理者想方设法管理好这些人，以严肃纪律，提高整体的效率。管理者在处理这些缺勤率高的员工时，关键是要弄清楚他们缺勤的原因。

世界各地相当多的员工都承认存在实际未生病却装病不上班的经历。据有人统计，中国有71%的员工承认曾经装病请假，位居各受调查区域首位，法国比例最小，仅为16%。其他国家的数据分别为印度62%、澳大利亚58%、加拿大52%、美国52%、英国43%，墨西哥38%。当被问及为什么要谎称生病请假时，各个地区大多数受访者的主要原因均为压力大需要适当休息，此比例为加拿大71%、美国62%、中国60%、英国57%、法国53%、澳大利亚51%、墨西哥46%以及印度44%。其他原因包括需要照顾生病的孩子、工作量过重以及没有足够的带薪假期。

有些员工认为，工作本身只是获得薪水的一种方式，基本上不存在“快乐的工作”这种事情。他们觉得生活应该是松弛、自由、舒适的，因此宁肯满足现有的生活方式而不去加倍工作从而获得更高的生活质量。这种思想在年轻人中间十分流行，他们与前辈们勤勤恳恳、吃苦耐劳的生活态度形成了鲜明的对比。正是由于他们不能习惯这种日复一日的枯燥方式，不愿意参加那些毫无趣味的会议，所以以短暂的休息来换得一日之闲。

专家们认为，经常缺勤的员工精神上有问题，他们推理说，现实的工作一定是难以忍受以至于这些情感受困的人要通过缺勤来逃避现实，所以应该把这类员工归为一类，即受困扰员工。不管怎样，一般可以通过下列方法来减少缺勤现象：(1) 尽量找出员工缺勤的原因；(2) 加强关于考勤方面的规定；(3) 坚持惩罚制度；(4) 设立一些适当的奖励全勤的措施。

这里主要谈第一点，要知道这第一点往往是处理有心理问题的缺勤员工的关键。在管理者同员工讨论问题的时候，一定要给他们时间解释对工作、同事、工作条件、工具、设备和受到培训的反应。研究表明，影响出勤率最主要的原因是工作本身的吸引力和人际关系。

除了前面提到的那种故意逃避工作的员工外，其他大部分员工故意缺勤是因为受不了工作的压力。他们很可能对枯燥的工作毫无兴趣，或是认为忙碌令他们疲惫不堪。还有一些员工是因为心理上对于复杂或不顺利的人际关系的反感而逃避工作，他们都需要管理者甚至专业人士提供有效的帮助。

管理者可以对因以下问题而缺勤的人员进行帮助：(1) 对工作感到枯燥、无聊或无趣；(2) 一些意志不坚定的员工，易被不良作风带坏而无故缺勤；(3) 来自工作之外的压力太大，如家庭矛盾，削弱了员工上班的决心；(4) 上下班成问题，不论困难是真正存在的还是想象中的；(5) 因不适应复杂的工作关系或人际关系，而导致对工作产生厌倦；(6) 工作之外的实际困难，例如自己或家人生病；(7) 缺勤或迟到成为了一种习惯。

以上这 7 种原因而缺勤率高的员工的确需要管理者提供实质性的帮助或心理咨询，从而逾越困难的沟壑。但是以下 3 种人，管理者恐怕就无能为力了：(1) 工作或工资不具有吸引力；(2) 工作以外的乐趣大于工作；(3) 蓄意缺勤捣乱或给公司造成不便。

应该说，这 3 类人对工作根本没有责任心，他们的问题在于主观而非客观。对于这些人，管理者最好的帮助方式就是将他们推荐给专业心理医生予以诊治，如果再不行的话，就只能采取严厉措施予以处罚了。

★★★★★★★★★★★★★★★★★★★★★★★★★★★

管理一点通

对企业而言，做好缺勤管理，至少能发挥以下几个优势：

一是能使人员的闲置效率有效发挥出来。首先有的缺勤是不可避免的，但很多缺勤是由小病或者其他没必要的原因造成的。其次能让出勤良好的员工摆正工作心态，认真做事。因为一个完善的缺勤管理系统给员工提供了一个公平一致的工作环境。

二是能让企业在解决缺勤问题中完善自己。因为很多问题并非出在员工身上，所以管理者必须从自身找到根源并有效解决，这有利于企业制度的规范化和进一步发展。同时缺勤管理还能辐射影响企业内部的其他细节管理，比如加班管理、文件管理等。

三是能使企业更具凝聚力。因为在对缺勤进行管理时，企业如果能了解缺勤原因并能有效解决，就能增强员工对企业的认同感和归属感。这不仅能发挥出员工的积极性和创造性，还节省了企业内部的绩效管理成本。

正确处理员工迟到

在工作过程中，迟到的现象会经常发生，如果偶尔因急事耽搁了，迟到一两次也无可厚非；但是如果迟到成了家常便饭，那就是比较严重的问题。

“迟到大王”几乎每个公司都会有。有些员工通常主管只要给予一两次警告，就不会继续迟到，但是有些经常性迟到的个别员工即便是天天口头警告也完全无效。

一般来说，习惯性迟到问题可能是由于管理者不重视、企业组织不规范、制度监控不力等多方面原因造成的，管理者可以从企业文化、制度建设和考核执行等几个方面同时入手来解决这一问题：

1. 加强员工的时间观念

首先，要提高企业内部所有人的时间意识，管理者同样也不例外。

时间管理是企业在经营管理中一项重要的活动，是有效地管理和提高公司业绩的重要保证。

其次，要让员工都明白，没有时间观念的员工是不会得到企业领导认可的，同样也不受其他员工尊重。因此，管理者可以考虑将时间观念作为一项考核事项列入绩效考核体系。

2. 建立相应的惩罚措施

建立相应的惩罚措施，如未准时到公司的员工要被罚款，罚款的方式为奖励每个准时到公司的员工 10 元人民币。假如，本部门有 20 个员工，只有一人迟到，那么就让他拿出 190 元，分给这些没有迟到的员工。

3. 严格执行惩罚措施，别让它成为一纸空文

首先，管理者务必做到制度面前人人平等，严格执行制度。其次，执行制度时要人性化操作，如员工迟到确实有特殊情况，则可撤销对员工的处罚决定。总之，在执行制度的同时要注意不要因此削弱员工的积极性。

★★★★★★★★★★★★★★★★★★★★★★★★★★★

管理一点通

对于本部门员工的迟到问题，应个别现象个别处理。首先要找出他们迟到的原因是主观的还是客观的，对于有原因的迟到建议首先解决导致们他迟到的原因，他们也就不会迟到了。对于主观的应当先进行教育，之后可采取对迟到行为进行公告、罚其增加工作量等措施。

正确处理员工违纪

有些员工时常重复犯错，屡教不改。管理就是博弈，而博弈的双方是管理者与员工，品质极其恶劣、不听劝告的员工是极少数的，对这样的员工，解除劳动合同是最好的管理方式，否则会严重影响企业的士气与纪律。而对于一般员工而言，他们的“屡教不改”往往是由管理者不恰当的处理方式造成的。如何对待屡教不改的员工，管理者可以参考以下三种方法。

1. 要克制自己的情绪

面对屡教不改的员工，管理者难免会带有情绪，往往会在极度愤怒的情况下批评员工。然而，这样的做法只能让事情变得更糟，问题非但不能解决，最后留给员工的只能是满肚子怨气，对问题的解决有百害而无一利。员工屡教不改固然可气，但要想真正教育员工，就必须克制自己的情绪。管理者只有让自己保持平静，才能找到适当而有效的方法解决问题。

2. 对犯错的员工不要姑息

有些管理者过分强调人性化管理，对人性的假设以“善”为唯一标准，因此对所有员工都强调宽容之心，对员工的违纪现象采取姑息态度，期望能够感化犯错的员工。这样做的结果却会使员工认为自己的行为并不是什么大错，不会给企业造成损失，于是放松了自己，以至于以后还会再犯同样的错误，到那时再想纠正就很难了。

3. 以纪律强制约束员工的行为

如果管理者针对员工的违纪行为采取了劝告、教育等措施之后，还是无法杜绝个别员工屡屡违纪的行为，这时候就要选择以纪律来强制约束员工的行为，采取相应的处罚或惩罚措施。

员工能否改正错误的行为，管理者的态度是关键所在。规范员工就如同教育员工一般，目的在于帮助员工成长，所以在规范员工行为的时候，管理者首先要有个目标，你希望员工改变什么行为，如何改变，这些都需要管理者事先想清楚，甚至拟好计划。另外规范员工行为时，管理者也要在心中设定各种状态，如果员工没有改进的话，下一步要怎么做。首先，管理者要问自己，为什么无法改变员工的行为？是激励方式错了吗？每个员工想要的东西不同，如果没有针对员工的特殊要求，管理者的规范行动可能迟迟看不到效果。

★★★★★★★★★★★★★★★★★★★★★★★★★★★★

管理一点通

对违纪行为的管理要做好三个结合：制定政策与政策实施相结合，正强化与负强化相结合，自律与他律相结合。制定政策必须结合企业的核心价值观和企业的实际情况，并且依据执行情况定期回顾和修订。政策实施必须果断，有章必循，不然企业规章制度的严肃性将受到质疑。尽管对员工违纪行为的管理多采用负强化的方法，即对违纪行为进行纠正，但是不能忽视正强化的使用，即鼓励和表彰企业所期望的行为，在员工周围树立典型，鼓励员工学习身边的模范。最后要注意自律和他律的结合。在保证企业正常运作的前提下，充分鼓励自律，发挥员工的自我能动作用。

纪律是一切行为的保障

狼是群居动物中最有秩序和纪律的族群！狼，是陆地上生物最高的食物链终结者之一。由于有狼的存在，其他野生动物才得以淘汰老、弱、病、残，也因为有狼的威胁存在，其他野生动物才被迫进化得更优秀，以免被狼淘汰。一定意义上说，没有狼的存在，生态上将出现良莠不齐、传染病众生的局面，不利于生命的稳定、健康的平衡发展。

狼至少意味着一些组织性以及纪律性，狼至少有着明确的生活目标，而且目标比较简单和唯一，狼至少有着敢于竞争的精神和动力，有着独立的不依赖外来力量的精神。虽然我们的文化从小之时就开始教育我们狼是危险的，狼是凶残的，狼是狡诈的，但随着我们长大，就要学会用自己的眼光打量狼，我们试图努力学习的恰恰是狼具备的那种顽强的、进取的、执著的精神。

纪律是保证凝聚力的先决条件。对一个组织而言，没有纪律，便没有了一切。对公司而言，纪律首先是遵守与服从。遵守纪律是一种美德，也是一种文化，没有服从就没有凝聚，就没有秩序。

什么是纪律？纪律首先是服从，下级服从上级、部门服从公司、公司服从集团。令行禁止，决定的事和布置的工作必须有反应、有落实、有结果、有答复。服从是员工的基本素质，也是对所有员工的基本要求。

纪律是严格遵守各项规章制度，贯彻各种会议决议，执行集团、公司制定的预算、计划、通知，这是员工必须履行的职责。当然，自律是纪律的重要组成部分。领导必须带头遵守有形的规章制度和无形的企业文化，这是贯彻纪律的关键。任何干部、员工都不得将个人、亲属、朋友、小团体的利益凌驾于企业利益之上。

在公司里做事，工作习惯必须适应公司的纪律。形成纪律是一个人、一个团队在复杂多变的竞争环境中生存、发展乃至成功的基础。从学习规则，遵守纪律，树立纪律意识，刻意使自己的行为服从于纪律，到自觉把纪律变成自己的习惯，需要一个较长的过程，需要克服自身许多不完善之处。但只有把纪律变成习惯，才能具备持久的战斗力。

★★★★★★★★★★★★★★★★★★★★★★★★★★★★

管理一点通

一个团结协作、富有战斗力和进取心的团队，必定是一个有纪律的团队。同样，一个积极主动、忠诚敬业的员工，也必定是一个具有强烈纪律观念的员工。当你的企业和员工都具有强烈的纪律意识，在不允许妥协的地方绝不妥协，在不需要借口时绝不找借口——比如质量问题、对工作的态度等，你会发现，工作因此会有一个崭新的局面。

有纪律才能有所成就

纪律是一个团队生存和作战的保障，没有了纪律，这个团队就会像一盘散沙，各自为战，失去前进的方向。领导一个团队，最重要的就是纪律，与纪律相比，其他一切都是第二位的。

纪律是胜利的保证，没有严明的纪律，小而言之，军队打仗不可能取得胜利；大而言之，一个国家就会乱得一塌糊涂，毫无秩序。对一个企业而言，铁的纪律是企业之根本，如果没有了纪律的约束，那么就会人心涣散，企业毫无生命力可言。

20 世纪 70 年代，伊藤洋货行的董事长伊藤雅俊突然解雇了战功赫赫的岸信一雄，在日本商界引起了一次震动，连舆论界都用轻蔑尖刻的口吻批评伊藤。人们都为岸信一雄打抱不平，指责伊藤过河拆桥，之所以将三顾茅庐请来的岸信一雄给解雇，是因为他的东西已被全部榨光了，已没有利用价值。在舆论的猛烈攻击下，伊藤雅俊却理直气壮地反驳道："纪律和秩序是我的企业的生命，不守纪律的人一定要处以重罚，即使会因此减低战斗力也在所不惜。"

事情的起因是这样的：岸信一雄是由"东食公司"跳槽到伊藤洋货行的。伊藤洋货行以从事衣料买卖起家，所以食品部门比较弱，因此才会从"东食公司"挖来岸信一雄。他来到伊藤洋货行后，表现相当好，贡献也很大，10 年间将公司的业绩提升数十倍，使得伊藤洋货行的食品部门呈现一片蓬勃的景象。

伊藤洋货行一向是以顾客为先，董事长伊藤雅俊对员工的要求十分严格，要求他们彻底发挥自身的能力，以严密的组织作为经营的基础。

但随着公司业绩的增长，岸信一雄却对公司制定的规章制度一律不予遵守。他经常支用交际费，对部下也放任自流，这与伊藤雅俊的管理方式迥然不同。因此，伊藤雅俊要求岸信一雄改善工作态度，按照伊藤洋货行的经营方法去做，但岸信一雄根本不加以理会，依然按照自己的做法去做。

尽管岸信一雄是个经营奇才，但他却居功自傲，不守纪律，屡教不改，伊藤雅俊最终只得下决心将其解雇，杀一儆百，以维护企业的秩序和纪律。

管理一点通

纪律永远是忠诚、敬业、创造力和团队精神的基础，对企业而言，没有纪律，便没有了一切。纪律是一个企业兴旺发达的关键，没有纪律，任何一个企业都不能兴旺繁荣。因此，企业制定出来的各种规章制度不能成为摆设。作为领导，应当以有效的手段保证其得以贯彻落实，一旦发现有人违规，便加以惩治，绝不手软。

第十三章

高效管理要懂得恩威并举

完全理性的人是不存在的，不要以为员工为了挣钱就当然会努力工作，从而放松对员工的要求和管理，这种完全放羊式的管理只适合于那些成功欲望特别强的人，一般的人还是需要有制度约束的。完全的松弛不行，完全的严厉也不行，应该是严格要求中带有松弛，这样才比较适合。

用威信让下属服从管理

一个管理者，由于身在其位，自然有权，有权就可以使下属服从其意志和指挥。虽然如此，但如果太仰仗权力，采取强硬手段来压制下属，口口声声地说："我说这么做就得这么做"，不厌其烦地一再向人们显示自己的权力，不但不能使下属信服，而且蛮横、高压地利用权力，还会引起下属的反对，虽然有时只是"敢怒而不敢言"。

对于大多数下属来说，就算不受到强制，也会有服从领导的心理，所以领导不能借助权力压人，即使权力再大，也不能过于蛮横无理和不近人情。否则，不但达不到管人应有的效果，有时还会给自己带来灾祸。

领导下达命令要符合实际情况，指责应该有充分的理由，而不应该因为被赋予了某种权力就滥加应用。把强制及使人服从的力量藏而不露，在必要时再施展铁腕，才是聪明的做法。

在当代社会，自尊心问题已经不容忽视。当管理者过于蛮横无情，让下属难以下台时，下属对管理者和企业的忠诚与信任感就会消失殆尽。一些管理者经常站在下属面前，凶狠地批评下属，并责令他们立即做出汇报。这种巨炮猛轰式的发火方式，无疑会伤害下属的自尊心，令其心生抗拒。这样一来，想管好他们，也就无从谈起了。

管理者要想管好下属，首先就需要让员工信服你。如何信服呢？这就涉及威信了。那么什么是威信呢？所谓威信，是指在社会交往中影响与改变他人心理和行为的能力。威信是"无言的召唤，无声的命令"。一个领导者要想充分发挥自己的领导功能，威信的高低是一个关键因素。然而，威信既不能向上级要，又不能靠别人吹，必须由自己的非权力性影响力去赢得。领导者想要树立威信可以从以下几方面入手。

1. 以优秀的品德赢得下属的敬重

德是人的灵魂，品德的力量是一种看不见摸不着的力量，但却能形成强大的心灵感召力和震撼力，它对人们行为动机的自我检查、行为过程的监督、行为后果的评估起着极大的影响作用。管理者的品德如何，直接决定着团队的发展，直接影响到其形象和权威。崇高品德应有下面几点要求：

高尚的道德素养——为人诚实，作风正派，乐于助人，一身正气。

高度的敬业精神——即要有高度的责任心和事业心，全身心投入工作。

2. 以广博的学识取得下属的信赖

当今社会正处在一个信息爆炸、知识猛增的时代，学科门类迅速增多、学科划分也日趋细密，学科之间的沟通、交叉越来越普遍。为适应社会的发展、时代的需要，管理者必须具备广博的学识——合理的知识结构和扎实的专业知识，才能胜任日益复杂化的领导工作。

3. 以卓越的领导才能为下属所钦佩

知识不等于能力，知识渊博的人，并非就有领导能力。一个成功的管理者，固然要有崇高的品德、丰富的知识学问，但是要把领导良好的愿望变成现实，还必须具备超凡的掌管企业命运的能力。

管理者如果德高望重，智多识广，德才兼备，自然就有不凡的影响力，对于才华超群的管理者，下属是打心眼里钦佩的，而且十分乐意在这样的领导手下工作，自然在无形中就增加了下属对领导的向心力。

4. 以良好的精神风貌为下属所称道

管理者的精神风貌也是领导权威不可忽视的一个方面，它是管理者内在因素与外在因素的综合体现。良好的精神风貌能给下属带来奋发向上的乐观情绪，使下属产生“领头雁”的信赖感。

5. 以良好的心理素质博得下属的信服

每个人的言行都是其内在心理活动的外化表现形式，管理者的心理素质对于领导行为、领导效果都有极大的影响。管理者的德、识、才及领导作风与其心理是息息相关的。可以这样说，卓越的领导才能来自于心理素质，复杂艰巨的领导工作要求管理者具备良好的心理素质。两军相遇、勇者胜，说的即是这个道理。

★★★★★★★★★★★★★★★★★★★★★★★★★★★★

管理一点通

领导者如果缺少威信，那将是件很糟糕的事情。领导者不树立威信，就无法起到“领头羊”的作用，无法依靠众人取得成功。威信可以说是领导者身上的光环，失去了它，再有能力的领导者在众人眼中也会显得一无是处、暗淡无光。

没有威信的领导者，不可能在组织中起到领军作用。有些人虽然担当了主管职务，但没有威信，员工对其指令及要求视而不见。威信包含着威望与信誉，是无价之宝，是领导者必须具有的素质与资本。

领导者要有虎威，即像老虎一样威风八面，人见人畏，业绩突出，行动迅速，诚信为本。它不仅仅关系到个人的成功，更影响着团队的士气与前程。

威信是一种大品格，是一种大诚信，是一种大能力，是一种大智慧，是一种大勇气，在企业内主要由专业专长、从业经历、工作绩效及人格魅力构成。威信不能靠权力去争取，而是通过人格魅力的影响来构筑。

对下属要恩威并重

事在人为，管理应该以人为本，对待下级不宜太严，也不能够过分宽松。不必太拘束，也不应该过分熟而不拘礼。一个合格的管理者，不仅要有威严和震慑力，同时还要善于安慰和鼓励下属，所谓“恩威并重”。

所谓恩，不仅表现为对下属在物质上的奖赏和帮助，而且还表现为在精神上的理解、宽慰、尊重、信任和鼓励等。比如，亲切的话语及优厚的待遇，尤其是话语，要记得下属的姓名，每天早上打招呼时，如果亲切地呼唤出下属的名字再加上一个微笑，这名下属当天的工作效率一定会大大提高，他会感到，头儿是记得我的，我得好好干！另外，还要关心他们的生活，聆听他们的忧虑，对他们的起居饮食也要考虑周全。

管理者在处理与下属的关系上，特别是在自己行使权力的过程中，要善于把恩的因素和威的因素有机地融合在一起，以收得下属既服从又感激之效。这里，以下三点值得提倡：

1. “软”与“硬”高度地统一

作为管理者既要温和、慈爱和无私，时刻给下属以真诚的爱，同时又要对下属的各种不良行为绝不姑息迁就，使软与硬高度地统一起来。做到这一点，就会使下属对你既尊重和感激，又不敢违令擅行。

2. 命令与商量融为一体

比如可以说：“我是这么想的，你们的意见呢？”当对方把自己的想法说出来后，如果有道理，不妨可以说：“我明白了，你说得很有道理，我想就这么办吧！”这样做，既可避免管理者的命令或指示的不周，也可使下属因受到管理者的充分信任和尊重而心情舒畅，从而以极大的热情去执行你的命令或指示。

3. 谴责、惩处与尊重、关怀融为一体

对下属的谴责和惩处，要同时又能体现发自内心的尊重和关心，从而使对方既诚服又感激。

恩与威是管理者驾驭下属的手段，若能把这两种手段结合起来，并依照实际情况灵活运用，在赢得人心、创造效益方面，便可取得不错的双丰收。

★★★★★★★★★★★★★★★★★★★★★★★★★★★★

管理一点通

领导者的威信来自于两个方面：一是权力所赋予的；二是凭自身能力和品质争取的。威信是一个合格领导者的基础，没有威信的领导者是很难行使权力的。那么如何获得威信呢？很重要的一点就是，领导下属要懂得恩威并施且一定要恰到火候。“恩”就是温和、奖励、赞美，“威”就是严格、批评、期望。下属做得有失妥当的地方固然应当批评，而对其表现优秀之处，更不可抹杀，要给予适当奖励，这样下属的内心才能平衡。

一半黑脸，一半笑脸

管理者有威，下属才会敬畏你，工作中不敢马虎敷衍。不过，如果你一天到晚黑着脸骂人，谁愿意替你卖命呢？但如果你过于宽厚，公司上下一团和气，干好干坏都差不多，就同样会严重损伤员工的工作积极性。

在管理工作中，只有一张黑脸，或者只有一张笑脸，都不能起到最好的作用。满脸怒气的责骂固然重要，但是一脸慈祥的谆谆教诲也不能丢弃，最好的效果，就是一半黑脸，一半笑脸。

高明的领导人，莫不运用红白脸相间之策。他们就像高明的演员一样，会根据角色的需要适时变换脸谱。

有些时候，管理者需要摆出一张微笑的面孔，点头向大家说：“可以，很好”，不时地感谢一下员工。也可以说几句“辛苦了，谢谢！”以使大家工作起来更有劲头，更加高兴。

有些时候，管理者又需要摆出一张严肃的面孔，用来指挥大局，共同奋斗。他可以用一种无可置疑的口气向员工发号施令说：“你把这份文件整理好，两个小时后传给我。”“你今天必须把这个任务完成了”等。甚至，他会是一副怒发冲冠的样子，对你吼道“这个不行，你要重做”等。

无论是黑脸还是笑脸，需要兼而有之，二者缺一不可。比如对一个人只看到其优点并大加赞赏，而对于其不对的地方却不加以指正，那么这个人就会被宠坏，从而变得骄纵无礼。反之，若是只去批评打压，那么他就会受挫失去信心。别人的心理平衡很重要，一旦被打破，想重新挽救就更加困难了。奖惩并重，既褒奖进步的人，又打压进谗言的人，对二者都进行公平的对待。这样处事，于人于己都有益处，可谓是手段独到，恰到好处。

什么时候唱红脸，什么时候唱白脸，管理者要把握好。在施行的时候，黑脸和笑脸并举，二者不可失之偏颇，否则，就不能驾驭好下属，充分发挥他们的才能。

★★★★★★★★★★★★★★★★★★★★★★★★★★★★

管理一点通

企业中的“白脸”必不可少，这是企业经营的底线，是原则，是高压线，任何人都不能触碰、不能越线，也就是企业的规章制度。没有规矩不成方圆，企业如果没有规矩和原则，后果将不可想象。

管理者要始终保持乐观的情绪，并且将乐观通过对每一个人员的鼓励和肯定传递给员工，当员工取得哪怕一点成绩时都予以肯定并鼓励，同时启发员工是否可以做得更好，怎样做得更好，有没有更好的方法。

对下属发火要适度适时

在工作中，管理者难免有与下属生气发怒的时候，适度适时的施威是必要的，这足以显示领导的威严和权势，对下属构成一种令人敬畏的风度和形象。但是领导发火，不宜把话说过头，不能把事做绝，那样的话就起不到说服的目的了。领导人话一出口，一言九鼎，特别是在大庭广众之下，一言既出，驷马难追，而一旦把话说过头则事后骑虎难下，难以收场。那么，管理者应怎样留有余地的发威呢？

1. 施威应当虚实相间

对当众说服不了或不便当众劝导的人，不妨发火，这既能防止和制止其错误行为，又能显示出领导人具有威慑性的力量。但对有些人则不宜真动肝火，而应以半开玩笑、半训斥的方式去进行，使对方既不能翻脸又不敢轻视，内心有所顾虑——假如上司认真起来怎么办？

2. 施威时要注意树立一种被人理解的“热心”形象

大事认真，小事随和，轻易不发火，发火就叫人服气，长此以往，管理者才能在下属中树立起令人敬畏的形象。令人服气的发火应是和热诚的关心帮助联系在一起的，领导应在下属中形成“自己虽然脾气不好但心肠热”的形象。

3. 发火后及时进行感情补偿

领导人的发火不论怎样高明总会伤人，只是伤人有轻重而已。因此，发火伤人之后需要做及时的善后处理，即进行感情补偿，因为人与人之间，不论地位尊卑，人格是平等的。妥当的善后要选时机，看火候，过早了对方火气正盛，效果不佳；过晚则对方郁积已久的感情不好解开。因而，宜选择对方略微消气、情绪开始回复的时候为佳。

正确的善后，要视不同对象采用不同的方法。有人性格大大咧咧，领导发火他也不会往心里去，故善后工作只需三言两语，象征性地表示就能解决问题。有的人心细明理，领导发火他也能谅解，则不需下工夫去善后。而有的人死要面子，对领导向他发火会耿耿于怀，甚至刻骨铭心，则需要善后工作细致而诚恳。对这种人要好言安抚，并在以后寻机通过表扬等方式予以弥补。还有的人量小气盛，则不妨将善后拖延进行，以天长日久见人心的工夫去逐渐感化他。

艺术地善后还应体现出明暗相济的特点。所谓“明”是领导当面和解；所谓“暗”是指对器量小者发火过了头，单纯面谈也不易挽回时，便采用“拐弯抹角”或“借东风”法。例如在其他场合，故意对第三者讲其好话，并适当说些自责之言，使这种善后语言间接传入其耳中，这种背后好言更容易使其被打动、被感化。另外，也可以在其困难时暗中帮忙。这些不在当面的表示，待其明白真相后，会对领导由衷地感激。

★★★★★★★★★★★★★★★★★★★★★★★★★★★★★

管理一点通

发怒是一种比较负面的情感，但是有时大喝一声拍桌子等表现，却可以刺激人心。下属看到上司发脾气，自然就会很小心地做好工作。所以，有时利用表现负面情感的方法，可以鞭策下属，不过一定要适度适时。

要敢于批评与处罚

在有些情况下，并非某一员工总是犯错误，而是绝大部分员工都如此，组织已处于无序状态，甚至于领导的命令已不能产生效用，这时候，最好的办法是抓住某一特定的资深人员，作为典型处理，杀鸡儆猴，牺牲个人，以挽救整个组织。

1. 抓住第一个以身试法者

如果说办公室里已经暴露出了无序的苗头，管理者就应该注意观察，抓住第一个以身试法者，并从速从严予以处置。这样做有两个好处：第一，第一位只有一个人，容易处置；第二，第一位胆量大，影响坏，若不及时处理，便会有效仿者紧随其后。处理第一位能够起到杀一儆百的作用。

2. 有选择地重点打击

如果同时碰到好几位违纪违规者，应当缩小打击面，重点惩处情节严重、性质恶劣、影响最坏者，其他的给予适当批评教育就行。如果不加选择，一律照打：第一，由于打击面过宽，达不到“警”的目的；第二，会影响工作；第三，树敌太多，影响你的威信。

3. 要注意频率和次数

此法不能用得太多、太频繁，否则会引起下属们对你的不满，甚至认为你只会处罚人、挑别人毛病，缺乏管理能力，从而从内心里看不起你，影响管理者的形象和权威。

抓典型的方法是非常有效的。如果责备整个部门，将会使大家产生每个人都有错误之感而分散责任；同样，大家也有可能认为每个人都没有错。所以，只惩戒严重过失者，可使其他人员心想：“幸亏我没有做错”，进而约束自己尽量不犯错误。而且，如果受指责的对象是资深或重要的干部，其效果必然倍增。因为部门内紧张感提高后，每个人必会心怀愧疚地自责：“他被责骂是因为我们的缘故！”如此一来，下属们各自庆幸不已，并且一定会加倍努力工作，组织则自动回到有序的状态。

管理一点通

对于极少数工作纪律涣散或工作业绩不佳的员工，要敢于批评甚至运用处罚措施。一个领导干部如果把让所有人都说好作为自己追求的目标，那么他终将失去大多数人的支持。一个想讨好所有人的领导，注定无法讨好大多数人。因为我们永远无法维护所有人的利益，永远无法迁就所有人的观点。

处理好下属之间的矛盾

对于任何一个企业来说，员工与员工之间没有不存在矛盾的，不论是上级、下级、还是平级，或多或少都存在矛盾，关键看领导如何调节，让这些存在矛盾的员工能够化干戈为玉帛，劲往一处使，共同为企业努力。那么如何才能处理后好员工之间的矛盾呢？

1. 冷静公正、不偏不向

这是解决下属之间矛盾的最基本原则，不管出现矛盾的双方业绩的好与坏、资历的深与浅，你都要就事论事，如果在处理过程中有失公正的话，将会带来预想不到的后果。

2. 不要在矛盾双方都在气头上时着手处理

在矛盾发生时，往往双方都会情绪激动，有可能会立即找到你，希望你能立刻判断出谁对谁错。此时，你一定不要马上下结论或者做任何火上浇油的事，立即着手处理矛盾。因为此时矛盾双方都在气头上，情绪激动，大多数情况下无论怎样处理，双方都不会满意。最好的方法是先让双方回去静下心，平稳自己的情绪，然后再逐个谈话，了解问题真相，降温处理。

3. 对于错误的一方要给足面子

俗话说人要脸树要皮。作为主管一定不要太过鲁莽，在矛盾的一方承认自己的错误后，他往往会拉不下脸来向对方道歉，认为这样面子上过不去，以后不好一起工作等。这时不要勉强让他去亲自认错，可以营造一种气氛来化解矛盾，比如说请他们两个甚至整个部门一起吃个饭，增进交流沟通。

4. 单独接见

双方因公事而产生矛盾时，“官司”打到管理者的跟前，这时管理者不能同时向双方问话，因为此时双方矛盾正处于顶峰，此时来谈，双方定会在管理者跟前大吵一顿，可能就谁最先失误或失礼而争论不休，让管理者也卷入这场“战争”。

此时管理者不妨倒上几杯茶，请他们喝完茶先回去，然后分别接见。

单独接见时，请陈述者平心静气地把事情的始末讲清楚，此时管理者最好不要插话，更不能妄加批评，要着重在淡化事情上下工夫。

5. 不公开说谁对谁错

事情往往是“公说公有理，婆说婆有理”，双方所讲的当然会有出入，且都有道理，管理者在一些细节问题上也不必去证明谁说的对。

但是非还是要由管理者来断定的。当管理者心中有数了，此时尽管黑白已明，也不要公开说谁是谁非，以免进一步影响两人的感情和形象。假如管理者公开站在某一方，显然这方觉得有了支持而气焰大涨，而另一方则会觉得管理者偏袒一方。

管理者不妨这么说：“事情我已经清楚了，你们完全没有必要吵得这么凶，事情过去了就不要再提了，关键是要从大局出发，以后不计前嫌，精诚合作。”管理者这么一说，双方有了台阶下，事后冷静下来后，双方都会有所收敛，互相道个歉，也就解决问题了。

6. 慎重处理私事

如果纯属私事，管理者也应该慎重处理，切不可袖手旁观，因为两人私事上的矛盾会直接影响到工作。对此，也要分别召见两人，但与处理公事的方法不同。

对于员工之间的私事，管理者没有必要明察秋毫，评定谁是谁非，有许多私事是十分微妙的，看似简单，实则越处理事情越复杂，可能会扯进来很多旁人，事情越闹越大，定会影响公司的整体工作。

管理者可以采用冷处理，当然有时可以一言不发，但为了收到预期效果，更多的时候则需要调动多种因素，综合运用冷处理方式，借助神情、目光、态势等予以辅助，形成一种综合性的暗示语言，来表达自己的思想倾向。如，下级汇报工作，管理者为了表示倾听，有时“嗯”一下；有时皱皱眉头，表示不解或思索；有时记录一下，以示重要。再如，对下级所提问题和要求，不便答复或不愿答应时，可伴以冷漠神情，或者“环顾左右而言他”，以转移话题，暗示下属自己不感兴趣、不同意或不好表态。若对下级所提问题和要求认为有些道理，但不便明确支持，或担心尚有风险，可以在冷处理中辅以赞许目光，也可以在详细询问之后顺便说上一句：“先试一下看看吧。”总之，同是冷处理，灵活运用其效果可能会各不相同。

冷处理的生命在于灵活。灵活运用就是从实际出发，根据具体情况具体分析，有针对性地加以使用，但冷处理的方式不能机械搬用。有时情况急迫，管理者却一言不发，会给人一种无动于衷、麻木不仁的印象；有时需要及时表态，管理者却迟迟不开口，会给人一种迟钝、反应不灵敏的感觉。即使在需要冷处理时，如何保持，辅以哪种表情、神态，需要保持多久，这些也不是“一刀切”的，而应从实际情况出发，灵活地掌握。不要千篇一律，要随机而定。

冷处理的魅力在于“分寸”和“火候”。管理者运用冷处理，要掌握好一个“度”，择机而用，用得适度，适可而止，恰到好处，把握好“分寸”和“火候”。

★★★★★★★★★★★★★★★★★★★★★★★★★★★

管理一点通

员工之间在利益、思想、方法等方面，难免会发生这样那样的矛盾。发生矛盾冲突，其原因可以说是多方面的，有其自身素质的缺陷，有彼此交谈、协调、沟通不及时和在利益处理上的不公正等。由于这些原因，员工之间发生矛盾是不可避免的。

处理好员工之间的矛盾，首先要培养宽容揽过的精神，要有容人所短的胸怀，豁达大度；其次要采用适当的方法来进行处理。

妥善处理犯错的下属

当下属犯了错，你认为最有效的处理方式是什么？当你犯了错，你认为领导什么样的态度能使你容易接受、有利于工作改进？其实这是一个问题的两个方面，是让管理者站在不同的角度去体验批评与被批评时的感受。

很多管理者认为既然是下属的错，就该由下属承担，自己没有责任，并不懂得一起去承担错误这个很简单的道理。尤其在上司面前，如果只顾推卸自己的责任说这全是下属的错，这只会令上司反感。上司认为既然你是“头头”，下属的错等于是你的错，起码你应承担监督不力或用人不当的责任，怎么会全是下属的错呢？这样只会在上司心里留下你不负责任的印象。

有智慧的管理者，应当站在下属一边，在上司面前勇敢地承担责任，检讨自己是否有疏忽的地方，是指导不到位还是监督不力，认真思考并积极改善，这样的管理者才会让上司满意。

对待下属犯错，要学会换位思考，宽厚待人。其实当做不好一项工作时，最难受的是下属。而作为管理者，不问青红皂白一顿批评，这样只会让下属产生抵触情绪，不利于问题的解决。

管理者应该帮助下属发现问题、改正问题。如果发现下属确实不适合这个岗位，应该尽最大的努力去帮助其寻找擅长的工作，完成角色的转变。只有这样，才能赢得下属的敬爱。

试想一下，一个处处为下属着想的管理者怎么会不受到爱戴和拥护呢？因此，当下属犯了错误的时候，不要急着去批评他，而是和他站在一条战线上，帮助他寻找工作没有做好的原因。这样，你的下属才会努力把工作做好。

1. 关注员工成长，鼓励员工勇于犯错，但不允许重复犯错

有些领导总是批评下属说“你怎么这么笨？做什么都不行，做什么都犯错”，但领导似乎忘记了自己以前做同样的事情时也犯过错，自己也是在不断总结经验教训中成长的。

下属一犯错就受批评，长此以往，将导致员工都不干自己不熟悉的事情、无经验的事情，解决问题也从不找新的方法，以避免被批评，久而久之部门一潭死水，没有创新，没有活力，领导很辛苦，不得不事事都自己操心。

某种程度上，应该鼓励员工犯错，员工勇于犯错，部门才能有创新有进步，充满活力，但是重复犯错应坚决杜绝。部门一个人犯错了应该全部门共同借鉴经验，避免重复犯错，共同学习和进步，创造一个良好的创新和分享的环境。

2. 帮助员工分析和改正错误，让每次错误成为成长的一部分

某个伟人说，智慧 = 经验 × 反思的平方，只是批评员工只能增长员工的经验，员工的智慧成长最重要的是错误的反思，所以作为领导帮助员工进行错误分析，帮助员工反思，将大大提高员工成长的速度，减少再次犯错误的机率。

3. 只会一味批评是领导无能的表现

有领导说，我们批评员工是让员工认识到错误，记住这次错误，让他不敢再犯错误；也有领导说，这个人实在是太笨了，总是犯错，怎么纠正都不行，所以只好教训了；甚至有领导认为批评员工能让员工长智慧，而且能提高自己的形象和威望。

员工都不知道错误在哪，他如何能提高？如何能不再犯错误，如何能长智慧？员工只是变得更小心翼翼了，变得更不主动了，这些是作为领导需要的东西么？答案肯定是不是！所以作为领导应该意识到这个问题，不能仅仅只是批评，还要帮助他吸取教训，避免重复犯错。

★★★★★★★★★★★★★★★★★★★★★★★★★★★★

管理一点通

当老鹰盘旋在天空时，我们看到草地上觅食的老母鸡总是急忙招拢来小鸡，将它们藏匿在自己温暖的翅膀下。其实，上司对其下属也应如此。俗话说："大树底下好乘凉"，倘若你能给下属提供一个好乘凉的地方，那么你的下属将会因你的施恩而"报效"于你。

在上司眼中，你既然是"头头"，你的下属犯的错，就等于是你的错，起码你犯了监督不力或用人不当的错误。所以下属闯祸，请你冷静检讨一下自己，如果完全是因为下属自己的疏忽，可把他叫到跟前来，冷静地向他分析整件事情，告诉他错在什么地方，最后重申你的宗旨——要求每一个下属做事全力以赴，并冷静地处理事情，但你永远是他们的后卫。

如何当好新任管理者

有这样一群新任管理者，在任职的公司里，他们不是这个企业土生土长的管理人员，而是外来的"空降兵"。他们一进来就占据了管理层的位置，大权在握。

这本来是一群很有理由骄傲的管理者。老板选择他们，是肯定他们的能力；他们会选择跳入这家公司，也必然因为这家公司有吸引人之处，至少收入会提高不少。但这些新管理者在经历过"新官上任"的风光之后，最后不少以失败收场。

新任管理者会发现，短短时间内，很多可能遇到的麻烦忽然全部出现。工作思路没人提供建议，工作计划完全由自己制订，下属阳奉阴违，工作方案得不到有效执行……结果多则一年，少则数月，新管理者就不得不黯然离去。

是什么原因，使在原公司做得有声有色名声在外的众多管理者，换了一个地方后立刻水土不服呢？这很大程度上是因为他们没有处理好与老员工的关系。通常来说，年轻的下属们还算比较听话，但是年长的部属们可就不太好对付了。老员工们认为，公司推翻了按资历升迁的先例，着实背叛了与他们的约定及他们对公司的期待，所以他们便将此怨恨向新领导发泄，使他左右为难。

作为新任管理者，如何在新公司"软着陆"呢？总结起来不外乎下面几点：

1. 对自己定位要准

首先应知道自己能够做什么，为什么来做，怎样才能做好，要做到什么程度，对自我角色要根据具体的职位和管理权限有一个清晰定位。其次对于当前的企业状况有非常详细地了解。

2. 放下架子

无论是哪个级别的管理者在刚进入企业时一定要用非常诚恳的态度去对待每一个人，毕竟别人还不认识你，对你充满了排斥，如果你自己还要高高在上，那么没人会配合你。无论管理什么具体工作，最重要的就是管人，要想和其他人处理好关系，必须放下自己的架子，诚恳地让别人知道你是为了事业而来。

3. 善于聆听下属的倾诉

对于年长下属的烦忧、怨恨、悲伤、不平不满的心情不要觉得麻烦，反而要安排几次机会聆听他们的倾诉。你可多询问他们过去工作的状况，附和着他的话，并以客气的言词与其交谈，他们的态度就会变得非常温和。如此一来，他们心理上的压力自然会缓解，从而能客观、冷静地反省自己的工作能力、意愿及业绩。他们对于亲自聆听自己牢骚的领导一定也会心存好感。

4. 多向长者请教

作为领导，不仅在工作上，而且在人际关系、社会经验等问题上，都可以向年长者请教。尽管在公司中你是他们的上司，但是你还是应以尊重长者的姿态给他们面子，他们也会产生满足感。

5. 与下属、上司深度沟通

一些职业经理人初到新的企业，都是光着脚过河，自己摸索着走路，各个部门不会主动向你说明情况，给你提供所有的资料让你了解。这时，就需要通过大量与企业下属、上司的深度沟通来达到工作的目标。

6. 后发制人

作为新来的管理者，下属免不了会给你"下马威"，他们会对你的"从前"很感兴趣，你的优势是什么，劣势是什么，他们都会逐项研究，细细打听。这个时候，你必须把自己当成职场新人来看待，刚刚入行时候的那些"规矩"要重新捡起来，多问为什么，少说怎么办。待你把周边的情况掌握得差不多了，再来"管教"下属不迟。

管理一点通

领导者会遇到各种不同的挑战，唯有培养多方面的能力，才能为以后的工作打下坚实的基础。要成为一名杰出的领导，需要果敢决策，勇担责任；也需要虚怀若谷，知人善任，体恤下属，不搞专制。只有这样，才能营造良好的工作氛围，进而吸引追随者，成就一番事业。

妥善管理有背景的下属

在一个组织内，那些有来头有背景的员工，对管理者来说是一个现实的威胁。他们的背景可能是政府要员，可能是老板或是你工作中的某个具有重要意义的"合作伙伴"，总之对于企业来说关系重大。这些背景资源不但赋予了这类员工特殊的身份，而且也为管理者平添了许多麻烦。

这些员工在工作中常常有意无意地向你和其他同事展现他们的背景，为的是获得一些工作中的便利。即便是犯了错，某些"背景"也可能使他们免受处罚。

那么，应该如何对待这类人呢？

1. 合理安排工作岗位

对于一些有来头而又比较刺头的员工，管理者不要急于给其安排工作岗位，而是让其在各个岗位轮流实习一段时间，然后再根据其个人喜好和意愿安排合适的工作岗位。合适的才是最好的，让他们从事自己喜欢又擅长的工作岗位，其抵触情绪自然大大降低。

2. 宽容待人

对于有来头的员工，不能采取“以暴制暴”的方式压制，而应积极与其沟通。如果确实事出有因，不但不应批评、呵斥，还应根据实际情况帮其分析并加以解决，让其对自己的言行有清醒的认识。

3. 适度表扬和批评

发现这些员工在工作中有良好表现，可以适当地进行褒奖，但一定要注意尺度，否则，这些人很容易恃宠而骄，变得越来越骄横。

当他们犯错误或得意于自己的后台时，绝不要采取忍让和纵容的态度，要给予一定的批评，否则不足以服众。只有适度地表扬和批评，才能避免近之不逊、远之生怨的局面产生。

4. 通过介绍人解决

常常违规的关系员工，怀着“我爸是李钢”的心态，我是某某人介绍而来，企业能把我怎样？如果是能力差，常违规，就要告诉介绍人，次数多了，介绍人也不好意思，他就会提出意见，或让他提出离开。对关系员工处罚要有理有节，做到有根有据，事实确凿。

5. 举荐让其另谋高就

管理者可以把那些不服管教的人找个更高的职位推荐出去，这样既不得罪人，还能使其感激不尽，何乐不为呢？当然，如果你遇上的是一位自负狂妄的人，不仅在工作中表现平庸，而又常常以不凡的“背景”作为后台，那么你在与其保持距离的情况下，决不可姑息纵容，否则就会助纣为虐，给自己带来无穷的麻烦。

6. 正人先正己

要求员工做到的，管理者首先应该做到。管理者对于力所能及的事情总是亲历亲为，在员工心中就会树立较高威信。大家心往一处想，劲往一处使，形成了一个团结协作、互帮互助的集体。在集体的带动下，有来头有背景员工的“另类行为”自然也会有所改观，否则就是格格不入。

★★★★★★★★★★★★★★★★★★★★★★★★★★★★

管理一点通

“背景下属”也可能成为“问题职员”。坐视不理，将会恶化；立马“手术”，又须承担风险。其主要原因在于下属的“背景”对领导者而言是一个现实因素，甚至因为“人情”或其他客观因素的制约，不得不予以充分重视和权衡。个别“背景下属”会在工作中有意无意地展现其特殊背景，显示出“与众不同”以获取一些工作中的便利，或者仅是为了满足自己的虚荣心。更有甚者会倚仗特殊性，工作责任感不强、表现平平甚至违规违纪，工作中“一路红灯”，处罚上却指望“一路绿灯”。凡抱此心态的“背景下属”，都当格外谨慎对待。

首要任务在于做好“思想大动员”，入情入理地提出企业用人的基本思路，直言不讳地指出企业用人的具体要求，指出其思想动态和可能导致的不良后果，引导其行为良性发展。之后，对其工作态度和行为予以密切关注，在没有实现思想“蜕变”之前不要委以重任。应当将其安排在不显眼的岗位上，一方面在于扭转其认识偏差，控制其优越感的膨胀，同时也是给其一个躬身自省、磨练品质和能力的机会，使其能快速成长；另一方面也是为了降低企业的管理和运行风险，避免产生危害企业发展的行为。

如何应对松散的员工

有些员工在工作中存在推诿、偷懒、取巧的工作态度。他们对艰难的工作敬而远之，只一味挑轻松的工作做。当工作进行得不顺时，又会把责任推给别人。他们不管领导同意还是不同意，仍然我行我素。譬如，领导说不允许请假，他仍会说："我下个星期请三天假。"另外你甚至还可能听到："公司要求我加班，但是我不愿意，所以我拒绝了，拒绝不想做的事情有什么不对吗?"或"既然别人可以拒绝加班，为什么我就不可以呢?"等让你大伤脑筋的话，这就是松散员工特有的个性。

对于这种下属，你该如何防范和应对呢?

1. 不要产生对立情绪

首先，不必对员工的这种行为或要求产生任何对立情绪。在他们的要求中或许有一些合理的成分。其实，在现代社会，也并非只有你的员工最特别。当今的上班族已不再是以前的"公司人"了。"公司人"能够为公司奉献个人利益，能够置家庭于不顾，将毕生精力完全投入工作之中。

近年来随着社会的急剧变化，上班族有了"自己与公司是平等的"的想法，他们警觉到"人生不是只有工作而已，并非只是忠实地服从上级的命令才是工作"。他们对自己的工作有热情，但是又以家庭至上并且非常重视自己的感觉为合理要求。因此即使没有增加薪水，只要是轻松的工作，也乐于接受，加班是他们最讨厌的事情。

若你对"拒绝加班"的下属进行斥责："你不可如此任性自私。"他极有可能会回答："我伸张自己的意志，又有什么不对?"假如你继续问他拒绝的理由，他说不定会耸耸肩，然后对你说：“请勿干涉我的个人隐私。”

2. 态度强硬，惩罚分明

面对如此“刁蛮任性”的员工，很可能有人会问：对这样的下属，上司是不是只能顺从、迎合他们？当然不是。虽然上司应该尽量听取下属的意见，但是也绝不能沦落到去讨好下属的地步，否则公司将无法生存下去。

况且，作为管理者，你还应当正视一个问题：“拒绝加班症”很容易蔓延开来，放纵的结果只会是愈演愈烈，到最终会冲破“加班”的范围，给公司的经营秩序、管理带来无法弥补的损失。为了防微杜渐，你一定要避免部属有“既然别人可以拒绝，那么我也可以”的想法，也不要忘了明确地告知属下拒绝加班的后果。例如：“这次甲替你做了，下次你就要替甲做！”相信这样的借贷关系很容易被下属理解。

你应当用“只此一次，下不为例”的强硬态度来应对，但对于下属拒绝你的要求，千万不能表现出厌烦或感情用事，还是应千方百计引导其走向正确的道路。

★★★★★★★★★★★★★★★★★★★★★★★★★★★★

管理一点通

对于此类下属，不要一味地横加指责，甚至采取强制手段，如领导不走，员工绝对不可以先走，这样只会让他们愤怒，当他们忍无可忍时，必定会在别处寻求平衡。因此，他们虽然在公司的时间很长，却会在工作中糊弄了事，工作效率并不高，对公司整体利益而言，损失反而更大，公司业绩也会下滑。反观，气氛和谐、自由的公司，员工们会充满朝气活力地前进，并且易于发挥自己的特色。因此，领导应竭尽所能地引导属下迈向正确的道路，并让他们从内心真正认识到偷懒的危害。

防止嫉妒者产生不良情绪

每个员工的文化程度不同，思想素质不同，所反映出的思想情绪、忌妒心理的强弱、大小、多少也不尽相同。对此，管理者应区别情况，先急后缓，慎重对待，注意把工作的重点放在那些得少失多、忌妒心强的职工身上。这是因为忌妒心强的职工感情脆弱，容易冲动；性格急躁，看问题偏激。管理者要注意观察这部分员工思想情绪的变化，及时调整工作方法，对症下药，防止忌妒者产生不良情绪，丧失理智，发生讽刺、挖苦、打击、陷害能力冒尖者的现象。

1. 对员工一视同仁，不存偏心

领导者偏心最容易引起下属的忌妒，如果谁特别受上司的照顾，谁就容易成为忌妒的对象。所以，作为管理者就要能做到公平公正地对待每一位员工，对每位员工的劳动给予都能够体现内部公平和外部公平原则。

2. 创造一个舒心顺气的工作环境

管理者要给员工创造一个舒心顺气的工作环境，为满足他们的正当需求铺路搭桥。首先，管理者要精通用人之道，善于掌握员工的心理特征、性格特点，尽量根据他们的兴趣爱好、身体条件和技能状况合理安排工作。用人所长，避人所短，给他们创造发挥特长、施展才能的机会。其次，管理者要坚持原则，不徇私情，办事公平合理，对待员工一视同仁，不分亲疏，对于那些在荣誉、地位、待遇上弄虚作假、营私舞弊的员工，要敢于坚持原则，严肃处理。只有这样，员工才能舒心顺气，“冒尖者”才有威信，忌妒心理才没有产生和蔓延的温床。

3. 让竞争公开化

通过一些方式，在条件合适的情况下，将员工之间的竞争公开化，使之变为正常的工作竞争，这样可以避免产生私人仇恨。同时，对一些品行欠佳的竞争者或小肚鸡肠的失败者应予以提醒。既要鼓励他重新振作，用提高自身实力的办法继续参与竞争；又要做到心中有数，对他们可能出格的行为预先警惕，保护其他参与竞争的员工。

管理一点通

企业管理者应从员工的情感需要入手，积极创造条件，消除个人情绪、情感可能对组织产生的消极影响，确保企业的目标顺利实现；要坚持“以人为本”的管理理念，尊重员工的劳动、尊严和价值，努力挖掘员工的劳动热情和创造热情；要像家长一样关心和爱护员工，使员工有归宿感、安全感、温馨感。

如何应对爱奉承的下属

任何人都喜欢被赞扬，管理者也不例外。但是管理者不要只顾着高兴，虽然有时候有些人的赞美并没有什么其他不良企图，但是也难免会让一些居心叵测的人钻了空子。所以，受人赞美时不能乐昏了头，而应在赞美声里领悟对方的用意，以免吃亏上当。

过多的甜言蜜语容易使管理者昏头涨脑，谁对他毕恭毕敬、阿谀奉承，他就对谁恩宠有加，大加赞赏和关爱。无疑，这种管理者的态度更助长了阿谀之风的盛行。

此外，管理者喜欢阿谀奉承的行为也会让绝大部分员工都误解为：你是一个好大喜功的人，喜欢拍马屁的人，而并不在乎员工真正的工作能力，而这将会严重地损伤他们的工作积极性。所以，作为管理者应该保持清醒的头脑，哪些是实事求是的评价之辞，哪些又是阿谀奉承之辞；在阿谀奉承之中，哪些人是出于真心而稍稍过分地赞美几句，哪些人又是企图通过奉承领导而达到自己的某种企图；哪些奉承之辞中含有可吸取的内容，哪些奉承话是凭空捏造、子虚乌有的。

作为管理者，一定要保持清醒的头脑，以免被拍晕，造成无可挽回的过失。以下几个方法可以帮你对付阿谀奉承者：

1. 对自己有清醒的认识

首先必须对自己有一个清晰的认识，包括你的身份，你的地位，你的能力，你的性格，你的长处，你的短处。只有当你对自己有一个较为切合实际的自我认识之后，你才能分清哪些称赞是真心的，哪些是过了头的，尤其是要检讨一下自己的缺点。要想别人骗不了你，首先必须自己不欺骗自己。此外，还应当摒弃喜欢听好话的习惯，听到赞扬的话就要提高警惕，以防对方借以换取什么东西。

2. 对此类员工心中有数

平常与所有员工都保持一定的交往，仔细听听他们是怎样评价自己的同事的。当有较多的人评价某人“别看他平常那么老实，其实精得很”，你就要对此人的言语有所警惕了。

3. 少说多听，不为所动

文学作品中形容老谋深算者常常用“不动声色”四个字。这些老谋深算者好像什么事对他们都没有影响，其实他们心中早有盘算。说这些当然不是要你每日阴沉着脸，那肯定会令人敬而远之，而是要你在日常的工作和生活中，不要对一些或真或假(即使是确凿的)的消息表现得过于热心，也不要轻易予以评论，这样可以给自己留有余地。

4. 善用正当表扬的方法

赞扬某人的工作时，宜采用具体表扬这种做法，而不是对这个人笼统评论，还应说明为什么你认为这件事这么重要，制定公开或私下表扬成绩的制度。

5. 提倡坦言之风

作为管理者，你可以多组织一些交流活动，让真实的意见得到更多传播的机会。同时保证公平地对待每一位员工，要让他们明白，想成功，只有靠自己的实力去争取，而不是靠阿谀奉承。

管理一点通

阿谀奉承的员工大多属于弱势或者势力群体，所以既要让他们感觉你看得起他，又要保持一定的距离，不要让他们觉得可以打着你的招牌到处招摇。没事时要多照顾，有事时要批评，这样他们才会既感激又敬畏你，而且对其他员工也不会盛气凌人。

如何应对态度傲慢的下属

在一个组织内，并非所有下属都是顺从、服从领导，积极执行领导意图的，其中不乏傲慢之人。

傲慢的下属，大多有某些特长，有一种胜过他人的优越感，常常表现为自以为是、盲目自信，说话硬中带刺，做事我行我素，对领导、对同事不屑一顾。其缺点如不能及时得到矫正，一是不利于管理，容易在执行任务中闹情绪而给整体工作添乱子。二是会影响同事之间的关系，破坏团结。

由于傲慢的下属常常自命清高、目空一切，久而久之，大家就会疏远他、排斥他，影响组织的整体合力，甚至还会导致其自我孤立，成为其成长进步的障碍。因此，掌握傲慢者的个性特点，并学会一些矫正其缺点的方法，将其转化为积极的因素，是每位领导所期望的。

1. 引导教育

有些傲慢者之所以傲气十足，主要是对自身的长处和短处不能正确认识和对待。他们往往用放大镜来看待自己的长处，而对自身的短处却视而不见，甚至把短处也误认为长处，陷入盲目的自满自足之中。对此，领导不能因其有傲的资本而娇之惯之，更不能因对其不满而冷淡疏远之，而要下力气教育引导其辩证地认识自己，既要使他们看到自己的长处，又要使他们看到自己的短处，同时还要使他们深刻认识到对自己的长处沾沾自喜、傲气十足本身就是短处。

2. 发挥其长处

一般来讲，傲慢者大多有一技之长，且是某个领域的佼佼者，所以，要视其所长而用之，不能为了压其傲气而将其撂在一边不予重用。须知，这样做不仅不能使其正确地认识自己的不足，反而会使其产生一种越压越不服气的逆反心理，说不定因此而与领导结下难解之仇，增加管理工作的难度。所以，对待傲慢者，不能有偏见，要尽量发挥其长处。傲慢的下属意气用事、目空一切的一个重要原因在于他们认为自己的才能不被领导重视、不能充分发挥，自身的价值得不到完全体现。因此，管理者用其所长，让其感受到领导的重视和关爱，这样既有利于傲慢者个人的成长进步，也有利于单位的全面建设。

3. 用其短挫其傲气

傲慢者也并非万事皆通、样样能干，只是在某些方面或某个领域里才能出众、出类拔萃而已，他们在其他方面可能不如别人。因此，欲消除傲慢者的傲气，就要设法让其认识自己的不足，最好是在无他人的场合下，给其安排一两件他做起来比较陌生又比较吃力的工作，并要求限时完成。傲慢者要完成这些任务，必须付出很大的努力，即使勉强完成，也会深感做好一件自己不熟悉的工作是相当艰难的。此时，管理者应抓住时机和风细雨地与其促膝谈心，让其知道，人贵有自知之明，任何人都有自己的强项和弱项，在某一方面出类拔萃，并不代表在所有情况下都能超群，使其认识到做人要谦虚谨慎，多找自身之短，多学别人所长，不能恃才自傲。这样做，傲慢者不仅不会感到丢面子，而且能清醒地认识到自己的不足，其傲气也自然会消除。

4. 以实力服人

傲慢的下属之所以傲慢可能是认为管理者的才能不如自己，有屈就之感。一般来讲，他们瞧不起素质低的领导。一个缺乏知识底蕴、专业水平低、管理能力弱的领导，难以使傲慢的下属服气。因此，作为领导者要在某一方面显示出自己更强的专业水平和能力，在技术上是专家，在管理上是行家，用实力去征服他，让他认识到天下不只有他最大，人外还有人，天外还有天，以此打压他的傲慢气焰。

5. 让其承担一些颇具挑战性的工作

傲慢者通常具有一技之长，能力超群、精力旺盛，不喜欢他人甚至上级在自己面前指手画脚。因此，作为管理者，让其承担一些颇具挑战性的工作，让他承担急、难、险、重的任务，而他总是能圆满地完成任务，这会让他很有成就感。

因此，对于一个能力不凡的下属，管理者的一个重要任务就是多给他分配一些具有挑战性的工作，尤其是与其知识、能力匹配度高的挑战性的工作，并充分授权，放手让他去干。这样不但确保本业务单元或组织目标的实现，同时，能够充分发挥这类员工的智慧与能力，满足这类员工自我实现的需要。

管理一点通

一般来讲，恃才傲物之人大都怀有一技之长。否则，无本可“恃”，便无“傲”之本，那样的下属是傲不起来的。所以，领导者在与这种下属相处时，要有耐心，要视其所长而用之，绝不能采取冷处置的办法，为了压其傲气而将其搁在一边不予重用。须知，这样做不仅不能使下属精确地看待本人的不足之处，相反，会使其引发一种越“压”越不服气的逆反心理，说不定从此便会与你结下难解之仇，在工作中成心给你拆台，成心让你出丑。所以，对恃才傲物的下属，只能精确指导，发扬其优点，让他心情畅快，到时再渐渐改正他的行为。

如何应对斤斤计较的下属

斤斤计较的员工在任何组织中都存在，这些人在没有利益冲突时，很难发觉他们自私的一面，一旦涉及个人利益问题时，就会原形毕露。

其实，只要平日多加留意，便不难发现他们的自私心理。自私的员工不论平时掩饰得怎样好，一旦涉及个人利益问题时，便很容易露出真实面目。

例如：他会以各种理由，推卸不属于自己的工作责任，“自己能力达不到”、“自己手上的工作已经太多了”、“本来自己做也无妨，但宁愿把机会留给别人”等；眼见同事犯错，他只会在一旁偷笑，决不会提醒同事，更不会鼎力相助。其实只要认清身边的员工，哪些是自私自利的，自私的程度如何，便不会造成大的损失。

管理者对待斤斤计较的员工，要注意以下几点：

1. 直接说服

沟通可以解决不低于80%的问题，遇到斤斤计较的下属，要动之以情晓之以理去说服他，让他对自己的行为有一个正确的认识。

2. 先孤立，再帮助

想办法让他意识到别人的帮助是多么重要。亲身经历的体验会更深刻，这种方法在许多人身上试行效果都不差。

3. 鼓励热心行为

对于那些乐于帮助别人的下属要给予一定的奖励，比如，可以在奖金中设立一些额外的补助，用于鼓励那些十分乐于帮助别人的员工或是在职工大会上予以表扬；甚至可以在他由于帮助别人解决问题而忙得焦头烂额的时候，留下来陪他一起工作，这种方法可以给这些员工最大的鼓励。

4. 向员工说明帮助别人也是工作

那些斤斤计较的人之所以不愿意帮助别人，就是因为他们认为那是他们工作范围之外的事情，所以，管理者不妨郑重地向大家说明每个人的工作不只限于正式规定范围之内，还包括在别人需要的时候帮别人一把。

★★★★★★★★★★★★★★★★★★★★★★★★★★★★

管理一点通

斤斤计较的员工在任何组织都存在，计较说明他在乎，好的领导首先要明白员工究竟需要的是什么、在乎的是什么，之后再对症下药，采取适当的方式来应对。

如何应对叛逆型的下属

在每个企业中总存在一部分难以管理的员工，俗称“刺头”，“刺头”员工的管理问题是每一个企业都回避不了的，但又没有简单到“痛杀而后快之”的地步，因为这里面的确是精英荟萃，高手如云。

如何处理与这些人之间的关系，如何面对与刺头之间的矛盾，如何应对由这样的人引发的组织冲突，对于很多管理者来说，实在是一个相当有难度的挑战。

管理者管理“带刺员工”最有效的方法是用一种包容心态去关心、关爱、信任他们，建立共同愿景，并帮助他们在组织内部建立职业生涯规划，从而最终实现企业与个人的协同与共赢。

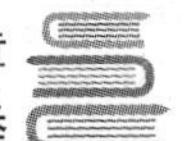

1. 关键时刻念念“紧箍咒”

也许每位“带刺员工”的上级主管，都希望自己手中能有个“紧箍咒”，关键的时候念一念，让桀骜不驯的家伙俯首帖耳。

麦克阿瑟说过这样一句话：“人才有用不好用，奴才好用没有用。”企业中能力超强的刺头员工是很有用的，所以，管理者一定要想办法让他们成为公司的骨干，而不是一怒之下让他们走人。

2. 以情感化

作为企业管理者，首先要真心关爱下属，关心下属的日常生活。尤其对于“带刺员工”生活中的关键事件，如孩子就读、爱人就业、家中的生老病死等大事情，一定要鼎力相助，有恩于他，让他发自内心地心存感激、敬爱、佩服之情，这样，“带刺员工”就不太好意思与公司斤斤计较，反目成仇了。

3. 用规则束缚

对于一个管理者，只得到下属的敬爱还是远远不够的，同时还要让他敬畏自己，这样他才能心服口服地服从于自己。要达到这个目标，管理者需根据公司制度、文化理念，组织“带刺员工”及员工代表共同参与制定本业务单元的制度及游戏规则，并坚决执行，让“带刺员工”逐渐养成遵守规则的习惯。一个组织或团队的管理者，还应建立工作规则，并使之逐渐外化为“带刺员工”的行为，内化为这类员工的价值理念，这对于提升团队协作能力与水平，达成团队目标，具有重大意义。

4. 个性化激励

刺头员工和一般的员工关注的东西不太一样，一般的员工更关注薪酬、福利待遇、工作安全感、提升和发展等要素，而他们则更关注工作参与感、客观评价、灵活的纪律等。

在对“带刺员工”实施有效管理控制的同时，激励方式的选择更为重要。首先要找到这类员工的心理需求，管理者可以根据有能力却不服管理的刺头的特殊心理需求进行个性化的激励。

5. 充分授权

“带刺员工”往往具有一技之长，能力超群、精力旺盛，不喜欢他人甚至自己的上级在自己面前指手画脚。因此，作为其管理者，对此类员工要注意充分授权，多给他分配一些具有挑战性的工作。

★★★★★★★★★★★★★★★★★★★★★★★★★★★★

管理一点通

管理者需根据公司制度、文化理念，组织全体员工共同参与制定本业务单元的制度及游戏规则，并坚决执行，让“带刺员工”逐渐养成遵守规则的习惯。这对于提升团队协作能力与水平，达成团队目标，具有重大意义。

第十四章 高效管理要注重人才培养

企业与员工是密不可分的共同体，员工素质决定着企业的发展前景。只有不断提高企业员工素质，加强内部管理，并着力提高企业核心竞争力，实现传统产业与现代技术的结合，才能在竞争中立于不败之地。

清楚培养下属的必要性

作为一名领导者，不管其业务能力有多强，也不管其专业知识有多丰富，只靠领导一个人想搞好企业显然是不可能的。作为企业，要实现其发展目标，需要全体员工的共同努力；作为一个部门，有一群精明能干的下属，对于提高团队的绩效，圆满完成工作任务无疑是一笔巨大的财富。因此，作为领导者，必须清楚地意识到培养下属的必要性。

1. 培养下属有利于提高绩效

领导和下属的绩效是紧密相连的，因此领导和下属的关系是绩效伙伴的关系，下属的绩效直接关系到领导者的绩效。从这个意义上说，领导者培养自己的下属是非常有必要的。

主管的职责并非对所有事情都要详细规定该怎么做。如果经常性地采用命令式的方式指导下属，下属是不太可能有新的发明和创造的，长此以往，下属往往在遇到困难的时候就对领导习惯性地产生依赖。而员工缺乏创造性，对于提高工作绩效是大为不利的。所以，领导者应该意识到，教给下属的应当是一种方法或者方式，而不是代替下属解决具体问题，这就关系到对于下属的培养。培养出能干的下属，领导者在处理事情的时候也就可以省心省力了。

2. 培养下属有利于留住人才

由于找到合格的有经验的员工越来越困难，成本越来越高，所以留住优秀员工非常重要。加强对下属的培养，有利于增强其对企业的归属感，有利于留住优秀人才。获得人才的途径虽然很多，例如可以通过各种渠道吸引最优秀的人才加入到公司，但如果不注意留住人才，公司的一大批人才也可能源源不断地流出，这样做是很不划算的。所以说“找人才不如留人才，留人才不如造人才”。

与其等待员工在经验积累过程中缓慢地成长，还不如有计划地去造就人才。企业要懂得把“材”转化为“才”，再把“才”转化为“财”。其中，“材”指的是材料，“才”指的是人才，“财”就是财富。在“材、才、财”这三者之间实现转化，才是真正有价值的工作。

另外，对员工进行培训，相对来说成本较低，风险较小。很多MBA教材上都提到：在人身上投资所能得到的最高回报是1∶30，所以有人说在人身上投资是风险最小的投资。当然这种培训应该是适当的、适合企业需求的，根据需求制订培训计划，再实施计划，才会行之有效。

3. 培养下属有利于提升整个团队的能力

领导者本质上就是通过他人(包括下属,包括整个的团队)来完成工作，团队的绩效好，领导者的绩效才可能好。在很多知名企业中，升迁的条件往往是：所领导团队的绩效有多好，而不是领导者个人的能力有多强。如果领导者的个人能力非常强，下属解决不了的问题统统由领导者自己来解决，这样的人充其量只是一个超人，但绝不是一个好的领导者。好的领导者扮演的应当是顾问或知音的角色，懂得让他人去解决问题。

★★★★★★★★★★★★★★★★★★★★★★★★★★★★

管理一点通

聪明的领导者立足于两点来追求绩效：第一是指导下属，让他们会做；第二是激励下属，让他们想做。如果领导者解决了下属会做也想做的问题，对于下属来说，收获的是技能，而对于领导者来说，收获的则是绩效，这就是共赢！

领导者要懂得抓大放小。领导者的成功其实就在于如何最大限度地利用下属这个资源，利用得越充分，领导者的绩效也就越大，因此下属的绩效直接影响到领导者的绩效。如果每个下属都能顺利完成自己的工作，都愿意完成领导者工作中的一部分，从“薪”甘情愿到心甘情愿，那么领导者就会变得相对轻松，就可以腾出更多时间来学习新知识、新技能，学习下一个职位所应该具备的知识技能。这是领导个人往前发展的基础，而下属也会因此变得更有自信，更为感激。所以，不管从哪个角度讲，培养下属，对领导者和下属来说，都是一件共赢的事情。

注重对人才的培养

世界一流企业均把培养人才列为首要。日本松下电器公司有句企业界所推崇和赞赏的名言："出产品之前先出人才"。其创始人松下幸之助更强调："一个天才的企业家总是不失时机地把对职员的培养和训练摆上重要的议事日程，教育是现代经济社会大背景下的杀手锏，谁拥有它就预示着成功。只有傻瓜或自愿把自己的企业推向悬崖峭壁的人才会对教育置若罔闻。"

企业的竞争归根到底是人才的竞争，培训也是创造企业价值最有利的手段之一，而一支健全、完善的人才队伍是需要企业自身下功夫培养的。摩托罗拉公司培训部主任比尔·维根索恩曾说："我们的培训收益大约是所需投资的 30 倍"。那么，培训员工究竟能带来哪些好处呢?

1. 提升员工的工作能力

在很多情况下，中国的应试教育为企业培养了一批"理论家"，与实践严重脱节，企业内训是推动这些"理论家"快速成功的有效途径，也是企业获得优秀员工的必由之路，可以有效地锻炼人才、造就优秀人才，从整体上提升员工的素质。

2. 提高企业收益，减少差错率

经过培训，员工的工作水平、工作态度、实际操作能力得以提高，工作误差得以减少，能够明显地提高工作成效，从而提高企业收益。一个优秀的企业必须要有完善的传承机制，将成熟的经验、成功的方法传授给新人，从而缩短新员工的成熟时间，使得企业保持竞争优势，达到健康发展的目的。

3. 提高员工士气

一般来讲，员工都渴求不断充实自己、完善自己，将自己的潜能发挥出来，以争取更美好的未来。企业管理者应重视员工这种自尊自强、自我实现的心理需要，激发、满足、推动员工的这种自我驱动力，而培训就是一种非常有效的方式，能够帮助员工实现自我价值，从而提高士气，带来工作绩效的提升。

4. 降低员工流失率

现代企业员工，在通过工作获取更多报酬需求的同时，同样渴望有学习成长的机会，有效的培训不仅能够帮助员工提高技能，增加工作乐趣，更能满足员工力求上进的要求，从而可以减少流失率，降低企业人力资本。

5. 加强管理，改善沟通

培训是一种有效的沟通渠道。管理者不仅是企业的决策者，而且是下属的培训老师，不仅要将自己的工作技能、经验传授给下属，更要将自己的管理要求、企业要求传输给员工，这样能与员工建立共识，共创远景。美国通用电器前总裁杰克·韦尔奇每年要花 1/3 的时间亲自培训高级主管，就是一个很好的实例证明。

6. 培养更好的企业文化

通过培训，员工会感激管理者为自己提供的成长、发展和在工作中取得更大成就的机会，其能力与素质的提高也使其会更专注于工作。同时，担当培训师的管理者也可以通过培训过程总结问题，从而也在不断提高。这种相互促进、相互改善、共同受益的风气正是形成企业深厚文化底蕴、保证企业持续发展、不断进步的基石。

7. 提高顾客满意度

通过训练的员工可以保证为顾客服务的水准，从而提高顾客的满意度，因为一切良好的服务唯有通过员工去实现，并由此影响顾客的购买决策，并进一步向周边人士谈论、传播，从而使企业建立良好的口碑效应，为企业带来更多的效益。

8. 战胜竞争对手

竞争是一个横向比较概念，在与对手相比时，只需拥有一个特定优势就能取胜。通过培训，可以较容易地实现人才优势，从而超越竞争对手。

9. 适应变化的环境

面对不断变化的生存环境，新技术、新方法层出不穷，企业必须通过培训，使员工不断提升新观念，掌握新技术、新方法，从而适应新环境的挑战。

10. 更好的企业形象

一个优秀的企业必是一个重视员工培养，有着完善培训体系，并进行成功培训的企业。

上述特点的综合作用就会产生更好的企业形象，树立良好的口碑，从而带来更高的顾客满意度，员工满意度，进而带来更好的企业效益。

★★★★★★★★★★★★★★★★★★★★★★★★★★★★

管理一点通

在企业中往往存在以下问题：人才培养滞后于企业业务发展；人才培养的针对性不强；人才培养的形式单一，培养内容脱离培养对象；缺乏人才培养的评价体系；人才培养的施教者理念落后，难以培养出优秀的人才。

如此状况将严重制约企业优秀人才的形成和成长，将直接影响企业的整体发展水平和经济效益，因此企业必须注重对人才的培养。

给人才“奖出路”

在一家公司工作的小A很有工作能力，有多家公司曾经表示愿意以更高的薪水聘用他，但都被小A婉言谢绝了。小A表示，他之所以安心工作，就是喜欢这个公司的奖学金制度。小A说，很少会有老板愿意出大钱为人才的培训买单，这实在很冒风险，说不定就会给他人做嫁衣。实际上，公司这样做，人才更会心存感激、努力工作。即便今后换了工作，也不会忘记以前老板的好。

“人才—服务—利润”的核心理念能让人才感受到，公司对下属是多么关心。以心换心，人才就会从内心感到应该把自己的工作做好、做出色。公司把人才看做自身的家庭成员，人才也会把公司看成自己的家，双方都会希望家业兴旺。

当一位成功的民营企业家被问及一个敏感的话题：在激烈的人才竞争中，你们公司是依靠何种方式吸引和留住人才，而保持目前良好的发展态势？民营企业家没有丝毫的回避之意，而是异常镇定和自信地脱口而出：给人才“奖出路”！看着大家满脸的困惑和不解，他道出了自己公司的具体做法。所谓“奖出路”，就是把那些有上进心、肯吃苦、爱动脑筋又勤奋好学的人才，由企业出资送他们脱产进修。这样既激发了员工学习、钻研业务的热情和积极性，又增强和提高了员工的理论知识水平和技能素质，同时也为企业培养了各种急需的人才，可谓一举多得！再退一步讲，让大家多学点本领，即使公司垮了，员工也可以用所学的知识和技能谋生。

一份调查显示，很多员工一直将培训和职业发展列为雇主应该提供的两种最重要的东西，其热衷程度甚至超过了对薪水和福利的渴求。他们希望自己的职场事业有所发展，更希望能被提升。如果他们看不到近期的前景，那他们就会掉头离开，另找前途。如果某人开始考虑其他机会，那他就不会再全身心地投入，或者已经没有投入工作的感觉了。如果公司以更高薪水来挽留，这个人通常也会在6个月内离开。可见，用薪水留人已经是一种低级的做法了。帮助人才“个人发展”，无疑显得棋高一着，努力培训员工，更容易使职工产生归属感和信任感，成为企业留人的最佳方式。

管理一点通

企业要想获得长远的发展，就必须以高质量的人才作为坚强后盾。而留住人才，最好的方法就是留住他的心；要留住人才的心，又莫过于好好地关心他、培养他。这样一来，大量人才的积累就成为企业长久发展的基石。

重要的是提供一个有助于员工健康、快速成长的理想环境。比如，可以通过授权为员工提供更多尝试、创新的机会；或是予以重任，让他们独当一面，以促进他们更快地成长。再如，经验的传承与交替也有助于员工在工作中加强学习并接受挑战。只有真正做到这一点，员工才能逐渐获得足够的成就感，他们的心才会与公司紧紧相连。

培训是管理者的强效武器

一项调查表明，企业员工的离职原因80%与其上级有关，足见上级对下属的影响力。强将手下无弱兵，更无散兵，培训就是上级的秘密武器，其实，也是常规武器。因为上级还肩负着培养员工、发展下属的重任。作为下属的良师益友，至少要扮演四种角色。

1. 教育者

上情下达，是管理者的例行性工作。无论是言传身教，还是耳濡目染，上级都是下属心中的标杆，眼中的风向标。快乐会传染，消极更会感染，所以，管理者要特别注意自己的一言一行，一颦一笑，要以正确的舆论导向教育下属，让下属树立积极的心态和正确的价值观，认真负责并兢兢业业，这就是管理者的教育角色。

作为教育者，管理者必须了解下属的思想动态和行为表现，并利用适当的时间、地点及时沟通。如果企业政令不通，互相隔膜，小道消息，人云亦云；员工思想混乱，各怀心事，消极怠工，不务正业，在这样的工作氛围中，团队就失去了凝聚力和向心力，个人能力再强，也是散兵游勇，战斗力必定大打折扣。

2. 培训者

仅统一下属思想还远远不够。想让下属将工作做好，既需要为他们创造条件，更重要的是让他们具备干好工作的能力，用而不教不是一个合格的管理者。不能经验共享，不能技能互补，这个团队不是理想的团队。上级的个人能力再强，假如事无巨细，亲力亲为，惜乎你不是千手观音，亦无如来神掌，你也不能代替下属完成所有的工作，反而影响了整个组织的业绩。团队中的个人英雄主义，永远只是高级办事员，累死也是活该。

“木桶理论”告诉我们，只有全员素质整体技能提高了，才能提高整体业绩。所以培训每时每刻都是管理者不可推卸的责任，让你的下属跟你一起成长，别所跟非人。当然，给人一杯，自己要有一桶。在培训下属前，你自己得先学习，先进步，有备而来，否则，你拿什么教人呢？

3. 扶持者

即使对下属进行了充分的培训，也并不能保证他们能够将工作做好。也许他们还不能将理解的东西转化为能力，也许他们遇到了新情况，甚至，他们不能学以致用，一边感叹“英雄无用武之地”，私底下就另找识英雄重英雄的人去了。

实践证明，在影响培训效果的人中，不是学员，不是培训师，而是学员的上级。这就需要管理者及时给予支援，简单说是给予扶持。扶持就是给下属提供资源，创造条件，给他实践的机会，让他有发展的空间。“不下水怎么会游泳”？而非“不会游泳怎么下水”？扶持也是一种培训，必须有培训师的广阔胸怀和开放心态，不要怕“青出于蓝而胜于蓝”，甚至采取挑剔打压政策，把自己的水平建立在下属的平庸上，只能证明你更平庸。事实上，你带出来的人越多，你的支持者就越多，你才有“脱身”的可能。而一旦你有足够的拥趸，你就无后顾之忧，无被顶之虞。用一句比较文艺的话来讲，你就是“德高望重”了。

4. 教练员

教练员具有两个方面的责任。对个体，需要根据个人特点分别制定指导方案；对团队，需要根据团队目标和团队中每个人的特点确定其位置、角色：适合打前锋还是后卫？把后卫放在前锋位置，很难找到球门；把前锋放到后卫位置，容易自摆乌龙。合理分工，才不会内耗；人尽其才，方能最大效用。当然，合格的教练员必须具备丰富的实践经验和深厚的理论基础，比队员站得更高看得更远，才能调兵遣将，潇洒指挥。

管理一点通

企业的最终目的是赢利。企业管理者很自然地会用是否能带来利润去衡量一项工作的价值。由于培训给企业带来的经济效益是间接的，其效果并非立竿见影，让人看得见、摸得着，而培训需要花钱却是有目共睹的，因此有些管理者就认为，公司可以通过少安排员工培训而节省一笔开支，同时还可以把用来培训的时间用在工作上，为企业创造利润。他们认为培训对公司来说就是浪费金钱，得利的只是员工。因此，不到万不得已，培训能少则少。

但是，这些管理者没有想到，员工因为培训不足，工作不熟练，经常犯错误，这会给公司造成更大的损失，将直接增加公司的成本，迫使公司付出更多的金钱，甚至阻碍公司的发展。可见，对管理者而言，如果缺乏培训，公司将为此错误决策承担更大的损失。

培养是为了挖掘下属潜能

“选对的人做对的事”，这是广为人知的管理名言。然而，绝大部分的领导却为培养下属所苦，不是下属学习的意愿不高，或是害怕培养出一位未来的替代者，就是担心教会了下属之后转而跳槽。从另一个角度来看，有才智的下属同样也畏惧强势的领导者，即便有不同的意见也不敢表态，上司紧抓着权力不放，下属兢兢业业努力工作而得不到足以发挥的舞台，自然丧失了工作的热情与成就感。

深究许多领导不敢培养下属的主要原因，并不是不敢，而是不理解该如何培养。培养这个词，常被误解为把自己的知识与经验全部倾囊相授，或是要求下属完全依照主管的思维行事，殊不知所谓培养，乃是根据下属每个人所具有的特质与能力，引导并发挥所长，而这往往是身为领导在管理上最薄弱的一环。

所谓培养就是超越现在的目标水准。有一个新的名词：“灌能”，意即把一个人既有的力量引爆出来。通俗地说，就是把一个能力低的人，变成能力高的人；把能力高的人，变成愿尽所能之人。从下属的现状到目标水平之间的差距，即是灌能的重点，其中包括了能力与态度两大方面。有人曾经提过：“学会不等于会学”，因此培养的核心应放在“会学”而非“学会”。

培养下属的确不是一件简单的事，牵涉到许多可控与不可控的因素。比如：下属的素质与干劲、指导者的方法与热情、工作本身与被培养者的合适及相称程度，以及企业环境中的人事制度与工作氛围，这些均是影响到是否能够有效培养下属的成败条件。培养下属有三大原则：

1. 爱的原则

有“世界第一CEO”之称的杰克·韦尔奇曾说过：“我的主要工作是培养人才。我就像一个园丁，给公司750名高层管理人员浇水施肥”。园丁对花草的爱，不会利用没有时间的借口，因此，既然选择好了培养对象，则必须抱着坚定的信念与无私的心情，付出充分信任和沟通。

2. 思考型指导原则

所谓思考型指导，是通过锻炼下属的思考能力，进而培养其针对事态变化而应对危机的处置能力。思考型指导虽然较花费时间，并会产生下属不一定会按指导者的想法去行动的可能性，相对于“给予型指导”而言即过于明确地告诉下属该做些什么，但却有利于员工的长期发展。

3. 个性化原则

每个员工都有其先天与后天上的差异性，按照个性化原则，对于员工的生活背景、长处及短处，现在及将来的想法，知识能力、工作方法及态度，从个性、素质，到能力水平都必须能够进行深入了解。

依照上述三大原则，足以可见领导要履行培育下属这个重大职责之前，还必须学会识人、用人的基本功，而非抱怨下属的潜力不够，或是批评员工只看重报酬却缺乏学习意愿。除此之外，领导还需要依据客观的环境因素作调整，比如公司的管理目标，以及企业整体的人力资源规划和配置，避免与公司人事与组织战略方面的发展不相符的情况。

管理一点通

潜能是一个人潜在的能力，它需要一定的环境和条件才能充分释放出来。高明的领导不仅能够把下属的显能用足用好，而且善于通过各种途径发现和开发下属身上存在的各种潜能。

针对需要培养人才

对于一个组织来说，收益率最高的一种投资，就是对人才培养的投资，所以，从公司内部培养人才，对公司的长远发展来讲是一件非常重要的事情。

管仲曾言：“一年之计，莫如树谷；十年之计，莫如树树；终身之计，莫如树人。”这句话充分说明了教育和培养人才的重要性，今日常说的“百年大计，教育为本”就是以此为原意。的确，要使事业兴旺发达，从长远的角度来看，必须重视进一步育才。社会在飞速发展，新事物新知识应接不暇，原有知识在新事物面前已有力不从心、黔驴技穷之感。这种情况延续下去，必然会使自己的集体渐渐难以跟上时代潮流。因此领导无论是出于对自己负责，还是对集体负责，都应注意在职人员素质的培养，以适应时代发展的需要，同时还应注意第二梯队人才的培养，为明天培养人才。

对人才的培养决定了领导的事业能否延续。培养人才必须重视道德、理想、意志，以及进取精神。这其中还必须坚持为我所用，对人才要使他们既讲原则又不失灵活性。

韩国三星集团之所以发展迅速，就是因为奉行人才第一的原则。自创办以来集团始终坚持把 4/5 的时间用于吸引和培训人才，把人才培养作为关系企业生存发展的头等大事，把对人的领导放在企业工作的首位。董事长李秉哲坚信企业的成败在于员工素质的高低。

1938 年，李秉哲创立韩国三星财团，当时它只是做出口贸易的一家小公司。20 世纪 50 年代，财团步入多元化经营后，迅速发展，现已成为韩国屈指可数的大财团之一。这都是其奉行人才第一原则所取得的成果。

在韩国，三星财团第一个设立了培训中心。培训中心门外悬挂着一个匾额，上书李秉哲亲笔题写的“人才第一”几个大字。员工须经过训练后才能上岗是三星财团的规则；上岗员工每隔数月都要重新培训；在企业投入新产品前，也要重新培训员工。其目的在于使公司适应不断进步的科技新形势。三星财团不惜代价地购入先进的教育设施，并向所有员工开放。上至董事长，下至基层员工，每年都要接受 3 次以上的进修。每逢培训班开业，李秉哲都要讲话，强调三星人都是精英，只有集合所有精英的力量，才能发挥最大的作用。

三星最有特色的培训是对销售人员的培训。参加培训的人两人一组，不准带一分钱，只能带上三星的产品。因为身无分文，在坐公共汽车时，必须卖掉所带产品，如果不能卖掉，则当天不能乘车，也没钱吃饭。在规定的 10 个小时内，最早卖掉所有产品且要价最高的人，就获得了最好成绩。这种方式增强了员工的实际销售能力，使一批充满生机、富有才干的人才脱颖而出。

1957 年，三星在韩国首先采用公开考试的方式来甄选人才，这种制度直到今天还在采用。公开选拔的依据是智能、人品和健康。一旦录用，公司就要投入巨资培养、训练。考进三星的几百名新人都要与董事长李秉哲面谈。在面谈中，李秉哲可以发现较有才干的人才，并教育、启发新员工为企业努力工作。

三星财团每隔半年要对员工的工作进行一次正式评价，奖励、提拔有干劲、有才智的人。对于取得巨大成绩的员工，或有远见、能掌握形势动向的员工，或诚实勤奋、任劳任怨的员工，公司都要给予奖励，并晋升工资，甚至把才能出众者提拔到领导岗位上。

三星财团对人才的重视，使其很快在家电、计算机领域步入世界先进行列。由于公司的方法和措施得当，所以才不断涌现出大量人才，三星公司的竞争力和效益也随之提高。人才第一的原则，让三星走向了成功。

众所周知，在现代社会中生产一种商品必须符合市场规律、适销对路，方能有市场，对人才的培养也是一样。它也必然要适应社会经济发展的需要，不然就是花了很大的工夫培养人才，结果却没有作用。这不仅要考虑社会需要什么样的人才，还必须根据自己的实际情况，看要促进自身的发展需什么样的人才，然后再着力培养。这即是为我所用。

领导育人要想“为我所用”就必须知道自己需要什么样的人才，然后再来予以培养。如果连自己需要什么都不知道，别人也就无能为力了。这里我们可以了解一下丰田汽车销售公司的人才培养方式。丰田汽车销售公司进修中心的授课教师，全都是从汽车销售公司和丰田销售店挑选出来的具有销售经验的人员。为使讲课内容适应知识的更新，授课教师实行两年轮换制。教材是由经营管理协会、丰田汽车研究中心合作编写的，紧密联系汽车市场的实际情况和需要，贯穿理论与实践的统一。进修的学员从一般推销员到管理人员，分别听取各专业化的讲座。还有一种针对企业高级管理人员的讨论会，由教授主讲，用具体事例进行教学。从丰田公司的育人思路我们可以看出其培养人才全是为自己的实际需要，而不是花钱买个文凭来装点门面，这样才能真正起到效果。

★★★★★★★★★★★★★★★★★★★★★★★★★★★★

管理一点通

被誉为“现代管理学之父”的彼得·德鲁克曾说：“管理是一种实践，其本质不在于知，而在于行；其检验不在于逻辑，而在于成果；其唯一权威就是成就。”无论是培养管理型人才还是业务精英型人才，都必须针对实际需求。通过实际工作与项目运作使员工积累经验，培养团队合作与规范习惯，只有这样，才能形成精英的团队，进而打造成功的公司。

人才比资产更重要

一个成功的领导者，不但要有横刀跃马、驰骋沙场的将才，也要有知人善任、统率三军的帅才。集众人之所长，依靠众人的智慧、力量，才能成就大业。

美国著名的女企业家玛丽·凯在根据自己几十年管理经验写成的《经理成功之路》一书中曾这样写道："人比资产更重要。"美国通用汽车公司前总经理斯隆甚至夸出这样的海口："把我的资产拿走吧，但是要把我公司的人才留下，5年后我将使拿走的一切失而复得。"

企业与企业之间的竞争，归根到底还是人才的竞争。只要有人才，有能人相助，我们便能学会原来不会的东西，做到原来做不到的事情。

成功的领袖，身边总有几员得力大将，有心腹、亲信之人。这些人更能做到对领导者的忠心耿耿，甘苦与共。春秋时晋公子重耳由于受到国君迫害，不得不逃亡他国。跟从他一起逃亡的，就有魏双、狐偃等一批大臣。有一天他们逃到卫国，卫国公却待他们十分傲慢。卫国有个大臣叫僖负羁，他的妻子对他说："我看晋公子身边的人都有将相之才，将来晋公子必然复国，当上国君。"僖负羁因此善待重耳一行，重耳后来果然复国，是为晋文公。因此，仁君明主都离不开才华出众的将相的辅佐。

领导最重要和最宝贵的财富就是人才，有了人才，就等于有了新技术、新产品，有了事业的创造力和革新精神，有了事业的生存竞争能力和经济效益。谁拥有最多最好的人才，谁就会在竞争的道路上跑得最快最远。"人才是事业最重要的资本"，是现代管理者的价值观念。

美国麦肯塞公司前主任鲍罗恩曾经这样说："成功的领导者总是用最简单的方法管理着最复杂的机构。第一，他们把人看作组织的成员而不是雇员；第二，他们采用分工合作，而不使用严格的程序和控制来指导工作；第三，他们把'远大思想'观点置于企业策略之中；第四，他们乐于听取所有人的意见。"如果将鲍罗恩的观点再做进一步概括，就是：成功的企业在经营和生产中贯彻以人为本的精神，使企业中的每个员工都把自己当成企业的主人。

管理一点通

"得人才者得市场，得天下。"企业家的智慧在于创造财富，培养更多具有智慧的人才，使企业更具竞争力。而能够"以一当十"、"以一当百"的小老板，终究会发现自己不可能"以一当千"。"英雄老板”只能成就小企业，只有“智慧团队”才能成就大企业。因此，培养部下，带出一支队伍，是比发挥老板个人才干更重要之事。小老板主要考虑的是如何把事情做对做好，而企业家必须具备战略思维能力，必须具备整合人力资源的能力。

有些企业在形式上将“人事劳资部”更名为“人力资源部”，但在理念上并没有把员工真正视为人力资源，看重的往往是现金与固定资产。而在优秀的企业中，公司高管通常对企业员工有着发自内心的激情。这种对员工的激情给员工以极大的感染力，并激发了他们为公司拼命做事的欲望和动力。

事业要靠人才来发展

对于人才，有两种基本态度。一种是妒贤嫉能。持这种态度的人，在看到别人比自己能力强的时候，心里就不舒服，总要想方设法压制人才，甚至不择手段地加以迫害。有人告诫说，如果在这种人的领导下工作，想要保住饭碗的话，千万不要表现得比他能干，否则离“卷铺盖走人”的时间就不远了。当然，这里也不是成就事业的地方，走，也可能是上策。

另一种是尊重人才。持这种态度的人，视人才为宝中宝，求才心切，能够惜才、护才、用才。他不是把人才与自己作比较，而把人才与事业作比较。事业需要人才，人才也需要事业，靠人才才能发展事业。

唐朝盛世，与尊重人才不无关系。唐太宗李世民在开创大唐帝国的伟业中，团结、任用了许多人才。西周时代，代行天子大权的周公权势极大，但他求贤若渴，只要有人才求见，他立即接见，哪怕正在洗头，正在吃饭，也要握住头发，把嘴里的饭吐出来，去接见来人，生怕怠慢了人才。

三国时期的风云人物曹操也是尊重人才的典型。在曹操的事业中正是采取了大胆启用降将之才，借他山之石以攻玉的的大人才观战术，才使他在任何困境和厄运中都能化险为夷。除了尊重许攸外，曹操重视魏仲也让人刮目相看。曹操最初推举魏仲为孝廉，魏仲后来却参加了叛乱，曹操将其俘获后，因重其才又委之以河内太守，致使魏仲感恩戴德，在以后管理整个河北军政大事中立下功劳。官渡之战中，曹操俘获了袁绍许多部下，曹操不仅不杀他们，还极力收揽、拉拢，甚至为他们开脱或隐藏罪过，尽量安抚。曹操和袁绍相比，二人都有在天下纷扰之时意欲独霸一方的相似背景，袁绍一败涂地，曹操却赢得人心而大功告成，为魏国的建立打下基础，这与其用人观是分不开的。

“选准一个人，救活一个厂；选准一批人，兴旺一大片。”轻视人才，只会一败涂地。事业成功的背后是人才资源的配置和组合，尊重人才，是这个时代的主旋律，也是管理者应当具备的素质。

★★★★★★★★★★★★★★★★★★★★★★★★★★★★

管理一点通

21世纪是人才的世纪，21世纪的主流经济模式是人才密集型和智力密集型的经济。拥有杰出的人才可以改变一家企业、一种产品、一个市场甚至一个产业的面貌。对于21世纪的企业管理者而言，人才甚至比企业战略本身更为重要。因为有了杰出的人才，企业才能在市场上有所作为，管理者才能真正拥有一个管理者应有的价值。没有人才的支持，无论怎样宏伟的蓝图，无论怎样引人注目的企业战略，都无法得以真正实施，无法取得最终的成功。

培训和开发是一种管理手段

在一家公司的培训室里张贴着这样一段话："我们对各位严格要求，是为了帮助大家养成容易成功的习惯，是爱大家；是要给予大家最大的福利？工资？住房？医疗保险？轻松自在工作？非也！这些更像慢性毒品，让你拥有暂时的安逸舒适，实际上是废你的武功。提供培训，是让你拥有能力和知识，具备成功者的素质，这是你的无形资产，是最大的福利。"这段话传递的理念是：管理是严肃的爱，培训是最大的福利。

员工培训和开发活动，是人力资源管理的重要组成部分，是维持整个组织有效运转的必要手段。及时地、连续地、有计划地培训和开发组织内部的人力资源，是保持和增进组织活力的有效途径。

培训是一个组织采取促进内部成员学习的正式措施，目的是改善成员行为，增进其绩效，更好地实现组织目标。培训管理从某种意义上说，是一个组织学习活动和提高学习效率的过程，是企业管理者和培训专家依据组织战略目标制定培训政策、筹划培训项目，并付诸实施的过程。从不同侧面看，培训有不同的含义。

1. 为实现组织目标服务

培训不是一种时尚，为培训而培训是不会收到良好效果的，必须从组织的功能着手，明确对员工进行培训的具体目标。如果一种培训活动不能对组织目标产生积极的影响，就没有理由开展。必须考虑的另一问题是，对员工的培训和开发，必须是实现组织目标的有效途径。与可以帮助实现组织目标的其他方法和途径相比，要考虑培训是不是成本最小，或者障碍最小的方式。再者，既然要求培训支持组织目标的实现，那么培训活动应该从什么角度帮助实现组织目标？帮助的程度究竟有多大？这也是必须认真分析和解决的问题。因此，当组织实施一项培训计划的时候，必须详尽准确地分析培训所耗费的成本，所能取得的收益。这会纠正实际培训工作的偏差，使组织的培训活动有效地促进组织目标的实现。

2. 员工培训和开发活动是员工职业发展的推动器

现代人力资源管理认为，员工作为组织成员，不但要为实现组织目标而努力，同时也要努力增加自己的人力价值，增强自己的职业能力，把自己推向更高的职业发展阶段。为此，必须有一种可行的心理契约，即个人对组织的期望与组织对个人期望的承诺之间需要一种心理契约，这是组织凝聚力赖以形成的基础。培训和开发活动强化了这种心理契约，真正有效的员工培训活动不仅能够促使组织目标实现，而且能够提高员工的职业能力，拓展其发展空间，因此培训和开发活动是员工职业发展的“推动器”。

3. 员工培训和开发是一种重要的投资方式

与传统的人事管理不同，现代人力资源管理把员工视为一种资源。许多高科技公司没有巨额的物质财富，但拥有具备先进科技开发能力和娴熟管理技巧的员工，这是公司赖以生存发展的最宝贵资源，这种公司的发展壮大是难以阻挡的，微软等企业的成长已证明了这一点。企业的培训和开发活动，在增加受培训者人力价值的同时，也使企业所拥有的人力资本得以增加。在知识经济时代的信息社会里，企业资产的增加不仅意味着物质资产规模的扩大，更重要的是资本增值能力的提高，以及对物质资本吸引力的增加。而这些，离开人力资源都办不到。许多著名的跨国企业之所以舍得对员工培训进行大规模的投资，正是因为意识到了这一点。

管理一点通

不论何时何地，都应当把培训看成是一种管理手段，而且是一种有效的管理手段，因为它不是在消极地约束人的行为，而是在积极地引导人的行为。世界各地的企业每年培训开发活动支出巨大，其效果必须依据能否达到进入组织所需要的工作能力来决定。管理者期望通过培训和开发活动促进组织目标的实现，这一过程必须通过影响员工在特定工作情景下的行为选择完成。

尽量让下属快乐工作

被称为“日本福特”的本田宗一郎出身农民，如今却拥有号称“日本第三”的汽车公司。本田成功的秘诀是什么呢？就是“上下一心，同甘共苦”。

本田工厂是自动化生产，其设备和生产方式并无过人之处，可是其职工却是士气旺盛。

本田工厂没有质量检查员，所有需要检验的零件都是由负责制造的工人自行度量。厂内设有“品质控制小组”，每个小组有十来个工人，上工前会讨论当日工作、产品品质、改进方法、顾客投诉、安全措施和工作环境等一些问题。工人都有高度的责任感，而且勤奋好学，钻研业务，产品因而得以不断改进。

有人说，使工人发挥出最大积极性，这就是本田最大的资产。本田坚持“公司由全体人员共同经营”的原则，包括每一个装配线上的工人在内。他说：“人不是机器，如果一个工厂企业把人和自动化机器置于同等的地位，这个企业是不会维持长久的。”

本田在工厂里不摆老板架子。他像手下每一个工人一样，穿白色的机械工工作服，在工厂的饭堂里吃饭，作风平易近人。员工们对他没有隔阂之感，亲昵地用他的绰号“老爹”称呼他。

出乎许多人的意料，靠技术起家，创立了“本田”汽车王国的本田宗一郎，并不迷信技术，更不认为技术万能。他说：“我们生活中的许多问题，技术不能解决。不过，我是天生的乐观主义者，我相信人类的才能，人类自有回天之力。”

在工作岗位上不快乐的人，往往不会有好的工作表现，他们经常缺席或消极怠工而且极可能离职。要让你的员工能快乐地工作，可以从了解其工作动机着手。认同感、成就感、金钱、安全感、归属感、良好的工作环境、升迁机会等，都可能是他们工作的动力。那些具有强烈动机的员工会很认真地工作，即使天气恶劣、身体欠安，都无法阻止工作的热忱。

参考以下一些建议，并灵活运用于管理工作中，你的员工也能像丰田员工那样快乐。

(1) 让员工喜欢自己的工作，这样最能创造效率。要定期审查每个人员的各项工作内容，让层次不同的各级人员自己做出决策，并赋予相应责任，当成效良好时，可以扩大其职权。但要记住，你对所有分配出去的工作是永远负有责任的。

(2) 尽可能提供最完善的工作环境。为员工提供最新的现代化设备，提供完善的人文环境和交通设施。在工作场合，与一般员工共用餐饮室、停车场及盥洗设备等。

(3) 定期召开会议以讨论员工的工作进展。记住你是他们的训练主管并负责培养他们的技能。

(4) 制定一个可以测量的目标管理标准，给部属明确的目标。比如告诉他们：“今年你们小组每个月的销售目标是 12 栋房屋。”不要只是模糊地说：“今年让我们大家一同来缔造一个佳绩吧，伙伴们!”

(5) 评价每个员工的贡献。假如有的员工认为其工作内容无法评价而与你争执时，查阅一下他们的工作说明书，或设想一下如果他们离职，会对团队造成何种损失。可以利用数据帮助员工评定他们自己的工作表现。

(6) 永远不要承诺你做不到的事。提出的奖励如果无法实行，对员工而言无疑是欺骗。不要让你的研究小组工作至深夜，事后却不去兑现已承诺的巴黎之旅。

(7) 把握好管理的软硬度。太过凶悍的管理作风可能会使员工感到自己无能，这种管理方式已经日渐淘汰了。对员工而言，安全感是很重要的，但这并不表示你要提供一张长期饭票。没有任何公司能测知遥远的未来情况，对于坏消息要坦诚地告诉他们，并指导他们应变的方法。

（8）检查员工的出勤率和人员的变动情形，这些指标能够考察员工是否有满足感。如果员工情绪不佳，很可能是由于身体不舒服的缘故。根据研究报告显示，在员工所请的病假中，有50%到60%是与压力有关，因此，应设法减轻员工的工作压力。

（9）绝对不要把员工视为你的附属品。你不能强迫他们下班后还要留下来加班，或要求他们周末还来加班。毕竟，每个人除了工作之外，还有自己的生活要经营。努力培养员工更强的能力就能提高工作效率，那么，加班的情况自然就会减少。

（10）把每个人视为一个单独的个体，考虑其各自不同的差异。有些人比较富有创意，有的则对数字比较敏感，有的人喜欢独立作业，有的则喜欢在小组中工作。当你聘用新人时，要仔细考虑这些不同的特质。

（11）经常勉励员工重视团队观念并加强合作精神。通过这种方式鼓励员工们密切合作，共同分担彼此的工作，并提高工作的兴趣及归属感。

（12）公平地贯彻你的主张，不要对特殊的人有所偏袒。不要让工作之外的友谊影响工作内的人际关系。虽然过去的同学或是一起运动的球友成为现在的工作伙伴，但有的人工作绩效很差，表现平平，那么，你对他们处置的方式要像你对其他员工一样，一视同仁，没有差别。

（13）尊敬每一位员工。不论员工的职务高低，你要尊敬每一位为你工作的人，永远不要摆出一副高人一等的姿态去面对那些年纪比你轻或能力不及你的人。要认识到，你的员工需要你的认同，但同时也应注意不要随随便便就给予赞美。

★★★★★★★★★★★★★★★★★★★★★★★★★★★★

管理一点通

消除职业倦怠，让每一个下属振奋精神、快乐工作，是现代领导理论对领导者的要求，是组织的发展对现代领导者的要求，是人的发展对现代领导者的要求，也是构建和谐社会的内在要求。因此，如何使下属快乐地工作，越来越成为现代领导者高度关注的问题。

避免进入培训的误区

重视员工培训的企业越来越多，但从实践来看，真正领悟培训之道者少，“克隆”形式者多，结果，用心良苦的培训并没有得到良好的收益和效果。之所以出现这种情况，是因为对员工培训还有些理解和认识上的误区。这些理解和认识上的误区大体有以下六种：

1. 对培训认识不足

一是不重视培训。不重视培训的表现是多方面的，如：有企业管理者认为，现在的员工想法多，流动性大，花费大量的人力、物力、财力培养了他，但却留不住，为他人做了嫁衣，得不偿失，所以没必要培训。这种情况在民营企业更为普遍。有些企业认为企业效益还好，员工的素质还可以，能够满足企业当前的需要，暂不必培训。有些企业组织了几次培训，就想立竿见影，马上见效，这是典型的急功近利心态等。

二是培训万能论。一些企业在重视员工培训的同时，又进入一个误区，就是过分强调培训。员工技能不足了，培训；销售业绩下滑了，培训；服务态度不好了，培训……只要有危机，就会想到培训，把培训当成是解决管理问题的万能钥匙。殊不知人是最难培养的，“十年树木，百年树人”，员工成才需要一个过程，还有其他许多不确定因素，仅靠几次培训就想解决企业所有问题是不可能的。

以上两种理解都是对员工培训认识不到位的表现。

2. 培训只针对员工

有些企业也重视员工培训，却只对基层员工进行培训，忽视了对管理层和决策层领导的培训，这主要与管理层的认识有很大关系。企业高层管理人员认为自己经验丰富、工作忙，不需要培训。实际上，一个企业高层管理人员的素质往往决定着企业的方向和未来。中国许多企业的领导人都是由昔日的员工逐步成长起来的，他们缺少相应的管理知识和必备的管理技能，他们最需要培训。有些企业平均寿命是 3.7 年，这与缺少"懂经营、会管理"的企业家有密切关系。因此，企业必须高度重视对管理者的培训。恰当的做法是组织领导者进行专题学习，还可以将他们送到培养企业家和经营者的训练基地，或者到国外企业去"挂职"，开阔眼界、拓展思路，使其在决定企业经营方向、制定生产营销规划、分配制度和人力资源配置等方面发挥重要作用。

3. 轻视培训评估和监督

培训评估是培训效果监督、检验的重要环节，只有对培训进行全面评估，才能改进培训质量，增强培训效果，降低培训成本，提高员工的参与兴趣。在现实中，有些企业很重视培训，并为员工提供了众多的培训机会，但却忽视培训的后期评估和监督，使许多员工感觉学而无用。有些企业认识到培训评估的重要性，但对评估的投入不够，或者不知道从何处着手进行评估。更多企业的评估仅仅是对培训内容进行考核，并没有深入到员工的工作行为、态度改变、绩效改善、能力提高，以及为企业带来的效益上，评估工作停留在低水平层次上。还有些企业缺乏对培训评估系统的记录，并没有将评估所用的方法、员工的学习情况、测试情况进行完整的记录和比较，缺乏对培训的专业管理，没有建立完整的培训信息系统。

4. 培训方式过于简单

在培训方式上，许多企业都运用传统的模式进行。有些企业怕麻烦，往往请培训师到企业上课，即采取"培训师讲，学员听"的方式。这种方式举办的少还可以，时间长了，员工就会感到厌倦，提不起兴趣。因为培训师在培训内容、培训方式上大都千篇一律，即使做了培训前的调查，但实用性的东西很少，即使有，也仅仅是隔靴搔痒、无甚关联。还有些企业采取放录像的方式，认为这样做既降低了企业成本，又可以灵活掌握培训内容，使员工认为“培训就是放录像”。这些方式都很容易使员工对培训产生枯燥、乏味的感觉，使培训效果和培训效益大打折扣。国外探索出的讨论式、学习式、讲演式、游戏式、案例分析、模块培训、拓展训练等方法很值得我国企业借鉴。结合企业实际，将多种培训方式有机结合，会使培训效果更好。

5. 盲目跟风

由于对培训没有做认真的调查与分析，有些企业的培训缺乏针对性和实用性，脱离工作实际，盲目跟风。有些企业领导往往根据自己的喜好、判断、经验来设置培训内容。看到别的企业进行“礼仪形象讲座”，自己也办一场；看到别的企业培训“执行力”或“学习型组织”，也赶忙邀请有关专家进行辅导等，致使员工重复学习或被动学习，既耗费了员工时间，又浪费了企业资源，对企业发展没有多大帮助。

6. 重视知识技能培训，忽视做人培训

国内的企业一般重视对员工技能方面的培训，如组织协调能力、管理理论、合作精神、操作技术等，而忽视了对员工思想、人品、道德、为人处世的培训。有些人认为这是员工自己的事情，其实不然。员工的个人修养、谈吐实际上是一个企业的名片和形象，是企业文化中最本质的东西，它从根本上决定着员工的做事态度、工作质量和水平。欧、美、日企业很重视员工的做人培训，把它称为“态度培训”，通过这种培训去提升员工士气，培养员工对组织的忠诚，培养员工应具备的意识和态度。企业是一个大家庭，员工就是这个大家庭的成员。家庭不仅要教育成员成才，还要把员工培养成有理想、有道德、讲信义的人。

管理一点通

有些企业管理者认为培训很简单：做培训很容易，请个人来讲讲课不就完了。他们简单地把培训与讲课等同起来。这样培训出来的员工很多是“证书一大把，遇到问题却不行”。俗话说：“光说不练假把式，光练不说傻把式，能说会练是真把式。”“说”是指理论水平很高，知识全面；“练”是指会解决问题，能做事。光靠讲课来培训员工，员工的理论知识可能会有长进，但是可能对解决实际问题的能力提升没有太大帮助。所以，这使得企业管理者、普通员工看不到培训应发挥的作用，认为培训不过如此，学的都是“嘴皮子”功夫，解决不了实际问题。

如果出现上述情况，培训工作者应尝试新的培训方法，而不是只将员工集中起来，发一些资料给大家，请一个培训者向学员照本宣科地读一遍，然后象征性地让员工参加评估。培训的管理者应该知道，随着社会的不断进步，培训方式也在不断改进、充实和完善，根据实际的培训需要，可以采用其他更合适的培训方式或者综合使用多种培训方式，以激发学员的更大兴趣。

注重对员工的入职培训

提起入职培训，有一个常见的误解：“不就是报到上班嘛！慢慢来，员工自然会熟悉一切、适应一切的！何必大事声张?”据统计，国内的企业约近80%没有对新进员工进行有效的培训，就立即到岗位上工作了。就算做了入职培训的企业，很多也不太重视，往往把它当作员工到岗日的一个简单“行政步骤”，草草而过，不细致，欠规范。殊不知，这样的做法尽管没什么明显的过错，但却会埋下人才流失的“风险种子”。

李某是一家民营医药企业的总经理，最近由于新产品上市，需要大批的工作人员，便在全国各地“招兵买马”，一举招聘了60名刚毕业的大学生。为了使这些新员工尽快地适应新工作，李某要求人力资源部对这些新员工进行了一天的入职教育，主要是“任务与要求”、“权利与义务”等，培训结束后还发给每人一本员工手册。本想靠这些“初生牛犊”来打开新产品的市场，令人意想不到的是，不到一个月，60名新员工就有48名流失了，原因是公司没有人情味，将他们作为赚钱的机器。有的还认为薪酬虽高，但是压力太大，对新的产品心中没底，又没有老员工带，什么都靠自己摸索，太难了……李某没想到的是，“无关紧要”的入职培训倒给公司埋下了“风险的种子”，让“煮熟的鸭子”飞了。

新员工在进入企业之初面临着几个典型问题：公司当初的承诺是否会兑现？工作环境容易融入吗？是否会被新的群体接纳？初入一个全新的环境，新员工一下子需面对很多不同以往的“新鲜事”。有的是和工作职责直接相关的，比如，不同的业务流程，不同的行业、客户群；有的是管理风格和企业环境方面的，比如，财务审批制度比其以前任职企业的更为复杂严格了，部门间沟通途径不一样了，甚至电邮传发的权限性规定不同了……很多老员工们已经习以为常，看似不值一提的细节，对新员工而言都是需要了解和适应的“新鲜事”，而且在陌生的压力环境下容易冒出不知所措、失望、沮丧等负面情绪的苗头。在这种情况下，若是没有正规的培训，要求其尽快适应新环境，埋下人才流失的“风险种子”也就不奇怪了。

要规避风险，老板首要的任务就是培养新进员工的归属感以及忠诚度。要在短时间内让新员工快速进入角色，融入企业，从“局外人”转变成为“企业人”。这就需要通过规范系统的方法使其感到受尊重、被关注，形成员工的归属感，对个人在企业中的职业发展充满信心。所以，及时、规范、全面的入职培训是人力资源管理中不可忽视的一个重要环节，它既是选才招聘的后续步骤，也是企业做好留才工作的第一步。

企业文化本身包括了理念文化、制度文化、行为文化和物质文化等方面的内容，应让新员工对公司的各个方面都有一个比较全面的了解。另外，企业文化是公司员工长期积累并得到公司认可的价值观和行为体系，将公司的文化传授给新进入者，可以尽快培养他们的归属感和忠诚度，使他们快速融入公司。

相对于前些年的新员工培训，目前大企业越来越意识到员工忠诚度与员工技能同等重要，目光也放得更长远。忠诚度必须在新员工培训时就以他们能够感受到的方式进行传递。

例如，海尔公司在新员工入职后通常做的第一件事是：举办新老“毕业生”见面会，通过师兄师姐的亲身感受让新人了解海尔。新人也可以通过与集团最高领导面对面沟通的机会，了解公司的升迁机制、职业发展等问题。新员工在“心中有底”的情况下自然容易把心态放平稳。

此外，做好细节工作也能让新员工产生归属感。如在军训的时候，人力资源部准备了酸梅汤，让新员工训练一结束就可以喝到；中秋节，集团总裁从外地赶回来与员工们一起度过良宵，这些都能让新员工体会到家的感觉，认为公司就是自己的第二个家。

在集中培训之后，人力资源部要做的一件重要的事就是让新员工把心里话说出来，以形成民主自由的氛围，使其更有信心投入到新的工作中。

培训领域经验丰富的王总，对于入职培训有一套自己的方法，概括起来可以叫“三大法宝”。她在谈到自己入职之初的体验时说：“进公司第一天，我呆呆地坐在自己的位置上，不知道周围的人叫什么，在什么部门，不知道如何开口和他们认识。有一天我要调用公司的车，我不知道该找谁，需要什么程序……”这些感触和不便让她清楚地了解新员工最需要什么，这也为她后来制定培训计划提供了帮助，她的“三大法宝”也许能给培训经理们以借鉴。

1. 以实用为先

规范化的设置中，王总十分注重实用性，并通过清晰的流程、明确的细则来实现。

狭义的入职培训，对于普通员工一般只有一天，重要员工 20 天到一个月。当天培训部发给新人安排表，这份表格在一天前已与所有相关负责人确认过。

一天的安排十分紧凑：半小时协议书、合同、员工信息表等的填写；两小时企业发展、企业文化、组织架构的介绍，发放员工手册；带员工认识各部门总经理、部门主要经理及子公司主要负责人；总裁办介绍办公室的规划、着装等具体事宜；安排员工与部门经理进行半小时左右的面谈。

这一系列的设置都围绕实用性展开。比如，组织架构的介绍旨在帮助员工了解谁是其上级及各部门的负责人，有事找谁沟通解决。之所以领着新员工逛一圈，认识各部门负责人，是因为他们相互间先打个照面，能更容易熟悉起来。

另一极具实用性的设置是入职指导人制度，这是“一对一”的，常常是部门负责人，有时是其指定的人选。入职指导人会为新员工答疑解惑，详细介绍与工作相关的各种事项：工作时间、发薪日、工资卡、门禁卡、考勤卡、交通状况、就餐要点等。

2. 进行系统化培训

广义的入职培训是一个系统的过程。3 至 6 个月后，将对新员工进行一次跟进式培训，内容除了总裁讲话，还有培训部开设的课程，进行 HR 方面的专业培训，比如职业生涯规划等。另一环节是参观典型的子公司。

对子公司总经理、副总经理级员工的培训还包括实习期的安排。首先，为期 2 周至 1 个月在平行子公司实习，帮助其了解经营、管理、运作；然后，为期 1 周至 2 个月在总部实习，使其了解总部如何管理子公司。

3. 试用期考核量化

入职指导人也是新员工试用期绩效考核表的评分人。绩效考核表设置为 A 联和 B 联，前者包括工作态度、合作精神等共通性的指标，后者则涉及具体项目的完成，并分解为各项指标。入职之初，指导人会与新人沟通，帮其明确需完成的项目，如果是一个比较大的项目，则是分解后的一些指标。无论是考核者和被考核者，都目标明确，很大程度地提高了试用期的有效性。新员工在试用期遇到困难可与指导人沟通。试用期临近结束时，培训部会提醒指导人打分。

“初期的培训在于传递信息，给新人最多有用的信息，这是他最需要的；后期的培训在于帮助他开展工作，避免不必要的束缚。”王总笑得很灿烂，因为她有信心发掘更多的法宝。

前3个至6个月的试用期，是企业对新员工进行培训，并对其进行考察的时期，其实，它同时也是员工证实“找对了新东家”的自我验证时期。成功的新员工培训可将企业理念渗透到员工的行为和精神层次，在局外人转变为企业人的过程中，使其逐渐熟悉、适应组织环境，并开始初步规划职业生涯，正确定位角色，发挥才能。企业应使用好入职培训这个工具，对千挑万选招来的人才充分施展“留人”策略，别让“煮熟的鸭子”飞走了。

★★★★★★★★★★★★★★★★★★★★★★★★★★★★★

管理一点通

新员工入职培训计划是为了让新员工了解其即将从事的工作，即将与之共事的上级主管、同事以及组织的情况而设计的一项计划。该计划常常是在新员工同意加入某组织并为其效力后即开始实施。一般是新员工到岗的第一天即开始。新员工到岗首日所受到的问候及待遇将给其留下深刻而长久的印象。

入职培训的目的通常包括以下几方面：

1. 减少新员工的压力和焦虑感；
2. 减少启动成本；
3. 降低员工流动；
4. 缩短新员工达到熟练精通程度的时间；
5. 帮助新员工学习组织的价值观、文化以及期望；
6. 协助新员工获得适当的角色行为；
7. 帮助新员工适应工作群体和规范；
8. 鼓励新员工形成积极的态度。

入职培训在各种规模的组织中都被广泛采用，不同的组织使用不同的入职培训方法。

要给下属成长的空间

一个人在高山之巅的鹰巢里抓到了一只幼鹰，他把幼鹰带回家，养在鸡笼里。这只幼鹰和鸡一起啄食、嬉闹和休息。它以为自己是一只鸡。

这只鹰渐渐长大，羽翼丰满了，主人想把它训练成猎鹰，可是由于终日和鸡混在一起，它已经变得和鸡完全一样，根本没有飞的愿望了。主人试了各种办法都毫无效果，最后把它带到山顶上，一把将它扔了出去。这只鹰像块石头似的直掉下去，慌乱之中它拼命地扑打翅膀，就这样，它终于飞了起来！

每个人都希望用自己的能力来证明自身价值，下属也不例外。给他们更大的空间去施展自己的才华，是对他们最大的尊重和支持。不要害怕他们失败，给予适当的扶持和指点，放开你手中的“雄鹰”，让他们翱翔于更宽阔的天空。是个猴子就给他们座山折腾折腾，是条龙就给他们条大江大河扑腾扑腾。他们的成长，将为你的工作带来更大的贡献；他们的成长，将促使你更进一步。

所以，对领导而言，要多给下属创造机会。对下属的创造性的构思，作为领导仅仅鼓励还是不够的，还要有立即将其付诸实施的勇气和气魄！当部属提出好的构想时，应马上施行。切莫以为这是部属的构想，有损自己领导的面子，或等以后再做，如此，将会失掉大好机会。并且，要让下属成为一个素质全面的真正人才，仅在一个岗位上培养是不行的，必须让他们接受多种岗位的轮番锤炼！

1. 给下属挑战性强的岗位

这样的岗位可大可小，这既可以培养下属坚强的意志品质，也能够培养下属独立工作、驾驭全局的能力。

2. 让下属兼任下一级主要领导职务

有时候把人提拔上来了，但发现其缺少独立工作能力，或某一重要领域的能力或素质，采用这种办法可以弥补这方面的不足。

3. 让下属多种岗位锻炼

让下属多走几个岗位可以积累多方面的经验，而且每进入一个新的岗位，都有助于下属养成联系群众的作风和开拓创新的精神。

4. 让下属多做领导工作

这样可以强化下属成长，提高其驾驭能力，培养下属抓大事、超脱于具体事物的工作艺术。

★★★★★★★★★★★★★★★★★★★★★★★★★★★

管理一点通

“有为”才能“有位”，但“有为”也需“有位”。要激发下属的潜能，首先要为下属选择合适的位子，把下属放到最能发挥其特长的岗位上去，通过岗位锻炼激发下属的潜能。

平庸多半是被放错了位置。每个下属都有各自的长处和不足，关键是领导如何扬其长避其短。可通过平时的接触、了解，发现下属的潜能，并根据每个下属的特长来安排合适的位子，把其放到最能发挥能力的岗位上去。另外，一个人在一个岗位呆久了，势必产生惰性，其思维方式和工作思路容易模式化，创新的激情会下降。这时，领导要适时把下属放到新的工作环境中去磨炼，用不同的岗位锻炼下属，从而激发下属的创新意识。

培养员工的责任心

员工的责任心，就是企业的防火墙。有些企业的倒闭与员工的责任心缺失有极大关联。而员工的责任心缺失，又与企业各部门领导培养员工责任心的能力有关。需要责任心的地方，并不一定都马上涉及企业的生存，反而往往是那些看似无大碍的小节之处。而这些小节的积累，往往就注定了企业的命运。

在企业中，经常会见到这样的员工：电话铃声持续地响起，他们仍慢条斯理地处理自己的事，根本充耳不闻。也有这样对待投诉的员工：几个人在聊天，投诉的电话铃声此起彼伏，可就是不接听。问其原因，则是“还没到上班时间。”其实，离上班时间仅差一两分钟。也有一些客户服务部门的员工讲述自己部门的秘密：“五点下班得赶紧跑，遇到顾客投诉就麻烦了——耽误回家。即使有电话也不要轻易接，接了就很可能成了烫手的山芋。”这些问题看起来是微不足道的小事，但恰恰反映了员工的责任心。而正是这些体现员工责任心的细小之事，关系着企业的信誉、信用、效益、发展，甚至生存。那么，员工缺乏责任心的病根在哪里呢?

首先，是各部门管理者不知道该如何体现和增强下属的责任心。这属于经验少，智慧不够，思维能力不足的表现。其次，是各部门的管理者思想懈怠或疏于管理监督，下属自然跟着懈怠。领导懈怠一，下属能松懈十。在日常工作中执行力的下降，很多问题就是由责任心不够而产生的。那么应该如何培养下属的责任心呢?

1. 严格流程

要想保证下属尽职尽责，首先对业务流程、服务流程和管理流程等所有工作流程要科学设计，从流程上确保工作质量，只有流程上科学合理，才能高效务实。所有的经营管理事务工作都应流程化、标准化。没有流程化和标准化，就很难统一要求，每个人都由着个人的性子来，企业竞争力也就无从谈起。只要把流程设计得科学合理，做到了标准化，那么所有参与工作的人的岗位责任也就设计进去了；只要照此流程和标准去做，自然也就尽职尽责了。所以流程设计约束的是每个参与工作的人的操作行为。

2. 强化制度监管

对下属按照流程和标准进行要求，而要求的内容就是制度。制度是强迫下属按照流程标准来做、强迫下属尽职尽责的手段。如果说流程是流水的钢管的话，那么制度就是钢管之间的铆钉。企业要通过制度，让下属明白违反流程、不尽职的代价是什么。

监管是管理工作所必须的，监管分传统人力上的监管和技术上的监管，随着工作复杂程度的提升，技术监管越来越重要。制度是死的，是条文性的东西，有了制度无人监管，等于没有制度。监管者首先自己要遵守应该遵守的制度，其次还要破除情面不徇私情进行监管。监管同样需要智慧，需要原则和灵活相结合。如果说制度是铆钉，那么监管就是上铆钉的工具，它可以让铆钉紧，也可以让铆钉松动；它可以让管道畅通，也可以让管道堵塞起来。所以监管直接决定着流水的管道、流水的效果。

3. 教化人心

仅有流程、制度和监管，下属就一定会按流程和标准做吗？显然未必。那就要通过行为教育来进行。如果说流程和管理工作是硬性的强迫性约束，那么行为教育则是让下属自愿接受约束，起到春风化雨的作用，这就是教化的作用。行为教育分两部分：一部分是对下属进行培训教育，另一部分是领导者的示范作用。

行为教育最好的方式就是领导身体力行。想要下属有责任心，那么作为企业各部门的管理者必须身体力行，起到模范的作用。领导一正能压百邪，领导邪一寸，下属能邪百里。如果只是要求下属按照流程和标准来做，要求下属严格按制度办事，而作为领导者却超越制度和监管，出了问题，领导率先逃避责任，那么无论怎么培训教育，下属的行为也不会好到哪里去。有些领导爱面子，惩罚自己觉得是丢人的事情，这是不够自信的表现。只有领导敢负责任，下属才能敢负责任。领导都担负不起责任来，下属的肩膀又能扛得住多大的责任重担呢？如果领导敢于担责任，那么下属就会不惧怕犯错误，就会勇于创新，大胆探索，为企业的发展献计献策，尽职尽责，这样，企业岂有不发展之理？

4. 点亮下属的心

无论是通过流程设计和强化管理来约束下属尽职尽责，抑或是通过行为教育来让下属主动自愿接受约束，达到岗位尽职尽责的目的，这都是来自下属外部的压力和驱动力，要使下属做到自我驱动和运行，必须做好下属的职业生涯规划，点亮下属的心灯。

一般人们会认为下属的职业生涯规划是下属自己的事情，部门领导只是使用和管理下属，这是错误观点。要想开发出下属的最大潜能，使员工最大限度地为企业创造财富，那么就必须从下属的职业生涯上下工夫，真正帮助下属规划好未来的人生蓝图，点燃下属心中的灯火，让灯火照亮下属前进的道路。只有帮助下属做好职业生涯规划，下属才能明确自己的发展目标，才有可能增强自身的责任意识。试想，一名下属对自己都没有责任心的话，那他怎么可能对他人和部门有责任意识呢？所以，只有员工走得远，企业才能走得更远。

管理一点通

要想保证下属尽职尽责，首先必须科学设计业务流程、服务流程和管理流程等所有工作流程。只有流程上科学合理，才能高效实用。对下属按照流程和标准进行要求，而要求的内容就是制度。制度是促使下属按照流程标准来做的手段。

如果说流程和管理工作是硬性的强迫性约束，那么行为教育则是让下属自愿接受约束，起到春风化雨的作用，这就是教化的作用。

第十五章 高效管理要懂得人尽其才

每个人的能力和特点对其所从事的工作及其绩效都有着极其重要的影响。只有当特点和工作相匹配的时候，才能充分地发挥人的能力以及潜能，才能真正做到人尽其才。

让人才展开最有效的合作

很久很久以前，一个小和尚独自一人住在山上的一座小庙里。他每天挑水、念经、敲木鱼，给观音菩萨案桌上的净水瓶添水，夜里不让老鼠来偷东西，生活过得安稳自在。

不久，来了个瘦和尚。他一到庙里，就把半缸水喝光了。小和尚叫他去挑水，瘦和尚心想，一个人去挑水太吃亏了，便要小和尚和他一起去抬水。两个人只能抬一只水桶，而且水桶必须放在扁担的中央，两人才心安理得。这样总算还有水喝。

后来，又来了个胖和尚。他也想喝水，但缸里没水。小和尚和瘦和尚叫他自己去挑，胖和尚挑来一担水，立刻独自喝光了。

从此之后，再也没人挑水，他们也没水喝了。大家各念各的经，各敲各的木鱼，观音菩萨的净水瓶也没人添水，花草也枯萎了。夜里老鼠出来偷东西，谁也不管。结果老鼠猖獗，打翻烛台，燃起大火，三个和尚这才一起奋力救火。大火扑灭了，他们也觉醒了。此后三个和尚齐心协力，每个人都抢着挑水，他们终于又过上了安稳的日子。

为什么庙里一个和尚有水喝，三个和尚的时候却没水喝呢？这是因为在群体活动过程责任分散，存在一种损耗现象。这是管理中经常遇到的难题。

有人认为，一个具有共同利益的群体，一定会为实现这个共同利益采取集体行动。但心理学家却发现，这个假设不能很好地解释和预测集体行动的结果，许多合乎集体利益的集体行动并没有发生。相反，个人自发的自利行为往往导致对集体不利，甚至产生极其有害的结果。

这就意味着：一个集团成员越多，以相同的比例正确地分摊关于集体物品的收益与成本的可能性越小，搭便车的可能性越大，因而离预期中的最优化水平就越远；集团规模越大，参与开展集体行动进行讨价还价的人数越多，从而讨价还价的成本会随集团规模的扩大而增加。由此，大集团比小集团更难以为集体利益采取行动，也就是所谓的“三个和尚没水喝”。因而，有人说“人多力量小”是有一定道理的。

“三个和尚”故事的寓意是人多反而难办事，就如西方人的谚语“厨师太多毁了一锅汤”。但这也不是绝对的，因为还有一句古话：“三个臭皮匠，顶个诸葛亮。”这句话说的是团体的努力优于个人。那么到底哪个更符合实际呢？

从心理学的角度来讲，这两句话都有其正确的时候。因为在解决问题的时候，人数的多寡并不是决定性因素，工作性质、工作者的动机、情绪等才是重要的方面。

心理学家发现的确存在所谓的“社会浪费”，它指的是在团体作业中个人工作效率随团体人数增加而下降的现象。例如在一次实验中，心理学家召集了一些人，要他们每人大声喊叫，并记录其音量。然后将他们编组，分别为每组 2 人、4 人、6 人不等，也要他们大喊，并记录各人的音量。结果发现，虽然团体喊叫的总音量随人数增加而增加，但个人的音量却随团体人数增加而降低。也许每个参加过合唱团的人都会有这样的体会。

不过，在团体作业方式下，个人工作效率并不一定下降，比如在组队参与体育竞赛时，通过相互合作很可能提高各自的成绩，这又是为什么呢？

这是因为竞赛中个人的表现随时引人注目，从而使团体成员都受到重视，避免了旁观者效应；另外在竞赛时队员之间往往分工明确，职责固定，自然能激励每个人发挥水平，全力争胜。

事实上集体解决问题的主要优势在于其拥有的知识或特长更多，使一个问题可以解剖为几个相关部分由团体协作完成，因而在解决那些无法依靠个人完成的任务时更有利。但是处于团体中的一个人也会因为要处理好与其他人的关系，使得工作效率下降。另外，团体作业也会对个人的创造性有所阻碍，因为人们经常由于害怕自己表现得与众不同而放弃一些具有独创性的思路或方法。

“人多力量大”与“人多力量小”都不是绝对的，要具体问题具体分析，一般来说，在下列条件下，会出现“人多力量大”的情形。

团体成员之间出现了“收益不对称”，假设个别成员从集体行动中得到的利益比其他成员大，他为集体行动作贡献的积极性也就越大。

如果团体成员之间存在着“选择性激励”，即依据业绩、成就实施现代绩效考核，那么人多的团体力量就更大。

我们应该不断完善自己的管理机制，促使团队成员发挥其最大的能量为团体服务，让“人多力量也大”。

★★★★★★★★★★★★★★★★★★★★★★★★★★★★

管理一点通

在一个乐团中，指挥无疑是一个团队领导，他要用自己的手势去提示乐手的演奏状态。而每个乐手，都会在不同的乐章有自己的职责，分工十分明确。每个乐团成员之间，既不能单独割裂开来，也无法被其他乐器取代。无论你是首席乐手还是普通乐手，都需要在指挥的领导下，去完成自己所负责的演奏部分。如果你想取代他人的演奏，就必然会出现不和谐音符。正像演奏一首乐曲一样，和谐、美妙的旋律正是团队所需要追求的境界。所以说，除了要具备团队精神这样的企业文化外，良好的团队合作一定需要通过良好的制度、明确的责权划分，才能实现最有效的合作。

把好的机会和位置留给有能力的人

作为一个优秀的管理者，应该把好的岗位留给最有能力的人。德鲁克认为，最好的机会一定要搭配最有能力及绩效最好的人才。在最有能力的人才手上，机会才能发挥最大效用。受他的影响，通用集团前首席执行官韦尔奇将自己的工作实质定义为“向最优秀的人才提供最合适的机遇，最有效的资源配置”。

比尔·盖茨始终认为，微软的命运是由创新性产品决定的，而能否开发出高技术产品，关键在于有没有具有非凡创造力的人才，同时能不能为他们创造一个好的工作环境。微软公司负责招聘人才的凯瑞·泰比特说：“招揽具有非凡创造力的人才是我们的最高原则。”因此，微软更加注重招聘顶尖人才。

微软不仅招聘计算机领域内的顶尖人才，还把选聘顶尖人才的范围扩展得更大，雇用了不少远远超出 PC 机领域的各类专家，其中包括哲学家、语言学家、民族音乐学家、电影特技专家等。盖茨说：“如果要在软件开发上继续取得成功，我们还必须更多地理解外部世界，并从中汲取营养，使微软公司继续发展。”言外之意，他们要在创新机会上搭配最顶尖的人力资源。

将最好的机会、最关键的岗位、最重要的职责留给最有能力的人，这是优秀企业的一贯表现。

1978 年 7 月 13 日，李·艾柯卡被亨利·福特二世解聘。克莱斯勒公司董事长约翰·里卡多力邀艾柯卡加盟克莱斯勒公司，但艾柯卡却是有条件的。他认为自己当第二把手的时间已经太长了，假如他接受克莱斯勒公司的工作，不出一两年一定要当第一把手，否则就不干！

这就是李·艾柯卡进克莱斯勒公司的平等谈判的要价。这不仅是由于他与亨利·福特相处的经验而让他不得不这样做，这也是因为他需要有完全自由的行动才能使公司现有的状况转变过来。李·艾柯卡认为：除非我在管理方式上拥有完全的权力，我的政策才能付诸实施，否则我去该公司之举就将成为一种人们受到挫折时所常采取的传统做法。在这一点上，李·艾柯卡有自己的处事原则。

在他的印象里，里卡多要他当总裁，自己当董事长。但当他告诉里卡多他的要求时，他发现自己想错了。“听着，”里卡多说，“我不打算干下去了。这里只能有一个领导的位置。如果你到我们这里来，那领导就是你。”里卡多知道自己的使命，那就是将拯救克莱斯勒的机会给予最有能力的人，艾柯卡是他眼中最好的人选。

在亨利·福特解雇艾柯卡时，包括解雇费在内，福特汽车公司要给他 150 万美元。但是有一条例外性条款，即福特汽车公司约束性很强的合同包括一项竞争性的条款，它规定如果他到另一家汽车公司工作就将丧失拥有这笔钱的权利。“不要为此担心，”里卡多此心已定，他说，“我们会全部给你的。”

李·艾柯卡没有辜负里卡多的期望，成功地使克莱斯勒起死回生，重振昔日雄风。

作为企业领导者，为了企业的长远发展和远大前程考虑，应该有里卡多这种主动让贤的胸襟与气魄，甘愿退居幕后的牺牲精神，在最好的岗位上搭配最有能力及绩效最好的人才。

管理一点通

作为管理者，要想充分发挥下属的积极性和创造性，就应该把好的岗位留给最有能力的人，这是优秀企业的一贯表现，也是对优秀管理者的要求。

把员工放在最合适的岗位上

企业用人，能力当然是第一位的，但能力再高，如果不能与职位相匹配，也不能发挥出人才的效能。这也就是说，用人不能只看能力大小，更要看其是否适合某一职位。

不同的岗位有不同的人才需求，不同的人才有不同的岗位适应性。管理者在选拔或培养人才时，重在把他放在或帮助他寻找与其能力相匹配的最适合的岗位，以便发挥他们的最大价值。

唐太宗李世民在用人方面，就是把“合适第一”的标准放在首位。他明确提出，要根据实际能力降职使用或提拔，根据能力加以任免，既不允许能力低下者长期混岗，也不容许大材小用、浪费人才的现象存在。

贞观二十年二月，刑部侍郎空缺，李世民要执政大臣“妙择其人”，执政大臣们提了几个都不能使其满意，于是他想起李道裕是一个坚持实事求是的人——在处死张亮的问题上，李道裕力排众议，仗义执言，说：“亮反形未具，罪不当死。”这种不惧嫌疑的作为，证明了李道裕为人的原则性，李世民深有感触，于是委任李道裕为刑部侍郎。

贞观二十年六月，李世民欲赴灵州招抚敕越诸部，要太子随行，少詹事张行成上书说：“皇太子从幸灵州，不若使之监国，接对百僚，明习庶政，为京师重镇，且示四方盛德，宜割私爱，俯从公道。”李世民甚觉妥帖，提拔张行成担任了较高的职务。

而贞观十一年，李世民对治书侍御史刘洎在上书中提到的废除“国戚制”、唯才是用、唯贤是举意见的赞同并大力推行改革，则更具有说服力。

刘洎的建议主要针对尚书省而言，他在上书中说："尚书省是个日理万机的机构，它是处理国家事务的关键部门，因此，寻求尚书省众官员的人选，授予官职，确实是件有难度的事情。一旦官吏任免出错，被不称职的人占据了，那就会牵一发而动全身，危害巨大。"

他这么说是有原因的。原来，尚书省的诏敕总是拖延滞留，公文都在案桌上堆满了还不能及时得到处理。为此，刘洎大胆地指出：

贞观初年，国家还没有设尚书令、左右仆射等官职时，尚书省的事务非常繁杂，比现在多出一倍以上。当时任左右丞的戴胄、魏徵二人都很通晓官吏事务。他们本身胸怀坦荡，品性刚直，大凡遇到应该弹劾检举之事，无所回避。百官懂得自我约束，朝中弥漫着一种庄重严肃的气氛，这都是因为用人得当的缘故。到杜正伦任右丞的时候，也比较能勉励下属。而到了近来，国家的一些重要法纪已不能正常执行了。因为功臣和国戚占据着要位，才不符职，而且彼此又倚仗着功劳或权势相互倾轧。在职的官员大都不遵循国家的法律准则，虽然有的也想奋发努力，但是一遇到讥谤就害怕得不行。这是尚书省官员效率低下的根源所在。

要改变这一现状，刘洎认为，需要选拔众多的优秀人才并授予官职，而且必须非才莫举，精心选任尚书省的左右丞及左右郎中。如果这些重要职务的官员选任真正做到了才职相称，就能消除积弊，国家的法纪就会得到完善的实施。

其实当时李世民对尚书省的效率低下也有所闻，这份上书，句句说到了他的心里。于是，奏章上奏不久，李世民就任命刘洎为尚书省左丞，全力地支持他，让他在那里放手工作，清理积弊。

对人的管理才是管理的根本，无论是什么企业，都离不开对人的管理。如何使企业的每一个员工都各得其所、各尽其才，就显得尤为重要。因此领导者要努力让合适的人处于合适的位置上，使人尽其能，有效地发挥每一个成员的最大作用。

国际管理大师汤姆·彼得斯说："完善有效的人力资源的开发，就

是让合适的人在合适的位置上。”假如不把各人用到最能发挥其作用的地方去，那对人才是一个压制，对事业是一种极大的浪费。比如，将一个性格内向的人安排到公关部门，他多半会痛苦不堪，因为他不习惯那样的生活作风，既难以和同事搞好关系，也难以和消费者以及企业同行进行沟通和交流。可以说，在现代社会，能看出一个人有能力，还谈不上是伯乐；要既能够判断其有无能力，又能够恰到好处地用其所长，这才是真正的伯乐。

让合适的人做合适的事

“一个多么好的计划，怎么执行起来却出现这样的结果?”“他看起来能胜任这项工作，为什么到头来搞得一团糟?”“要是当初换×××负责这个项目，现在就不用仓促‘救火’了。”我们经常听到一些管理者发出这样的抱怨，他们为此而身心疲惫。细究起来，他们往往是在用人上犯了错误，即没有坚持“让合适的人做合适的事”的用人准则。

作为一个企业或团队的领导者，不管你管理着多少人，如果背弃了这一准则，那么你必被其累，必受其害。

范蠡功成身退来到齐国，经过几年的艰苦创业，积累了丰厚财产。齐国国王听说他很有才能，于是设法请他做官。范蠡认为做官总不是长久之策，于是在广散财产后隐居到定陶。后因其头脑聪明，经商又一次取得了成功，积累了上亿财产，人称陶朱公。

陶朱公定居在定陶时，他的二儿子在楚国杀了人，被关进大牢。陶朱公知道后说：“杀人者死，这是本分。不过我听说千金之子不会在大庭广众之下被处死。”于是就命令自己的小儿子带了千镒黄金去楚国解救。就在小儿子要出发时，陶朱公的大儿子死活不同意自己的弟弟去，他对陶朱公说：“父亲大人也知道这个道理，家里出了事理应由长子出面解决，父亲今天不派我去，就是对我不信任，说明我不孝顺，那我活着还有什么意义呢！”于是一头撞向墙壁，被陶朱公一把挡住了。

这时范蠡的妻子也说：“今天你派小儿子去，未必能够救回二儿子，却先把大儿子给气死了，至于这样做吗？”最终，陶朱公被母子俩闹得实在没有办法，只得派大儿子去了。临行前，陶朱公写了一封信给在楚国居住的老朋友庄生，让大儿子带着信直接去找庄生。他又再三叮嘱大儿子，到了后不论任何事情都要听从庄生的安排，切忌与其发生争执。大儿子爽快地答应了，自己又私自带了几百镒黄金放在身上以备不时之需。

大儿子到楚国后找到了庄生，发现庄生穷得一塌糊涂，房前屋后杂草丛生。他于是按照父亲的交代，把千镒黄金交给了庄生。庄生听说他的来意后，便叫他马上离开，还叮嘱道即使他的弟弟给放出来了，他也不要问什么原因。然而，大儿子虽然表面上听了庄生的叮嘱，但他看到庄生的那一幅穷相，并不相信他能够办成此事，于是自做打算留在了楚国，并把私自带来的黄金献给了楚国的一位权贵，以求门路。

这个庄生虽然生活贫困，人却非常正直，在楚国朝中非常受尊重。至于陶朱公送来的千镒黄金，他其实并不想接受，只想着等事成后再还给他，于是让妻子暂时保存了起来。但是陶朱公的大儿子却并不知道庄生的真正想法，还以为把黄金给庄生这样穷酸的人没有任何用处。

庄生接到陶朱公的委托后，专门找了一个合适的机会对楚王说：“据我长期观察，某一个星宿移动到某个位置，对楚国会有危害。”楚王向来很相信庄生的话，便向庄生寻求解决的方法。庄生说只有做好事才能够将这个危害消除。楚王表示明白了，当即命令侍卫去将钱财物资的府库严密封起来。

接受陶朱公大儿子贿赂的那名权贵听到这个消息后，非常高兴地对他说：“楚王就要大赦天下了。”大儿子不明白，权贵解释说：“按照惯例，楚王每次在大赦天下前，都要先把府库封起来，因为怕人乘机在大赦前抢劫府库，而昨晚楚王已命令封闭府库了。”大儿子想到楚国即将大赦天下，那么他的弟弟自然也会被放出来，如果是这样的话，那千镒黄金岂不是白白给庄生了？想到这里心里便有些不乐意，于是立刻去见庄生，想把那钱给要回来。

庄生见到大儿子后非常惊讶，忙问他怎么没听自己的劝告赶紧离开，谁知大儿子却十分不客气地说：“我当然不会离开了，当初我是为了弟弟的事情有求于你，才将千镒黄金送给你，但现在弟弟的罪马上就要自动赦免了，我看……”庄生立刻明白了他的意思，于是马上将千镒黄金还给了他。大儿子高兴异常，心想没有花钱就救回了弟弟，父亲怎么也得夸夸自己呀！

可令他想不到的是，他的做法大大激怒了庄生，庄生一气之下又去见楚王说：“我上次所说的有关星宿的事情，楚王说要用行善的方法来消除危害，这最好不过了。可是前两天我在街市上看到很多人都在议论这样一件事，说定陶的一位名叫陶朱公的富人，他的儿子杀了人被关在楚国的大牢里，他的家人拿了许多钱财贿赂了王的大臣，所以都说王并不是为了体恤民情而进行大赦，而是因为陶朱公儿子的缘故。”

楚王听后勃然大怒，说：“胡说八道！我虽然不敢自称什么明君，但怎么会因为陶朱公儿子的缘故就特别施恩大赦天下呢？”于是命令左右马上将陶朱公的儿子杀掉，然后才下达大赦天下的旨意。陶朱公的大儿子最终只得带着自己弟弟的尸首回家了。

进了家门以后，家人个个都非常悲痛，唯独陶朱公一人没有什么异常。家人不解，陶朱公说：“我早已知道他这一去必定会将他弟弟害死的！之所以这么说不是因为他不爱他的弟弟，而是因为他舍不得花钱！他小时候就同我一起经商，对谋生的艰难深有体会，所以不舍得轻易花钱。而小儿子呢，在他出生的时候，我们家里已经很富裕了，他几乎没吃过什么苦，不懂得挣钱的艰辛，所以不会像他大哥一样吝惜钱财。我原来打算让小儿子去，就是因为他舍得花钱。而大儿子是绝对不舍得的，他去十有八九会带着他弟弟的尸首回来，这是合乎常理的，没什么好悲伤，我本就是日日夜夜在等着丧车的到来！”

管理者在用人的时候，必须选对人，只有派合适的人才能顺利完成任务。无论是什么样的事情，如果想要获得一个理想的结果，必须派合适的人去做，否则，将可能因不合适之人的失误而使一切功亏一篑。

★★★★★★★★★★★★★★★★★★★★★★★★★★★★

管理一点通

作为一个领导者，要想站得更高，看得更远，就要像一个球队的教练一样，把每个队员放在最合适的位置上，给他们清晰的目标并适时地激励他们，使他们发挥最佳的作用。一句话：选对人，做对事，你就已经成功了一半。

尽量避免人才的浪费

对于管理者而言，要把合适的人放在合适的位置上，人才摆错了地方就是垃圾。有专家研究发现，不对口的岗位能对人的才华造成 20%～30%的浪费。难怪有人说：“人不适位位废，事不宜人人疲。”这句话说得很有道理。

研究发现，错位带来的人才浪费主要是由于岗位心理不适应造成的。所谓岗位心理适应是指人的心理特质与所处岗位所要求的心理特点相适应。一个人的心理特质与自身的兴趣、性格、气质、能力、需要、动机等因素密切相关。一个人若从事其感兴趣、与其性格相适应、与其能力相匹配的工作，他工作起来就会得心应手，心情舒畅，易于取得较出色的成绩，即使遇到困难，也会战胜困难、勇往直前。反之，一个人若从事与其性格、兴趣、能力不相匹配的工作时，则其特长和优势就得不到充分发挥，工作起来也没精神，遇到困难也不会主动去解决，这样就会大大降低工作效率。

如果你想让员工为公司创造更多更大的价值，必须让表现比较出色的员工成为这一领域的超级人才，不要期望他成为全才；要把“超级人才”的工资、奖金增加到比某些岗位的主管还多；必须让身边的许多员工在他们擅长的领域中发展，设法发挥他们的优势，发掘他们最大的潜能。

表面看来，综合素质很高的人仿佛各方面都很优秀，但事实上他们并不一定能把各项工作都做得非常出色，所以最成功的管理是：设计一种机制，使每个员工都成为某一领域的世界级“职业冠军”。

在大多数情况下，让稍有成绩的员工成为全才，不如让他单向发展成为世界级“职业冠军”更具成效。奇怪的是，有许多公司没有这样做，他们不断地去培训员工，希望每位员工的综合素质都很好，希望每位员工都可以胜任各项工作，而一旦某位员工在某方面取得了一定的成绩，马上就提拔。结果会出现什么结局？劳伦斯丁·彼得曾经对许多企业管理者发出这样的警告，如果继续沿着这条道路走下去，那么最终会把每个员工提升到一个他所不能胜任的职位上，从而造成人才浪费。

不幸的是，许多年以来，大多数公司都是这么做的，如果某位员工在一个职位上表现得出色一点，没过多久就会被提拔。许多企业的管理者都认为这样做是天经地义的，是对员工工作表现的一种肯定。

大多数公司一直把工资、奖金、头衔、升职与员工的表现和职业阶层挂钩，所处的阶层越高，工资就越高，额外津贴就越丰厚，头衔也越大。企业所发出的每个信号都在告诉员工，你在某一时期内必须这么表现，否则你就得不到提升，你劳动后所得的工资就不可能增加。只要你在原来的岗位上表现得很出色，你就无须在这个低级的岗位上呆多久。出发点是好的，但结果却是把每个员工都引领到十分尴尬的境地。为了提升，为了赢得同事们表面上的尊敬，他们必须向上爬，爬上一个并不适合他们的职位上，等到回头看时，却发现自己已在悬崖边上，稍不留神就会坠向失败的深渊。即使他们坚守住了这块费了九牛二虎之力才得到的阵地，也只能碌碌无为地在这个位置上终其一生。

★★★★★★★★★★★★★★★★★★★★★★★★★★★★★

管理一点通

作为管理者，一定要避免错用人才带来的浪费。在选用员工时，要充分了解其兴趣、性格、能力等诸方面的因素，在经过综合评价之后再将其安排到合适的工作岗位，只有这样，才能人尽其才。

对员工进行合理搭配

对于人才而言，一个人不可能做到面面俱到，即使我们日常所说的“全才”也只是相对而言。任何人才作用的发挥，都离不开人才群体的整体效能。人才不是孤立存在的，因此进行合理的优势组合，是发挥每一个人才应有作用、发挥团队最大效益的关键要素。

真正优秀的领导者，不仅要看到单个人才的能力和作用，更重要的是要组织一个结构合理的人才组合体，将不同类型的人才进行合理的搭配，并把他们放在最合适的位置上，相互启发，相互协作，形成一个有机的整体，通过这样合理的优势组合结构来弥补单个人才的不足之处，以求达到人才最佳效能的有效发挥。

唐太宗时期之所以会出现人才数量上的高峰，关键是有唐太宗这个大“伯乐”识得千里马。而“伯乐”唐太宗的人才观是：人心难测，人才更是拥有千百种性情，在这种情况下，有效识人、驭人、组建优势组合的团队结构才是领导者用人成功的关键。

1800 多年前，魏蜀吴三方争霸天下，成就了中国历史上一个精英汇集的大时代；而在 1300 多年前的唐朝初期，各路群雄同样争霸，也成为中国历史上另一个人才辈出的时期。由此我们不禁要问，为什么生逢乱世总是精英汇聚，又为什么天下英才都愿为唐太宗所用？其实关键在于，唐太宗懂得观人之长、察人之短，把人才放在合适的位置上，使其优势组合，发挥团队最大效益的道理。

唐太宗登基伊始，整个朝廷结构都处于初建与调整之中，如何才能把众多贤能之才分别放在合适的位置上，以组成一个最合理、最有效的组织结构呢？唐太宗为此寝食难安。经过一番观察和思考，他最终做出了如下安排：

魏征这个人凡事好与人争辩一番，常把谏诤之事放于心中，根据这一特点，唐太宗就任命他为谏议大夫，其具体职责是专门向皇帝提意见。至于房玄龄，他做事有一个显著的特点就是孜孜不倦，知道了就会立刻去办。根据这一特点，唐太宗就任命他为中书令，其具体职责是掌管国家的军令、政令，阐明帝事；入宫禀告皇帝，出宫侍奉皇帝，管理万邦，处理百事，辅佐天子而执大政。这些职责正契合房玄龄孜孜不倦的特性。李靖是个文才武略兼备之才，外出能带兵，入朝能为相，于是唐太宗就任用他为刑部尚书兼检校中书令，其具体职责是掌管全国的刑法和徒隶、勾覆、关禁的政令，这些都有利于李靖才能的发挥。由此，魏征、房玄龄、李靖三人共同主持朝政，相互取长补短，发挥了各自的优势，共同构建起了唐王朝的上层组织机构。

除此之外，唐太宗把房玄龄和杜如晦进行合理搭配，组成了一个名扬千古的谋略班子“房谋杜断”，从这件事上也反映出了唐太宗善于打造最佳组合的管理方式。名相房玄龄辅佐唐太宗31年，是贞观时期的第一名相，但在史书上却几乎看不到记录他政绩的文字。原因是房玄龄属于“谋臣型”，在唐太宗的人才库中，他精于谋略，但总是低头默默行事，从不会主动宣扬自己的功劳，甚至连进谏时也要与人谦让一番，把自己所有的功劳全部归于皇帝。房玄龄这种性格的人，喜欢掩饰自己的欲望，做事追求十全十美，遇到需要拿主意的问题时容易犹豫不决。因此，在谋划安邦定国之策时，房玄龄见解精辟，一般很快就会提出许多精辟见解和具体办法来，但是，他对自己的想法和建议不善于整理，总是很难决定采用哪一个办法。针对房玄龄这种个性特征，唐太宗就找来另一位名相杜如晦与他做搭档。杜如晦虽不善于思考问题，但善于对别人提出的意见进行周密的分析，精于决断，什么事经他一审视，很快就能变成一项决策、律令，提交给唐太宗，成为有执行力的谋略。最终，“房谋杜断”的互补，成为唐太宗稳坐江山的关键。

我们都知道一加一等于二，可是用在人才的组合上，如果组合合理，一加一可能就等于三、等于四……甚至更多。然而，如果组合不当，一加一则可能会等于零，甚至是负数。所以，企业管理者管理人才，不仅要考虑他们的能力和才华，更要考虑其个性及长短处，做到优势组合，以便搭建出最合理的人才“房屋”，让人才效能发挥到最大。

★★★★★★★★★★★★★★★★★★★★★★★★★★★★

管理一点通

同样是一堆碳原子，可以构成很软的石墨，也可以构成坚硬的金刚石，这就是结构决定功能的基本原理。同样地，在企业中，人才结构决定着人才群体的功能。同样的人才数量和质量，搭配的结构不同，发挥的作用就有很大的差异。

建立一个互补型的团队

在一个团队中，每个人都有其长处，作为管理者，如果能很好地掌握他们的特点和优势，把他们放到最能发挥其作用的位置上，你就会发现，你得到了一个完美的“互补型”团队，并且，你的工作将变得卓有成效，你的员工对你尊重并拥护。

很多管理者总是抱怨自己的手下能人太少，恨不得自己的下属个个都变成能杀能闯、能文能武、有勇有谋的良将。但中国有句古语：金无足赤，人无完人。世界上本就没有十全十美的人，又怎么能够要求拥有完美的员工？何况，完美型的员工属于“能人”，他们的特点是个人英雄主义，重个人，轻团队，最终会增加数倍的管理成本，而结果极可能是得到了一个并不满意的结果。其实在企业管理中，管理者应该关注的不应是某个人的力量，而是团队的综合实力。

在一次战役中，由于战争的需要，临时招募了各行各业的人参军打仗。负责战役的将领临时编制了一支小分队，命令其驻守在一个小岛上。他们当中有大学教师、机械工程师、政府机构办事员，也有泥瓦匠、小饭馆老板、裁缝铺学徒，还有消防队员、小提琴手、汽车修理工等。一到岛上，他们就行动起来了。有的用捡来的木条、干草搭起了简陋的帐篷，有的用自制的工具支起了炉灶，还有的忙着施展烹饪手艺，人人都施展自己的拿手戏，在各自擅长的方面尽情地发挥。一顿丰盛的晚餐过后，还举办了一场热闹的晚会，大家有说有笑，有唱有跳。

几天过后，小岛遭到敌人的攻击。在枪林弹雨的战场上，大学教师和小饭馆老板便显得手足无措，失去了用武之地，而消防队员和汽车修理工则能够临阵不乱，熟练地使用手中的武器，对敌人进行了狠狠打击，完成了守护小岛的使命。

以上的例子中，大学教师虽然受过高等教育，掌握着最多也最权威的知识，但在打仗的时候却毫无用武之地，而只念过几年书的消防队员却可以在战斗中勇猛杀敌。这就是所谓未在其位，能力就不能得以施展的道理。对于企业管理者来说，团队就好比上述的那个小分队，由各色各样的人组成，他们都有自己的特长优势，身为领导者，最大的职责就是对下属的特点、能力，甚至个人性格做到了如指掌，做到唯才适用，使员工内在的潜力得到充分的发挥。

知名企业家马云认为："现实中最完美的团队是《西游记》中的唐僧团队，他们的成员都非常普通。唐僧是一个好领导，他志向远大，有很强的使命感和原则性。他要往西天取经，谁都改变不了，不该做的事情，他也坚决不做。"

"而孙悟空这种员工比较像现代企业管理中定义的'野狗'。他们是公司最'爱'的也是最'讨厌'的人。他有极强的工作能力，却也多少有些"无组织、无纪律"的个人英雄主义，并且非常情绪化。"

"在团队中，猪八戒的角色也很重要，他是这个团队的润滑剂，虽然他看上去'很反动'，但是他非常幽默，这给团队带来很多快乐，而没有笑脸的公司是很痛苦的公司。"

马云认为，唐僧团队中如果没有猪八戒，这个团队的精神风貌就会黯然失色。沙僧则是最常见的保守型员工，安稳踏实。另外，唐僧知道孙悟空太调皮，要管得紧，所以随时会念紧箍咒；猪八戒小毛病多，但不会犯大错，偶尔批评批评就可以；沙僧则需要经常鼓励一番。这样，一个明星团队就成形了。

对于任何企业而言，建设“互补型”团队，对企业的发展非常重要。很多企业过分重视个人素质、经验和成就，但是却很少考虑到每一名员工都必须在团队中工作，其能力、优势、性格能否与团队的其他成员构成一种互补关系。对于某一特定工作而言，是不可能找到最理想的人选的，因为这种人根本就不存在。那么次理想的人选是什么呢？那就是能充分发挥自身优势，并与别人的优势相互补充的人，这种类型的人能最大化地发挥自己的优势。

管理一点通

随着现代科学技术的发展，很多研究、攻关项目是需要体现多边互补原则的，这里既需要有知识互补，又需要有能力、年龄等方面的互补。这样的人才结构，在科学上常需“通才”领导，使每个人才各得其位，各展其能，从而和谐地组合在一个“大型乐队”之中。

一个经理班子中，最好有一个直觉型的人作为天才军师，有一个思考型的人设计和监督管理工作，有一个情感型的人提供联络和培养职员的责任感，并且最好还有一名冲动型的人实施某些临时性的任务。这种互补定律得到的结果是整体大于部分之和，从而实现人才群体的最优化，用人者不能不明白此道理。

第十六章

高效管理要提升组织凝聚力

如果没有凝聚力，不但个人价值无法在组织中得到实现，整个企业也将难以为继。每一个倒下去的企业最后的状态无不是人心涣散、威信全无。相反，一个凝聚力高的组织往往会呈现出这样的特征：组织成员归属感强，做事认真并不断有创新行为，愿意参加组织活动并承担组织工作中的相关责任，维护组织利益和荣誉；成员之间沟通信息快，关系和谐，并具有极强的民主气氛。组织凝聚力把成员紧紧地团结在一起，使他们目的明确、协调一致。即使在企业遇到困难的情况下，强大的凝聚力也会把组织的战略意图贯彻下去，最终完成既定的目标。

优秀的团队成就无敌

英国科学家做过一个有趣的实验，他们把一盘点燃的蚊香放进一个蚁巢里。蚊香的火光与烟雾使惊恐的蚂蚁乱作一团，但片刻之后，蚁群开始变得镇定起来了，开始有蚂蚁向火光冲去，并向燃烧的蚊香喷出蚁酸。随即，越来越多的蚂蚁冲向火光，喷出蚁酸。一只小小的蚂蚁喷出的蚁酸是有限的，因此，许多冲锋的“勇士”葬身在了火光中，但更多的蚂蚁踏着死去蚂蚁的尸身冲向了火光。过了不到一分钟的时间，蚊香的火被扑灭了。在这场灾难中存活下来的蚂蚁们立即将献身火海的“战友”的尸体转运到附近的空地摆放好，在上面盖上一层薄土，以示安葬和哀悼。

过了一个月，这位科学家又将一支点燃的蜡烛放进了上次实验的那个蚁巢里。面对更大的火情，蚁群并没有慌乱，而是在以自己的方式迅速传递信息之后，开始有条不紊地调兵遣将。大家协同作战，不到一分钟烛火即被扑灭，而蚂蚁们几乎无一死亡。科学家对弱小的蚂蚁面临灭顶之灾所创造出的奇迹惊叹不已。

其实，蚂蚁的成功就是来自于它们的团队精神。对于蚂蚁这样一个弱小的物种来说，任何一个个体面对类似的灾难都是无能为力的。甚至是一个数量很大的蚂蚁群体，在无组织、无秩序的情况下来应对这样的灾难，其结果也只能是全军覆没。可蚂蚁恰恰是一种组织性、秩序性很强的物种，它们依据自己的规则和方式，组成一个战斗力极强的群体，以应对生存过程中的一切事务。这正是蚂蚁这个弱小的物种之所以能在时时存在着各种天灾人祸的环境中得以存

在和繁衍的关键。这种有组织、有秩序的群体就是团队。

人也是一种社会性的动物，人的一切活动都与其他同类有着密切的关系，所以人不可能脱离群体而存在。如果一个人脱离了人类的群体，他就失去了作为一个“人”的所有价值和意义。换一种方式来讲，人作为一个高等级的物种，个体的力量虽然远远超过了蚂蚁这些弱小个体，但单凭单个人的力量也是根本无法抗拒大自然的威力而生存下去的。所以，人要在这个世界上生存下去就必须将自身置于人类的群体当中。当然，人类社会与其他动物群体比较起来要复杂得多，人类社会面对的威胁及存在的各种竞争也比其动物群体多得多。

在英国科学家的实验当中，蚂蚁的成功证明了一个优秀的团队是所向无敌的。生存于社会中的人如果想获得成功，也必须将自己置身于一个或多个优秀的团队当中。

一个优秀的团队并不是简单的“人的集合体”，而是通过团队的规则与精神，将每一个团队成员的优势与能力充分而合理地凝聚在一起，形成一种远远超越个体力量简单相加的效果。用一个简单的比喻来说明，就是“1+1大于2”。在现代企业当中，许多问题的解决需要多方面的知识与能力，任何个人的力量都是不可能完成的，这就需要具备单方面或几个方面知识与能力的人员共同组成一个团队，将每个人的知识与能力凝结起来，形成一个具有综合知识、能力的集体。这个集体的综合知识与能力是超越于每一个个体之上的，这个综合的集体才是承担每一个个体无法完成的艰巨任务的主体，也就是说要以团队的力量去解决个体的力量不能解决的问题。

★★★★★★★★★★★★★★★★★★★★★★★★★★★★

管理一点通

“三个臭皮匠，赛过诸葛亮”，这并不是说三个臭皮匠随便凑在一起，其智慧就超过诸葛亮了。对于一个团队来说，人多并不一定力量就大。一个优秀的团队需要把每一个成员的知识与能力发挥到极致，这就需要团队的每一个成员都具有一定的团结和奉献精神，时刻都要把团队的利益看作自己的利益，为了团队的利益敢于牺牲自己的利益。

当然，一个优秀的团队，其每一个成员的行动都不能是盲目的，而要遵循一定的规则和方向，这种规则和方向就是团队的目标和整体利益。如果团队的成员不能做到朝一个目标和方向努力，这个团队就是一个失败的团队。

“三个臭皮匠，赛过诸葛亮”是针对三个臭皮匠能在精诚合作的基础上，充分发挥各自的才智，使其形成一种超越个体之上的综合才智的情况而言的。如果没有为达到共同目标的协作精神，即使是三个诸葛亮凑在一起，也不一定能抵得上一个臭皮匠。

由此可见，一个优秀团队的形成需要团队中每一个成员的努力。在一个优秀的团队中，每一个成员都是不可缺少的主要战斗力量。在团队中，大家的地位是平等的，没有主次及高低贵贱之分。只有大家在团队共同目标及组织原则基础上，精诚团结，相互协作，共同努力，团队的目标才可能实现。只有在团队共同目标实现的情况下，作为团队成员的每一个人的价值才能实现，也只有做到这一点，才能打造出一个真正无敌的团队。

有效地开展团队激励

人才的成绩和干劲、斗志是成正比的。充满昂扬斗志和士气的单位，具有化不可能为可能的神奇力量。这其中自然能看出干部的作用。一个好干部通过

自身的言传身教，最终会把手下的一帮人改变过来。好的业绩不但能使人增强信心，向越来越高的目标发起挑战，而且为了保持曾经达到的水平，也会愈发努力，这样就在无形之中提高了属下员工的工作能力。

在一个没有干劲的单位里，则会出现与上述局面相反的情形。那里的人们争先恐后地把失败归罪于他人，根本谈不上配合。无论什么样的批评，即使是极其善意的，也不会被虚心接受，更没有人会对此进行认真思考。在这种氛围之下，人才怎么可能得到成长呢？只会陷入业绩日趋跌落、信心丧失、推卸责任的恶性循环之中。

要想管好人、带好人，建设一支充满活力的队伍，就必须卓有成效地激发属下的潜能和干劲，使之形成一种协调有序竞相发展的整体氛围。

1. 团队激励具有重要意义

团队激励有利于消除官僚主义体制对人性发展的制约，从而释放出员工的潜能。随着信息技术的广泛应用，构造以团队为基本单元的扁平化的组织成为可能。这样的组织更有利于成员工作、生活质量的提高。

利用团队的力量可以给群体中工作绩效低的员工、抵制变革的员工施加压力，促使他们服从团队目标与行动要求。

当企业需要解决复杂的问题时，能从群体的共同努力中萃取高于个人智力的群体智力，特别是当信息分散于个人和组织成员之中时，群体相互激发创造力的作用就特别明显。因此，团队是产生新思想、新方法的土壤。

当企业需要协调一致行动时，团队成员的相互协作能创造出运作上的默契。在企业中，当一项任务内容比较复杂、各部分相互依赖且无法分割时，团队成员的共同工作就能取得整体大于部分之和的效果。

2. 团队激励的有效方法

对团队实施恰当的激励可以激发团队成员中所蕴藏的巨大力量，从而能够更好地完成组织的任务。

首先，要使工作具有挑战性。完成任务或解决难题的责任感可以激发团队的进取心，使团队成员彼此合作，结成战斗的集体以迎接任何挑战。正是工作的挑战性激发了团队的进取心，也正是团队的这种进取精神在攻克难关的过程中为公司创造了财富。

其次，创建团队精神。成功的团队凝聚了奋发向上的精神，有了这种精神，参与者就会凝聚在一起形成战斗的集体。团队凝聚力的形成可以通过许多途径，其中包括开展团队间的友好竞争，加强团队的训练，创造团队文化等。

再次，给予团队更大的自主权。给工作成绩优秀的团队更多的自主权，激发团队成员团结合作，使员工有效而又及时地完成本职工作，员工将因享有工作的自主权而备受激励。

★★★★★★★★★★★★★★★★★★★★★★★★★★★★

管理一点通

团队激励计划可以增强团队制订计划和解决问题的能力，而且有助于促进团队成员间的相互合作，从而提高团队的工作业绩，为企业带来更多的收益。研究证明，在提高绩效方面，团队激励计划和个人激励计划具有相同的功效。如果团队规模在 8 至 12 人之间，并且给予他们的任务是整个团队的任务而非单个人的任务的话，团队激励方案的实施效果将是最好的。另外，一些高科技企业和科研机构也大量采用团队激励方案来奖励某一领域的课题研究人员。

但是，如果采用了整个机构范围的激励方案，个人的努力与回报之间的关系将会非常小，以至于个人的努力同总产出之间不会有很明显的关系，这不利于激发员工的积极性。员工会觉得，不管工作努力不努力，他们的收入都是非常接近的。他们也会感到，除了自己的努力，甚至自己与同事的努力之外，还存在很多因素可能影响到总产出，比如说工作流程和技术变革等。这正是团队激励计划应该避免产生不利效果的地方。

铸就团队精神

在所有的动物之中，狼是将团队精神发挥得最为淋漓尽致的动物。狼团队在捕获猎物时非常强调团结和协作，因为与其他动物相比，狼实在没有什么特别的个体优势，在生存竞争激烈的动物世界里，它们逐渐懂得了团队的重要性，久而久之，狼群也就演化成了“打群架”的高手。

狼者，群动之族。攻击目标既定，群狼起而攻之。头狼号令之前，群狼各就其位，欲动而先静，欲行而先止，且各司其职，嚎声起伏而互为呼应，默契配合，有序而不乱。头狼昂首一呼，则主攻者奋勇向前，佯攻者避实就虚，助攻者蠢蠢欲动，后备者厉声而嚎以壮其威。在狼成功捕猎过程的众多因素中，严密有序的集体组织和高效的团队协作是其中最明显和最重要的因素。这种特征使得它们在捕杀猎物时总能无往不胜。狼群总是协同作战，正是因为如此，虽单打独斗狼不敌虎、狮、豹，但狼群可以杀死它们，在蒙古草原上所有的猛兽都被狼驱逐出草原，任何动物遇到狼群都相当害怕，为什么？正是因为狼依靠的是协同作战。

一群狼团结拼搏、和谐协作、共同发展的团队精神是一种可怕的力量，这种群体的力量正是我们团体所需要追求的。为了达到我们的目标，每个团体成员都要像狼一样团结协作，具体就是团队中的每个成员都应该清楚个人和团队的共同目标，明确各自的角色定位和在组织中的作用。团队的目标就是要创造出比团队成员个人所能创造出的总和更多的价值，这也是团队存在的意义，这就需要团队的每个成员都具有团队精神。

何谓团队精神？团队精神就是所有团队成员都为了一个共同的目标，自觉地担负起自己的责任，并甘愿为了团队而牺牲自己的某些利益。分工合作，相互照应，以快速敏捷的运作有效地发挥角色所赋予的最大潜能是团队精神的具体表现。在一个团队中，所有的活动都要围绕一个共同的目标展开，但团队的各个部分甚至每一个人都是相对独立的，它们都有自己的目标和任务，都要独当一面。团队中的每一个员工都不能以自己为中心，千万不要自以为是，因为个人好比大海里面的一滴水一样，离开大海很快就会干涸消失了。团队为员工提供了施展自己才华的机会和舞台，提供了实现理想的机会，但作为团队的一员，员工一定要时刻铭记自己的职责和使命。员工只是团队的一员，即使再受重视，再有才华，也不能以自我为中心。团队的性质决定了每个员工只是团队的一部分，而不是整体，员工的所有工作都应该是以实现团队的目标为中心的。狼的团结协作、共同发展的团队精神是很值得我们借鉴的。

管理一点通

全体成员的向心力、凝聚力是从松散的个人集合走向团队最重要的标志。在这里，有着一个共同的目标并鼓励所有成员为之而奋斗固然十分重要，但是向心力、凝聚力来自于团队成员自觉的内心动力，来自于共识的价值观，很难想象在没有展示自我机会的团队里能形成真正的向心力。同样也很难想象，在没有明了的协作意愿和协作方式下能形成真正的凝聚力。那么，确保没有信任危机就成为问题的关键所在，而损害最大的莫过于团队成员对组织信任的丧失。

注重运用团队的力量

每一位领导都不能离开组织而独立存在，即便是远古时代也是如此。只不过在那个时候还没有组织的形式出现，其方法运用得也很朴素，组织的技术性、逻辑性、严密性和科学性，和现在比较起来，显得十分落后。

管理组织，是一种高超的领导艺术。管理组织时，领导的思想与方法、权变与技巧、眼光与睿智、手段与策略都缺一不可。能否灵活地管理组织，全在领导心灵的感受与魄力、捭阖的气度与雅量。其中的神妙奇特之处，只可意会，不可言传。

乔丹是智利宗座天主教大学的管理学教授，也是 Vertical SA 公司的 CEO。Vertical SA 公司利用登山和其他户外体验活动教授领导技巧和团队战略。乔丹说，许多人前来参加 Vertical 的冒险活动时已具备了领导力的理论知识，或者就在公司中担任领导者。但是，将这些人放在冰山或高山上，去掉了西装革履和繁文缛节，他们就能被迫去体验领导力的原始性质。

探险是对瞬息万变的企业界挑战的最佳模拟形式，因为户外环境的现实是无法逃避的，其带来的后果也是你会亲历的。乔丹解释说：“食物和水资源有限，必须认真管理。野外的技术设备很不完善，建立清晰的沟通系统就显得更加重要了。大自然变幻莫测，根本没有时间坐下来就一个行动的利弊进行辩论。”

在登顶时，团队合作尤其重要。Vertical SA 曾经带领一支由 11 名登山者组成的探险队来到世界第四高峰——喜马拉雅山脉的洛子峰。乔丹解释说，因为登顶的挑战实在太大，加上其他因素，在许多探险中通常只有 3 到 4 名登山者被选中进行登顶尝试。但是这次的情况不一样，队伍里的每个人都渴望登顶，并且也有能力登顶。我们开始讨论，有人就说为什么不能都去呢？我们最初的反应是“那不可能”。

在进行了充分考虑之后，这个队伍分成两个小组，分别在连续的几天内登顶——这在 Vertical 还是第一次。乔丹说，这个团队的成功关键在于，领导者愿意考虑其他的候选办法。

在商界，团队成员必须相信团队会用开放的眼光来看待他们提出的新观点，即使是那些看似异想天开完全不着边际的观点。然而，团队成员还必须愿意表达和解释他们的想法。在商界摸爬滚打就如登山探险，在必须做出困难决定时，唯唯诺诺的人是没有位置的。

他还指出，如果没有一个有共同愿景的坚定团队，领导者就是不完整的。成为好领导的基础是能够建立一个坚定的团队，这个团队能够平衡技术、个人和社会技巧，确保在每个成员身上都反映了团队的核心价值。他说：“在这个世界上，很少有人能单枪匹马获得成功，不论是经营企业，还是攀登世界最高峰。”

作为领导，要依靠能力使组织中所有成员团结得像一个人似的，使大家的思想、信念、行动都演化成一个整体，成为“一”。领导更要以此为目标，力求整个组织达到“一”，以“一”为中心，让全体成员认识到：组织成功就是自我成功，组织失败就是自我失败。

★★★★★★★★★★★★★★★★★★★★★★★★★★★★

管理一点通

要充分发挥团队的力量，就得建设好团队，以下几方面就是在团队建设中的经验总结：

清晰的目标：要求团队目标清晰并有激励性，队员要了解、认同团队目标，当个人目标与团队目标冲突时，应服从团队目标。

角色分配清楚：最重要的角色是团队领袖（活跃分子），领袖不是行政主管，可以轮流担当（以便让更多的队员获得经验），主要是协调各队员的工作进度。实际工作中除了轮班外，也可以按工作性质分类，每类设一个领袖。

有效的组织结构：人员有一个明确的分工，做事有一个明确的程序（流程，包括对内对外工作流程），并给队员一个自由决定的范围。

互相支持和信赖：鼓励协助、默契。

坦诚开放的沟通：鼓励队员敢于发表自己的意见，避免“团体思想”（表现为：团队太乐观，忽视危机；不约而同漠视相反意见；认为不同意见是不全力支持团队），因此要营造轻松环境，给非主流意见发言的机会（即“第二次机会”）。

积极处理异议：团队常常会出现一些两难问题，如创新与团队目标的矜持、表彰能力强的员工与鼓励合作精神的矛盾。因此，要平衡这些矛盾，积极处理异议，达到团队和谐。

有效解决问题：建立处理问题的机制，批评要对事不对人。

分享成果：公布或庆祝阶段性成果，从而维护队员的归属感和自豪感，提升和保持队员的士气。

懂得赢得团队成员的合作

赢得员工的合作是一种能力，更是一种艺术。领导者唯有善于与人合作，才能获得更大的力量，争取更大的成功。人常说：“一个巴掌拍不响，众人拾柴火焰高。”也就是说，一个人的力量总是有限的，有了大家的帮助，个人才能才有更大的发展。

哲学家威廉·詹姆士曾经说过：“如果你能够使别人乐意和你合作，不论做任何事情，你都可以无往不胜。”合作的力量无与伦比，具有很强的感染力，它带给员工以“主人”般的激情。通常，一流的领导者都善于激发员工的合作精神，而不是轻易扼杀。很快赢得员工的合作方式是让人们与你协作，而不是为你工作，这将使员工感到自己的成功对公司很重要，树立了其自我地位，增强了其自尊和自我价值。合作可以让员工在内心感到，公司不能离开他们，公司需要他们。

香港富豪李嘉诚说：“每天，我要处理的事情太多了，我又不是孙悟空，可以有三头六臂，我只是一个平凡人，如果没有很多人替我办事，我是无论如何也不会取得今天这样的成就的。所以成就事业最关键的是要有人能够帮助你，乐意跟你工作，这就是我做生意成功的秘诀。”

盛颂才一直追随李嘉诚左右长达30年之久，直到后来因为举家移民加拿大才走出了长江实业的大门。周千和是集团公司副董事，今天他依然在李嘉诚身边为他出谋划策。

尽管李嘉诚的企业是一个典型的东方家庭管理企业，但是，他向这个家族企业注入了新鲜的血液，使得公司成为一个具备一流专业水准和超前意识且组织严谨的现代化“内阁”。

一家评论杂志是这样评论李嘉诚的企业的：“李嘉诚这个内阁，既结合了老、中、青的优点，又兼备中西方色彩，是一个行之有效的合作模式。”

李嘉诚把麦理思、周千和、周年茂、霍建宁、马世民、洪小莲这些人笼络在自己身边，为自己出谋划策，共守江山。其中，周年茂、霍建宁都是30来岁的年轻人，但是他们有能力。李嘉诚的用人之道就是：不管你是年轻人、中年人，还是老年人；不管你是中国人还是外国人，只要你有能力，我就用你；你为我工作，我一定会给你丰厚的回报。他敢于起用洋人，如麦理思、马世民等，李嘉诚财团之所以成为纵横东西的跨国公司，很大程度上便是这些洋人出谋献计，又充当大使在前方“冲锋陷阵”的结果。

英国人麦理思可谓是李嘉诚的得力助手，他毕业于剑桥大学经济学系，对西方现代化的科学管理知识了如指掌，并具有丰富的管理才能和经验，自1979

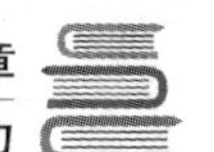

年加入长江实业担任执行董事，于1987年升任集团副主席，同时又兼任和记黄埔及香港电灯集团副主席。他一直追随李嘉诚左右，为生气勃勃的李氏王国大效其力。

英国人马世民也非常受李嘉诚所器重，他成功地为李嘉诚出使“西域”使得李嘉诚财团拓展了业绩，从此，便得到了李嘉诚的信任和赏识。

可见，在李嘉诚身边工作的人个个都是精英。赢得这些人的合作，并拥有这样的团队，还有什么事做不成呢？

随着社会的发展，人与人之间交往日益频繁，既存在着激烈的竞争，又有着广泛的联系与合作。一个缺乏合作精神的人，不仅事业上难有建树，很难适应时代发展的需要，也难在激烈的竞争中立于不败之地。越是现代社会，孤家寡人、单枪匹马越难取得成功，越需要团结协作，形成合力。从某种意义上讲，帮别人就是帮自己，合则共存，分则俱损。如果因为心胸狭隘，单枪匹马去干事，放着身边的人力资源不去利用，结果只能是事倍功半，甚至更糟。

优秀人才有机会结合在一起，就会相映生辉，相得益彰。如今许多企业实行强强联合，就是希望通过合作产生巨大的能量，达成双赢的效果。

某公司进行招工考试，奇怪的是不须考文化课，招工主管把两个人编成一组进行考试，就是让他们拿一把长锯配合着锯木板，结果是配合得较默契、较协调的那组录取了，而配合不好的则重新配对进行再考试……确实不懂协调合作锯木的人，当然无机会被录取上了。

一个正规的公司，招新人特别强调协调合作性，与人合作的重要性可见一斑。有些领导者，平时喜欢单独蛮干，不善与人沟通交流，并且好大喜功，专做一些不在自己能力范围内的事情表现自己，大包大揽，殊不知很多人对此看不顺眼。在社会分工越来越细，竞争日益激烈的今天，仅靠一己之力是无法应对千头万绪的工作的。以不合作的态度对待工作，前途必将黯淡。只有依靠集体力量，互相合作，互补不足，工作才能顺利进行，才能成就一番事业。如果你的部门，或者整个公司的工作都失败了，你就是个优秀的领导者又有什么意义呢？

因此，打造高效率团队，培养员工的团队意识，首要在于赢得员工的合作。赢得员工合作的精髓在于领导者必须采取主动，给员工在工作上各种支持和配合。如果领导者把员工视为合作伙伴，反过来，员工也会把领导者视为合作伙伴。领导者和员工团结一心，协作配合，必定会取得非常好的效果。

管理一点通

在一个团队中，每个成员的优缺点都不尽相同，你应该去积极寻找团队成员中积极的品质，并且加以学习，在团队合作中克服自己的缺点和消极品质。团队强调的是协同工作，较少有命令和指示，所以团队的工作气氛很重要，它直接影响团队的工作效率。如果团队的每位成员都去寻找其他成员的积极品质，那么团队的协作就会变得很顺畅，团队整体的工作效率就会提高。

要学会尊重团队成员

团队精神、组织行为和通力合作已经成为成就事业、使组织达到目标的管理方法。我们愈能与别人合作无间，就愈能收到更好的效果。这也是为什么有那么多的聪明人，在组织内部特别专注于建立并维护卓有成效的人际关系的原因。

希丁克并不是韩国国家队的第一个外籍教练。之前的10名外教，名气丝毫不亚于希丁克，但是他们大都没能像他那样，把自己的经验和技术成功嫁接给韩国国家队。其原因之一，就是教练观念的差异性。

希丁克独特之处在于他拥有“开放的头脑”。之前的外国主教练大部分都无法适应韩国文化，经常与球员或球队发生小冲突。

希丁克的“开放头脑”和超强的适应能力是荷兰人的普遍特点。国土面积不过韩国 2/5 的荷兰，国家虽小却很强大。为了生存，荷兰人要同英国、德国、法国等周边强国保持非常友好的关系，所以他们比较开放。

希丁克经常会有意无意地和助理教练们开玩笑，从新闻发布会出来，他会像个职业摔跤手一样，用手臂扣住助理教练的脖子前后摇动，营造轻松的气氛。

这对于不敢大声说话的韩国国家队教练来说，是难以想象的。

为了拉近和球员、教练们的距离，转移训练场地时，他一直和球员坐同一个大巴，而且一定带上一个韩国教练，在车上谈天说地。为此，足协只好把专门给他准备的小轿车取消了。

刚开始时，希丁克连球员名字中姓“朴”和姓“金”都无法区别，他利用可以看到所有球员的进餐时间，背熟了所有球员的名字，不到一周的时间，就完全熟悉了所有球员的名字和长相。

韩国有很多人都姓金，因此他就给所有人起了容易记住的外号，比如“小金”、“大金”，还有“德语金”、“压力机金”、“金司机”。除了姓金以外，其他姓氏的人不过一两个，就直接叫姓。他说国家队物理治疗师长得像印第安人，就起了个外号叫“印第安”。

如果你想赢得一个团队，就必须学会尊重团队的每个成员。虚情假意总是会被人一眼看透的，人们能够识别出伪君子，且不会信任他。良好的关系是建立在诚信基础上的——领导者必须学会真诚对待他人，不是为了获利而算计、操纵他人。

如果你认为对人友善可以获得好处才对别人表示友善，那么你就是在斤斤计较，在算计别人了。也许我们可以在合理的范围内尽可能达到自己的目的，但我们在这样做的时候，实际上就已经出轨了，也就是说，这样做的结果已经危害到我们的人际关系。因为我们对待他人的方式是为人所不喜欢的，他们就会因此讨厌我们。

目前流行的有效管理方法包括员工参与和授权等，也就是管理者要有意识地将员工纳入团队，而不是建立壁垒分明的劳资关系。这个构想就是形成一个

"我们"的组织，内部成员不分上下、尊卑，都是团队的一分子。人人都以团队利益作为标准和归依，团队也把每一分子都当成有思想、有感情、有尊严的人看待，而不是把他们当成只会干活的机器人。

★★★★★★★★★★★★★★★★★★★★★★★★★★★★

管理一点通

团队的每个成员，不论生活条件好坏、社会地位高低、个人权势大小，都在团队中发挥着特定的作用，都具有独立的人格，都应该受到尊重。作为团队的领导者，必须从自身做起，真诚地尊重每一个成员的人格，尊重他们的劳动，肯定他们的作用，同时要容忍成员的个性，在团队内部形成相互尊重、相互关爱、相互包容、和谐共处的风尚，让每个成员都强烈地感受到自身是团队中不可缺少的一员，都愿意为自身和他人的发展付出，为团队的共同发展努力。

关心团队成员的生活和个人的发展，尊重成员的人格和作用，不是用几句口号、几次会议、几项活动就能做到的，要真正地树立以人为本的理念，并把这个理念实实在在地落实在团队领导者的行动上，付诸于团队日常工作的实践中，这样才能使全体成员凝聚在团队之中，经受困难和利益诱惑的考验。

如何当好团队的领导者

在古老的非洲草原上，一头凶猛的雄狮带领一群羚羊打败了一只羚羊带领的一群狮子，发生了动物世界强者为王的惨烈一幕。

这则流传久远的寓言意在说明，一支队伍的生存能力关键在于领头者。同样的道理，一个团队的成败往往取决于团队的领导，领袖的魅力、魄力、预见力指引团队正确的目标和方向，而领袖的一个错误决断很可能就将团队带人困境，举步维艰。可见，领导者在一个团队、一个集体中具有重要的作用。有什么样的领导者，就会带出什么样的团队！

那么，怎样才能当好一个团队领导者，并打造一支具有凝聚力、战斗力和创新精神的团队呢？

1. 独特的领导特质

从一个人的单打独斗到带领一支由各色人等组成的团队，确实是对一个人能力的巨大挑战。这就要求团队领导者清楚“领导”的基本内涵，用长远的眼光和决断的魄力明确团队方向，能够在实践中形成适合自己和团队的领导风格，通过在人格、梦想、激情、冒险等方面的持续修炼，提高自己的领导魅力。

2. 坚定的信念

领导者有坚定的信念，就使得你在大是大非、重大原则问题上立场坚定，旗帜鲜明，方向明确，就能给团队成员以信心、坚毅、靠得住的感觉。如果你自己信念不坚定，立场经常发生动摇，大是大非面前左右摇摆，既看不清方向又指不出道路，团队成员感觉你靠不住，对你的领导就会缺乏信心。

3. 冷静和准确的判断力

现代企业所要面对的环境纷繁复杂、瞬息万变，这就要求作为企业的领导者必须具备优良的心理素质和准确的判断力。正确的航道是企业存活的基础，试想，一个目标都是错误的企业又怎么能够生存、发展和壮大呢？而一旦因为一点风浪，领导者就慌了手脚不知所措，或者干脆就盲目判断，驶向错误的航道，那么企业离覆灭也就不远了。

4. 榜样作用

领导者以身作则，严于律己，言行一致，表里如一，让别人做到的事情自己首先做到，让别人不做的事情自己坚决不做，这是让团队成员心服口服的重要条件，也是一种无声的命令。如果你上边讲廉政下边搞腐败、上边讲纪律下边搞自由，再好的领导方法和领导艺术也无济于事。

5. 创新精神

创新是一个团队持续进步的主要途径，打造一支活力四射、业绩出众的“梦之队”是每一个领导者的梦想。可是，在现实过程中，你的团队是否难以拿出新的解决方案？你的团队是否沟通不畅、创新乏力？如果你正在为此而忧虑，那么，掌握团队创新的一些方法和技巧，也许能帮助你走出团队思维僵化的困境。

6. 善于沟通交流

领导者要善于与团队成员沟通和交流，这是一项基本功。领导者要对自己的下属有真情、有热情、有激情。要真心实意地关心自己的下属，热情地帮助他们的工作、生活，关心他们的成长和进步，帮助他们解决生活和工作中的实际困难。

7. 正确授权

一个领导者即使浑身是铁也打不了多少钉子，因此领导者要善于借助别人的力量完成既定的目标。敢于授权并善于授权，既是一个领导者成熟的表现，又是一个领导者取得更大职业成功的基础。领导者要敢于打破种种授权障碍，让下属充分施展自己的才华、能力和潜力，在成就下属的同时也成就自己。

8. 不断学习

团队的领导者不仅要具有超人的远见和宽广的思维，更重要的是要懂得不断地学习，并明白如何教下属学习。也就是在整个企业范围内真正地建立起“学习型组织”，即企业领导者针对企业面临的现实问题，确定学习目的、选择学习对象和内容、并根据自身的需要和员工的特长，采取多种学习方式，制订一系列的学习计划，从而创造性地解决不断出现的问题，保证企业不断成长。

★★★★★★★★★★★★★★★★★★★★★★★★★★★★

管理一点通

成为工作和个人生活中的领导者，最奇妙的一件事是你可以实践影响和说服他人朝着共同的目标努力的技能。你可以身体力行地打造卓越团队的原则：确立你们的价值观和目标，决定要展开的步骤，然后带领大家行动。而且，你可以对照自己的标准不断评估自己的表现，并一步步加以改进。

卓越人士的特征之一是他们从不将自己与他人比较，只与自己比照，与自己过去的成就和未来的潜力比照，并通过不断为自己设定更高的标准并尽一切可能达到这些标准，从而成为一个更优秀的人。你越善于为你服务的组织达成结果，也就有越多的机会领导他人达成结果。而且，你组建团队、带领团队达成高绩效的能力使你能以前所未有的速度推进你的事业，实现你的目标。

对团队保持高度的自信

员工的心是从众的，是趋利避害的，一个几千人的团队，当看到危险看到灾难的时候，大部分人是保持不了坚定信心的，大家是恐慌的，是沉不住气的，是忧虑的，这是人性。

作为一个未来的管理者，一定要懂这个人性，其实这些都不可怕，很正常，要命的就是这团队中的 1/5 甚至 1/10，这些人不能动摇，这是团队的主心骨。所以当危险降临一个团队时，就给团队中的每个人两种选择，这是一个选择题，你愿意当这个 1/10？还是愿意当一个普普通通的、自自然然的 9/10？当这个 1/10 很不容易，因为大家都看不到希望了，大家都迷失方向了，唯有这些人坚定地、义无反顾地往前走。

有一个类似心理测试的娱乐节目，一共是 10 个人参赛，共有两个答案，一是 A 答案，一是 B 答案，同意 A 答案的站到 A 球底下，同意 B 答案的站在 B球底下。10 人中有 1 个专业人士，算是权威的，结果他在选择时，看到有 9 个人都站到A球底下，他一开始认为B答案绝对是对的，但当他看到9个人都站到A答案那边去了，结果他犹豫了，不由自主地、犹犹豫豫地也站到A答案那里了。等答案公布的时候，他错了，“哗”被洒了一头灰。这头灰专门洒在他的头上是怎么回事？原来那9个人不懂无所谓，因为他们是非专业人士，是普通人，可这个人是专家，在团队中就是干部，应该是团队的核心，团队的核心就应该发挥自己的特长，保持冷静的头脑，在纷纷扰扰、迷迷茫茫中能有一双慧眼，就应该跟别人不一样，就应该比别人更坚定，更耐得住寂寞。这也是为什么有些人能够成为领导、团队的核心、班组的骨干、项目的带头人，他们的威信就是在大家犹豫不决中奠定的。

如果员工从不相信、从不期待成功，那么摆在员工面前的永远都只会是一连串的“不可能”。领导要对自己充满信心，始终坚定自己的意志，这是获取成功的前提条件。无论一个人受教育的程度有多高，也不论他的智商有多高，一个没有信心的领导，永远都不可能获得成功。团队也一样，只有对团队有极强的自信心，团队才可能发展壮大。所以，领导必须给员工坚定的信心，激发团队为达到共同的目标而奋斗。

★★★★★★★★★★★★★★★★★★★★★★★★★★★★

管理一点通

信心代表一个领导者、一个团队在事业中的精神状态、工作热情以及对自己能力的正确认知。有了信心，工作起来就有热情、有冲劲。成功的团队领导不仅自己是一个信心十足的人，而且还是一个善于激发团队自信心的人。

一个领导者只有心里充满必胜的信念，对自己所从事的事业确信无疑，并且有坚韧不拔的意志力，才可能迈出坚定的步伐，产生克服万难的力量、技巧和精力，想出解决问题的方法和对策，赢得他人的信赖和支持，最后达到为之奋斗的终点。